U0136911

魔神仔、矮黑人、saraw 與其他：
臺灣跨族群山靈傳說比較與探析

林和君 著

臺灣學生書局 印行

序：故事的力量

王家祥[*]

　　很榮幸為和君兄掀開這本魔神仔、矮黑人等相關研究的著作。十年磨一劍，這本著作可謂之精采、重要，內容深入精闢，我讀來收穫甚多，有許多我所不知道的田野新採集與故事！

　　和君兄常提及他年少時在書局站上一整個下午，把我的少年小說《小矮人之謎》讀完，並且持續在他中文學術專長的戲曲領域之外，堅持追尋臺灣本土原住民的田野經驗夢想。我們的友誼非常久遠，和君兄也從一名學生、最後成為博士、教授，我還記得，和君兄在眾多博士應徵大學教職時，就是因為他有個第二專長與志趣，除了原本的中文學術專業，還經常發表和矮黑人、原住民相關研究等各式論文，因而獲得青睞進入大學任教。我寫作

<hr>

[*]　王家祥，臺灣歷史暨自然生態小說作家，筆名雲水、李群。曾任《臺灣時報》副刊主編、高雄柴山自然公園促進會會長。著有《窗口邊的小雨燕》、《小矮人之謎》、《魔神仔》、《倒風內海》等小說，與《徒步》、《文明荒野》等散文著作。曾獲時報文學獎散文類評審獎、聯合報文學極短篇小說獎、吳濁流文學獎小說獎、賴和文學獎、五四獎青年文學獎等獎項。現於臺東濱海專注繪畫，與流浪於荒野中一個個的生命相遇並陪伴。

的收穫，能夠啟發一位年輕人對於自己家鄉被埋沒故事的挖掘，已足矣！

　　如今和君兄對於魔神仔、矮黑人的重要論述，已可說是對臺灣非常重要且顯著的成就。

　　想當初被遺落的各地鄉野傳奇，神奇地透過我的媒介，造就一位中文系的年輕教授、重量級的學術論文，這就是故事的力量；我感到榮幸！

魔神仔、矮黑人、saraw 與其他： 臺灣跨族群山靈傳說比較與探析

目　次

圖目次

表目次

第壹章
緒論：漢族的魔神仔與山靈傳說

鄭清文先生在著作《採桃記》中如此描述魔神仔（Mô-sîn-á）：

> 台灣有一種傳說。在山野間，有一種小鬼，叫魔神仔。魔神仔最喜歡惡作劇，不會蓄意害人。他在晚間出沒，把落單的人帶進迷宮裡，用牛糞和草蜢，當做米糕和雞腿，塞飽那個迷路的人。有些魔神仔，也會帶人走進山谷，讓他們不能出來，有時也會凍死或餓死。

這段描述可說是臺灣魔神仔最典型的事蹟傳說，而較常見的完整陳述，大多為：在荒郊野外、人煙稀少的地方，當事人不知為何突然喪失意識、失去行蹤；過了數日以後，當事人終於被尋獲，但是，當事人卻是在距離事發地數公里、甚至數十公里以外的地點被發現，或是當事人恢復知覺時，發現自己竟然身在平常不可能前往、或是難以抵達的險峻地點——像是佈滿尖刺的刺竹叢中、高山懸崖、或是自己根本爬不上去的樹梢頂端等等。當眾人追問當事人在失蹤的這幾天內究竟發生了什麼事，當事人往往

說不出來、有如喪失知覺能力而無法追溯，但仍可說出：印象中有個「人」或「聲音」，令當事人非常熟悉親切，而不知不覺隨著「人」或「聲音」走去，而且對方還會餵食雞腿、紅龜粿等食物，自己才能夠渡過失蹤的數日；但仔細端詳當事人，便會發現當事人嘴裏殘留著的是牛糞、蚱蜢等穢物，根本不是什麼雞腿或紅龜粿。

而魔神仔究竟是什麼？過往流傳時眾人以為是鬼魅、精怪一類，莫衷一是而沒有定論；時值今日，魔神仔的報導陸續且不斷的曝光，在現代社會的語境中又衍生出各種指涉對象、文學創作與文創產品，更進入學術研究的討論範疇，說祂是與我們生活中最接近的異聞怪譚並不為過。本章節首先概述魔神仔在臺灣的民間流傳概況、學界研究諸論，並為魔神仔在本書討論範疇中確立其定義，再與臺灣原住民族中相近的傳述對象先行作比對，以此確立本書所稱「山靈傳說」之定義與範疇。

一、臺灣魔神仔流傳概述

魔神仔在臺灣民間流傳極盛，為了瞭解魔神仔在臺灣民間傳說之中的背景與意涵，以下列述臺灣各時期記載與流傳的魔神仔紀錄：

（一）日治時期

臺灣漢族的福佬、客家族群所流傳的魔神仔或芒神，最早的文字紀錄見於日治時期明治三十二年（1899）《漢文臺灣日日新報》10 月 4 日四版的報載，標題為「咄咄怪事」：

新城林國珍迷失，家人幾莫跡其蹤。前報經略陳梗概，頃
有新城人來云，則國珍已歸其父，僑寓臺北，且家人尤來
告矣。衹國珍精神不如初，衣裳亦非前所著者，自言一向
往頭份，其地南去二十五里也，問以所失銀項，及從何處
得食？則所答皆屬徜恍怪哉，其遇拐子之麻藥耶？抑果如
世所云魔神耶？[1]

　　此段報導提及：當時居住在花蓮新城的男子林國珍，被其家
人通報失蹤，後來則告知林國珍已經被父親尋獲，並暫居於臺
北；但這段事件中則描述了林國珍的狀態為：精神大不如前，衣
服也不是失蹤前所穿的樣貌，他聲稱自己是一路要往位於當時新
竹州竹南郡的頭份——報導中稱「其地南去二十五里」，以日本
明治時期制定一里等於 3.927 公里換算，差不多就是臺北至頭份
的距離（98.175 公里）——而林國珍的回答怪異又不清楚，因此
眾人猜測當時林國珍的遭遇是遇到拐騙分子並被投以麻藥而喪失
心智，還是遇見傳聞中的「魔神」？這一段也是臺灣最早提到魔
神、亦即魔神仔誘人迷失的傳述情節。
　　同樣地，在明治三十四年（1901）《漢文臺灣日日新報》12
月 5 日四版也刊載了「魔神」的事例，稱為「遇魔述異」：「臺
地有所謂魔神者，能作幻境迷人。近時傳一旅客遇之，……」，
內容述說某名男子渡船來到臺灣不久，便在一處偏僻的道路旁發
現一間華屋，男子上前向站立於屋前的壯漢問路，而被邀請至屋

---

[1]　檢索於〈《臺灣日日新報》—漢文版及日文版〉資料庫（https://cdnetdtt
s.lib.ncku.edu.tw/ddnc/ttsddn?@1:1280086282:0:::-1#JUMPOINT），以下
引述同樣資料者皆為同出處，不再贅注。

內休憩；男子在陳設幽雅、紈綺子弟雲集的室內宴會上備受殷勤招待，更被屋主賜予金幣百圓並延聘為幕賓。不料稍後在賭局上獲得一妓、正沉溺其中時，突然「燈光忽滅，一定晴間，瞥見天空日朗，此身獨臥在荒草上」，剛剛的華麗屋舍、賓客妓女、百圓金幣全部都消失了，只剩下自己與行李一同被丟棄在荒野中。該篇報導認為男子的遭遇就是當時臺灣民間所說的魔神、也就是魔神仔的捉弄所致。

　　而在明治四十二年（1909）《漢文臺灣日日新報》7月25日七版，又有一篇「魔神作祟」報導：

> 大料崁王紳式漳，有婢年十九，日前忽外出不歸；家人冥搜之，乃得之於斷崖中，其精神已甚惝恍，到家後又屢狂奔欲去。家人提耳醒之曰：「此汝舊家也，去將何之？」婢嘩辯曰：「適間坐處乃吾家，此處何曾來乎？」家人急招道士為之厭禳，仍不稍效。乃延公醫投以麻藥，醉若死，良久而甦，始答然若喪。問以何故藏其間，則曰：「一男子頻以手招我。」問其間得毋黑暗與腹餒否？則曰：「亦不自知，但聞有呼我者，心雖了了，而口終不能應也。」故家人皆疑為魔神作祟，或則曰是蓋一種精神病耳，故投以麻藥而遽癒也。

　　該則報導描述發生在大料崁（今桃園大溪）的魔神作祟之事，其中的婢女失蹤後被尋獲時精神恍惚錯亂，甦醒後稱有男子招引她而去，而在迷失期間仍能察覺到尋找她的眾人呼喚聲，但她卻無法開口回應等等，也是魔神仔誘人迷失傳聞中常見的事

例。然而據李家愷《台灣魔神仔傳說的考察》所調查檢索，在《臺灣日日新報》上刊登的報載中，內容稱述類似魔神仔誘人失蹤者尚有以下 4 則：1908 年 2 月 29 日五版〈山魔〉、1909 年 5 月 11 日五版〈俍俍何之〉、1914 年 9 月 9 日六版〈姑妄言之〉、1928 年 7 月 31 日夕刊四版〈精神迷罔　由員林至清水　即俗稱亡神耶〉，而分別以山魔、魔神、鬼、亡神稱呼事件起因。[2]

　　日治時期來到臺灣進行民俗風物調查的學者們，也留意到臺灣民間流傳著這一類誘人迷失的怪異傳聞，池田敏雄認為：

　　　在民間信仰中，魔神仔（モオシンナア）是戴著紅帽子之幼兒的亡魂，會使小孩陷入失神狀態。[3]

　　此段指出魔神仔與紅色帽子的關聯性，而且明指其為「幼兒的亡魂」，也就是人死化成的鬼魂。而西川滿等人共撰之《臺灣風土記》，也載錄有魔神仔（モオシンア）的解釋條目，對於魔神仔的定義亦與池田敏雄相同：

　　　這是由死去的孩童變化成的愛捉弄人的小鬼，有時只會對人惡作劇而不會致人於死，像是捉弄走在道路上的人令其分辨不清方向、將人藏在林投樹林中或是竹林中、或是遮

---

[2]　李家愷：《台灣魔神仔傳說的考察》（臺北：國立臺灣政治大學宗教研究所碩士論文，2010 年 10 月），頁 156-157。

[3]　牽牛子（池田敏雄）：〈點心〉，收錄於〔日〕金關丈夫著：《民俗臺灣》（臺北：南天書局，2017 年〔昭和 19 年 3 月〕），第四卷第三期，頁 25。

　　住路人的雙眼令他原地打轉等等；或是在引誘人奔馳疾走
　　之後，餵食蝗蟲、蚱蜢的腳，或是餵食牛糞，而讓當事人
　　誤以為是雞腿一類的食物吃下去。要等到被人發現、以聲
　　音呼喚當事人才會清醒過來並恢復常態。[4]

　　此段記載說明了魔神仔傳說的常見事蹟：將當事人誘引至危
險偏僻的地方、餵食穢物、迷失方向等等之外，更指出了魔神仔
與鬼怪之間的關係，係由死去的孩童變化而成的鬼。然而片岡巖
則提出不同的定義，《臺灣風俗誌》稱：

　　毛生仔（モオシンナア）の姿にして毬栗頭をなし能く小
　　兒を捕ふる怪物なり。[5]

　　此語意謂：毛生仔、意即魔神仔長得很像光頭的小孩，會抓
走孩童。但是片岡巖將魔神仔視為自然中本來存在的「怪物」，
並非靈魂、也不稱其為鬼。[6]

4　田大熊：〈鬼〉，〔日〕西川滿等撰：《臺灣風土記》（臺北：孝山
　　房，昭和 15〔1940〕年 5 月），卷四，頁 59。本則資料感謝何敬堯提
　　供復刻本書影。

5　臺北：南天書局，1921〔大正 10 年〕，頁 860。

6　從該書同章節「臺灣人が鬼怪ね對すろ迷信」中對於「靈魂」與「鬼」
　　的稱呼與分類即知，例如作者稱「遊路散魂（イウロオサンフヌ）」為
　　「祀る人なく路邊に徘徊する靈魂なり」，稱水鬼（ツイクイ）是「水
　　中に入りて溺死せて死魂にして能く人を水中に引入れ殺す怪物な
　　り、又船幽靈も此水鬼の業なりと云ふ」，以及客死鬼（クイシイク
　　イ）為「遠方に到り死したる人の靈魂鬼となれるもの」，以上均稱為

（二）光復以來至二十世紀止（2000 年）

　　根據李家愷《台灣魔神仔傳說的考察》統計，1945 年以後至 2000 年止，臺灣報載類似、疑似魔神仔事件並且排除重複報導者有 16 則，但其中提及確信是「魔神仔」、「尪神」、「毛神仔」、「盲神」所為者只有 5 則；[7]又據《台灣新聞智慧網》[8]的資料搜尋結果，在 1950 年至 2000 年間四大報以「魔神仔」為題的報載，僅有《中國時報》提及 4 則，其中 1 則是李潼撰寫的魔神仔故事，[9]而其他 3 則都指涉同一事件，稱述嘉義市東門圓環銅像被揶揄外貌像是魔神仔，觀感不佳而討論是否遷移一事。[10]由此可知在此時期五十餘年間，儘管不乏存在與魔神仔相關的

靈魂、死魂、鬼等物，而逕稱魔神仔為怪物，便可知作者並不認為魔神仔的本質與鬼、靈魂同類。見片岡巖：《臺灣風俗誌》，頁 860-861。

[7] 李家愷：《台灣魔神仔傳說的考察》，頁 157-160。該 5 則報載為：嘉義訊：〈夢裡乾坤是幻境　餐風宿露不銷魂　少女芳踪無定處　傳是魔鬼附卿身〉，《更生報》，1955 年 5 月 10 日；埔里訊：〈不看洞房花燭淚　甘捐嬌軀逐波臣　少女婚前突告溺斃〉，《聯合報》，1955 年 9 月 10 日 3 版；楊梅訊：〈老實一青年　突離奇出走　百人搜尋十天無蹤　迷信被「盲神」牽去〉，《中國時報》，1962 年 7 月 3 日；黎吟：〈亡神牽引　番鴨指路〉，《聯合報》，1993 年 8 月 14 日 34 版；陳權欣：〈婦人溺斃淺塘中　檢察官直喊「玄」　三天前上山撿柴曾失蹤　尋獲時滿嘴泥沙　寶山居民指「尪神奪命」〉，《中國時報》，1995 年 3 月 9 日 16 版。

[8] http://tnsw.infolinker.com.tw/cgi-bin2/Libo.cgi?，檢索於 2022 年 7 月 8 日。

[9] 李潼：〈好聽的故事──少年阿魯迷路的魔神仔〉，《中國時報》，1992 年 6 月 7 日第 31 版。

[10] 黃啟漳：〈東門圓環銅雕　晚上嚇到人：　市議員如是說　要求市府重

傳聞事件，但是主流報載媒體對「魔神仔」或與其相關的名目並沒有特別關注，使得魔神仔在報導上的曝光紀錄相當稀少。

　　但這並不代表「魔神仔」沒有在社會大眾之間廣傳，從後續學者們的研究成果中可知：此時期的魔神仔傳說在民間的口耳流傳中反而相當廣遍，例如鍾愛玲於苗栗地區即採錄有 21 則口述紀錄，以及 13 則網路搜尋之傳述；[11]李家愷於新北市平溪地區也採錄有 31 則口述紀錄，在其他地區有 7 則；[12]而在林美容、李家愷《魔神仔的人類學想像》的採集調查中，在臺灣實際經歷的魔神仔故事多達 117 則，而聽聞他人經歷、或是訪問者自身認知的魔神仔為何的傳說也高達 90 則，[13]而且上述紀錄有許多是發生在1945 年至 2000 年之間的傳聞或經歷，這樣的數據明確反映：即便報載紀錄不甚常見，但是該時期的魔神仔傳聞其實在臺灣民間相當盛行。

　　而在文學作品方面，在此時期的李潼發表於 1992 年的《少年噶瑪蘭》小說中也提到了魔神仔的情節：

視民意　將其遷走〉，《中國時報》，1999 年 5 月 21 日第 20 版；專欄〈在地觀點：公共藝術〉，《中國時報》，1999 年 5 月 22 日第 20 版；鄧清朗：〈塑像宛如魔神　居民合力趕走　嘉市東門圓環內公共藝術不討喜　市府決遷移〉，《中國時報》，1999 年 10 月 11 日第 20 版。

11　鍾愛玲：《徘徊在「鬼」「怪」之間：苗栗地區「魈神」傳說之研究》（新竹：國立清華大學台灣文學研究所碩士論文，2007 年 6 月），〈附錄三：苗栗地區「魈神」傳說采錄整理表〉，頁 134-147；〈附錄六：「魈神」傳說網路資料整理表〉，頁 154-160。

12　李家愷：《台灣魔神仔傳說的考察》，頁 167-197。

13　林美容、李家愷：《魔神仔的人類學想像》（臺北：五南圖書出版公司，2014 年 2 月），頁 305-400。

> 潘新格愈想愈不對勁，記得阿公說過：「山裏有一種『魔
> 神仔』，喜歡作弄人，把牛糞變草粿，草螟變雞腿，讓迷
> 失山林的人，吃得一肚子脹鼓鼓。」[14]

　　此外，尚有李昂《自傳の小說》[15]、李喬〈人球〉與〈我沒
搖頭〉均曾於小說中述及魔神仔、魍神的相關情節，而陳文蘭
〈魍神仔〉則是此時期唯一專篇敘述魔神仔的情節與事發經過的
散文。[16]除此之外，雖有部分文史學家在論著中曾提出關於魔神
仔的敘述，但此時期社會大眾、文壇學界並未針對魔神仔提出其
專論或特殊討論。[17]另外值得一提的是，臺灣音樂界在1994年有
劉淞洲發行名為《魔神仔的世界》的專輯，[18]收錄專輯同名歌曲
嘲諷當時社會大眾為私利而迷信神佛、欲求庇佑「有錢買鬼來推
磨」，而以「魔神仔值笑傻人，來拜魔神仔啊，魔神仔會保庇
喔」的歌詞諷刺善惡顛倒的亂象。從此也可反映社會大眾私下廣
傳魔神仔傳聞的現象。

（三）二十一世紀以來

　　美國民俗學者布魯範德（Jan Harold Brunvand）在1980年代
研究都市傳說（Urban Legend）時，即已關注到書刊、電影、電
視節目等這些不同於傳統民間文學的傳述載體，尤其是「比起口

14　臺北：天衛文化圖書公司，1992年5月，頁125。

15　臺北：皇冠出版，2000年3月。

16　《臺灣文藝》第143期（1994年6月），頁50-51。

17　李家愷：《台灣魔神仔傳說的考察》，頁6。

18　臺北：水晶唱片，1994年。

耳相傳、面對面的傳播方式，其『演述』更多地被（網際網路）這種遠程電子媒介所重塑」，更有許多報刊在 2000 年即已強調「都市傳說可以通過口頭或者書面傳播，但是互聯網（網際網路）已經成為傳播的主要載體」；[19]這意謂著在網際網路真正盛行的當代二十一世紀社會中，相較於傳統的口耳相傳和紙本書寫，許多鄉野怪譚是都市傳說一類的奇事異聞，反而藉由各種網路資訊傳遞的平台——網路新聞、電子報紙、社群網站、電子看板、自媒體等等，增加了傳播的速度、範圍及其傳述文本的變異性（variability）。以臺灣魔神仔傳說而言，在進入二十一世紀以後，與魔神仔相關的新聞報載、學術研究與文學創作等方面，曝光機率和討論關注都較前述時期有了飛躍性的成長。

　　據林美容統計，2001 年至 2012 年間共有魔神仔相關報導 38 件 58 則，[20]若將時間區間延長為 2001～2021 年，在臺灣四大報《聯合報》、《自由時報》、《中國時報》、《蘋果日報》的報載中提及魔神仔的報載至少有 135 筆；[21] 2022 年至 6 月底傳為此

19　〔美〕揚·哈羅德·布魯範德（Jan Harold Brunvand）著，李揚、張建軍譯：《都市傳說百科全書（Encyclopedia of Urban Legends）》（北京：生活書店，〔2001〕2020 年 6 月），頁 12。

20　林美容、李家愷：《魔神仔的人類學想像》，頁 37-43。

21　2001 年 2018 年紀錄，檢索自《新聞知識庫》（https://research.lib.ncku.edu.tw/er/geter/DB000000530/）；2019 年至 2021 年紀錄檢索自《台灣新聞智慧網》（http://tnsw.infolinker.com.tw/）；而四大報中的《蘋果日報》紀錄未收錄於《台灣新聞智慧網》之中，因此 2019 年至 2021 年《蘋果日報》報載檢索自《蘋果新聞網》（https://tw.appledaily.com/search/%E9%AD%94%E7%A5%9E%E4%BB%94%E3%80%80）。上述資料庫與網頁均檢索於 2022 年 7 月 11 日。

時期發生的魔神仔事件報載則有 5 筆。[22]這份統計數據反映：進入二十一世紀以後的二十年間魔神仔報載數量便已遠超上世紀1945 年以來五十餘年的紀錄，但這不代表九〇年代以前魔神仔傳說就不存在，二十一世紀以來魔神仔的見報機率大增的原在於2001 年以後資訊流通大為發達、媒體流量急遽增加，使得魔神仔曝光與討論的機會大量提高，李家愷即認為：臺灣進入九〇年代、亦即二十一世紀以後，新聞開放、資訊也相對容易取得，以往不被重視而湮沒的鄉野異聞得以增加曝光度，也更易受到人們關注，於是魔神仔的傳聞也開始大量出現在報章媒體上。[23]從本時期報導曝光的頻率與搜尋的流量來看，臺灣幾乎可說是每個月都有可能出現魔神仔的相關消息或傳言。這也反映以往故事傳說的口述性（Oral）特質，在現代社會中改變為以網路資訊為主要

---

22 王煌忠：〈「國民女神」好威！警上演與神同行　化解老翁恐懼助返家〉，《蘋果日報》，2022 年 3 月 16 日（https://www.appledaily.com.tw/local/20220316/ODJ4Q26GR5F5VNPDGTMCM3TEIE/）；陸運陞：〈開毒趴陷幻覺誤認「魔神仔」附身　3 男 2 女赴宮廟驅邪全遭逮〉，《蘋果日報》，2022 年 4 月 20 日（https://www.appledaily.com.tw/local/20220420/NG5JXNPA55H2HDYEHCCPGGQ56A/）；黃羿馨：〈離奇！桃園女爬虎頭山失蹤 4 天　恍惚連走 20 公里竟到這〉，《蘋果日報》，2022 年 4 月 28 日（https://www.appledaily.com.tw/local/20220428/OY5KPGSU3JC33LFNYVBZEGJGQQ）；許偉勛：〈「我在哪…」失智女瑟縮墓園牆角悲鳴　民眾以為遇魔神仔〉，《自由時報》，2022 年 5 月 3 日（https://news.ltn.com.tw/news/society/breakingnews/3914115）；莊祖銘：〈魔神仔作祟？廟前草皮如茵　竟憑空出現數百枯黃腳印〉，《聯合報》，2022 年 6 月 8 日（https://udn.com/news/story/7326/6372604）。上述報載均檢索於 2022 年 7 月 11 日。
23 李家愷：《台灣魔神仔傳說的考察》，頁 27-28。

傳播與承載文本型態後必然受到的影響。

　　社會大眾在進入二十一世紀以後討論魔神仔的態度與機會更為開放且熱烈，進而反映在文學創作、學術論著的成果數量上。文學創作方面，王家祥推出臺灣首本以魔神仔為名的《魔神仔》小說作品，極具代表意義，其中描述民間傳說中的魔神仔為：

> 　魔神仔，躲在草埔中，專門在「摸」囡仔，把愛玩不知回家的囡仔摸的昏憨憨，隨帶去墓仔埔，將人丟在那裡，半眠才讓囡仔醒來，驚的半死，做囡仔攏嘛知，魔神仔矮矮黑黑，歸身軀全全毛。[24]

　　小說描述在臺灣民間盛傳的魔神仔奇異事蹟，也提出魔神仔實為原住民傳說中的矮黑人的聯想；此外，王家祥另外在文學期刊發表〈大興瀑布事件〉一文，採集當地居民對於魔神仔的說法，嘗試藉此將2001年至2004年間發生於花蓮縣光復鄉大興瀑布的意外事件，構成魔神仔與矮黑人之間的關聯，[25]而王家祥的小說與專文也因此開啟後續學者對魔神仔形象與事蹟的想像和研究。其他如前引鄭清文《採桃記》、甘耀明〈魍神之夜〉等等，均曾在作品的情節中引述魔神仔的傳聞事蹟。其他又有如劉還月曾經說明「魅神仔」、「山臊」之間的關連，[26]以及劉川裕引述

24　臺北：玉山社，2002年5月，頁5-6。

25　《聯合文學》233期（2004年3月），頁128-130。

26　劉還月：《台灣客家族群史‧民俗篇》（南投：臺灣省文獻委員會，2001年5月），頁46。

山友流傳的「山魁」[27]，都是與魔神仔相關的論述。

　　2010 年以後，臺灣文壇推出數本以魔神仔為專名、或是以魔神仔的民間傳說為情節主軸的小說創作，例如何敬堯的短篇小說〈魔神仔〉[28]，長篇小說有小野《魔神摸頭》[29]、王湘琦《骨董狂想曲》[30]、何元亨《魔神仔》[31]、邱常婷《怪談系列 1：魔神仔樂園》[32]、笭菁《百鬼夜行卷 3：魔神仔》[33]，以及瀟湘神《魔神仔：被牽走的巨人》[34]等作品。而這時期正好有一股結合田野調查、文獻考察與學術研究成果推動的臺灣本土妖怪歷史文化主題的創作風氣，並且在小說之外推出各式各樣的文創產品與出版品，包括漫畫、桌遊、音樂劇、手機遊記、實境解謎、百科全書、索引事典等等；其中引述、或是融入魔神仔傳說的調查紀錄與相關題材為創作元素的出版品，有奕辰《芒神》[35]、行人文化工作室《臺灣妖怪研究室報告》[36]；何敬堯的《妖怪臺灣》[37]、

---

[27]　劉川裕：《山魅》（臺北：地球書房，2004 年 7 月），頁 68-69。

[28]　收錄於其著作《幻之港：塗角窟異夢錄》（臺北：九歌出版社，2014 年 12 月），頁 83-132。

[29]　臺北：東村出版，2012 年 8 月。

[30]　臺北：聯合文學，2015 年 5 月。

[31]　臺北：洪葉文化事業公司，2016 年 4 月。

[32]　臺中：晨星出版公司，2018 年 12 月。

[33]　臺北：奇幻基地出版，2021 年 1 月。

[34]　臺北：聯經出版事業公司，2021 年 1 月。

[35]　臺北：臺灣角川，2013 年 5 月。

[36]　臺北：行人文化實驗室，2015 年 10 月。

[37]　《妖怪臺灣：三百年島嶼奇幻誌・妖鬼神遊卷》（臺北：聯經出版事業公司，2017 年 1 月）、《妖怪臺灣：三百年島嶼奇幻誌・怪談奇夢卷》（臺北：聯經出版事業公司，2020 年 1 月）。

《妖怪鳴歌錄》[38]、《妖怪臺灣地圖：環島搜妖探奇錄》[39]、《都市傳說事典：臺灣百怪談》[40]等出版品，以及手機遊戲《妖怪鳴歌錄》[41]、音樂劇《妖怪臺灣》[42]等衍生創作；另外有臺北地方異聞工作室的《唯妖論：臺灣神怪本事》[43]、《尋妖誌：島嶼妖怪文化之旅》[44]、《臺灣妖怪學就醬》[45]、《說妖》[46]、《臺灣都市傳說百科》[47]、《給孩子的臺灣妖怪故事》[48]等出版品，以及桌遊產品《說妖》[49]。

　　在影像作品方面，有 2012 年景文科技大學視覺傳達設計系製作動畫《魔神仔（Spirit）》，獲得該年度第八屆全國技專院校電腦動畫競賽優勝；[50] 2020 年政治大學數位內容與科技學士

[38]　《妖怪鳴歌錄 Formosa：唱遊曲》（臺北：九歌出版社，2018 年 2 月）、《妖怪鳴歌錄 Formosa：安魂曲》（臺北：九歌出版社，2021 年 5 月）。

[39]　臺北：聯經出版事業公司，2019 年 5 月。

[40]　臺北：奇幻基地出版，2022 年 1 月。

[41]　妖怪鳴歌錄手遊工作室、何敬堯，臺北：妖怪鳴歌錄手遊工作室，2018 年 11 月（https://play.google.com/store/apps/details?id=tw.com.me2.mytwm.android.gamebar&hl=zh_TW&gl=US）。

[42]　國立臺灣交響樂團、故事工廠、何敬堯，2020 年 12 月 5 日首演於臺中中山堂。

[43]　臺北：奇異果文創事業公司，2016 年 10 月。

[44]　臺中：晨星出版公司，2018 年 9 月。

[45]　臺北：奇異果文創事業公司，2019 年 2 月。

[46]　《說妖卷一：無明長夜》、《說妖卷二：修羅執妄》，臺北：蓋亞文化公司，2019 年 7 月。

[47]　臺北：蓋亞文化公司，2021 年 8 月。

[48]　臺北：小麥田出版，2021 年 8 月。

[49]　臺北：臺北地方異聞工作室，2017 年 12 月。

[50]　邱子軒、何柔嫻、蔡怡婷：《魔神仔（Spirit）》（新北：景文科技大

學程也以魔神仔和燈猴、金魅等妖怪與臺灣鄉野傳聞為題材，製作 VR 恐怖遊戲《魔神仔 môo-sîn-á》，[51]展現更為多元而廣泛的創作成果。除了前述臺灣本土運用魔神仔為主題的創作成果，日本亦有關注臺灣魔神仔的相關創作，例如 2012 年日本東京藝術大學以臺灣山林失蹤事件為紀錄情境，製作史上首部魔神仔電影作品《魔神仔（Moxina）》，[52]創作時間更早於臺灣本土的影像製作團隊，顯示臺灣民間傳說魔神仔對於各方創作者的吸引力。

　　上述小說、出版品和文創產品跳脫原來文學創作的框架與想像，成果豐富多元，更獲得文化部、臺北國際書展等獎項的肯定，[53]不僅證明本土民俗文化也能成為現代文學、影視娛樂的重要題材與靈感，也開啟臺灣文壇一股別開生面的創作風氣，而魔神仔更是其中的常用元素，曝光度與引用成果並不亞於在民間、報章傳媒與網際網路上的熱烈程度。而從這些創作成果的時間點

學視傳系，2012 年 5 月），原文網址 http://www.media.yuntech.edu.tw/event/2012NAC/pages/result-2012.html 已失效，參見 https://www.facebook.com/moshenza/photos/a.335418316533830/335418339867161/，瀏覽於 2022 年 11 月 1 日。

51　張志綺、李東炳、陳囿伊、徐子涵、洪詩惟、梁芸瑄、陳明頤、林思妤、顏欣媛，臺北：國立政治大學數位內容系，2020 年 5 月。

52　〔日〕中西良太，東京：東京藝術大學，2012 年。參見 https://www.youtube.com/watch?v=ciTr3ICsEyA，瀏覽於 2022 年 11 月 1 日。

53　例如：臺北地方異聞工作室《唯妖論：臺灣神怪本事》入圍 2017 年臺北國際書展大獎自製類編輯獎，《尋妖誌：島嶼妖怪文化之旅》獲選文化部「第 41 次中小學生讀物選介」；何敬堯《妖怪鳴歌錄 Formosa：唱遊曲》獲 2018 年臺灣文學館好書推廣、文化部中小學生讀物選介，《妖怪臺灣地圖：環島搜妖探奇錄》獲 2020 年文化部中小學生讀物選介。

來看，也能發現這股興盛熱烈的創作風氣也帶動了推廣效應，更提高媒體報導魔神仔的機率與流量。

　　除了日漸益進的文學創作風氣，本時期的學術研究也建立了數項標誌性的成果，與日益拓展的討論範疇。進入 2001 年以來，學界已在田野調查過程中注意到魔神仔在民間的傳聞，許多地方民間故事的採錄中均有關於魔神仔的傳說；[54]而學界正式開啟魔神仔的研究，首要以學位論文中鍾愛玲《徘徊在「鬼」「怪」之間：苗栗地區「魍神」傳說之研究》、李家愷《台灣魔神仔傳說的考察》兩部為先，分別是臺灣首次以魍神、魔神仔為主題研究的學位論文，後續尚有方亞蘋《《花蓮縣民間文學集》研究──以傳說及民間故事為範圍》[55]、郭修文《從魔神仔談「曠野」的象徵意涵》[56]、陳依琳《精怪之變──罔象文化研究》[57]、吳杰澔《台灣都市傳說的生成與再生產──以紅衣小女孩為例》[58]、吳慧怡《當代臺灣妖怪文化考察──起源、國族與消費》[59]、李秀鳳《臺灣中北部客家鬼故事研究》[60]等等，均有

---

[54]　例如：葉士杰：〈奇怪事〉，收錄於胡萬川、黃晴文總編：《新社鄉閩南語故事集（二）》（臺中：臺中縣立文化中心，1997 年），頁 21-31；李進益、簡東源編：《花蓮縣民間文學集（二）》（花蓮：花蓮縣文化局，2001 年 4 月），頁 25 等等。

[55]　花蓮：國立花蓮教育大學民間文學研究所碩士論文，2009 年 7 月。

[56]　花蓮：慈濟大學宗教與人文研究所碩士論文，2015 年 5 月。

[57]　臺中：國立中興大學中國文學研究所碩士論文，2017 年 1 月。

[58]　臺中：國立中興大學台灣文學與跨國文化研究所碩士論文，2019 年 8 月。

[59]　臺南：國立成功大學台灣文學研究所碩士論文，2022 年 1 月。

[60]　桃園：國立中央大學客家語文暨社會科學系客語碩士班碩士論文，2021 年。

章節涉及魔神仔、魍神或魔魂仔的討論。[61]期刊論文方面，以臺灣魔神仔為題而進行專題論述者有楊婷婷、鄭心怡合著〈進行式的神話——初探魔神仔在當代社會的分類系統與敘事結構〉[62]、伊藤龍平〈台湾妖怪「モシナ」概説〉[63]與〈「鬼」でもなく「神」でもなく——台湾の「モシナ」伝承〉[64]；林和君的〈魔神仔與臺灣原住民關係之傳說——臺東東河鄉阿美族傳說考察〉[65]、〈臺灣跨族群山林傳說之關係——魔神仔與屏東縣旭海、東源部落傳說考察〉[66]、〈臺灣跨族群山林傳說流播關係析論——以苗栗南庄地區魔神仔、矮黑人暨其他相關傳說為例〉[67]、〈卑南族民間精怪傳說與魔神仔比較研究：以大巴六九部落為中心〉[68]等單篇論文；此外尚有胡植喜〈2000 年代前後至今臺灣「魔神仔」影視形象轉變之探析——以電影《魔法阿媽》和《紅衣小女

61　此外另有林美蘭《試論王家祥在《小矮人之謎》、《魔神仔》中展現的環境意識》（臺中：國立中興大學台灣文學與跨國文化研究所碩士論文，2012 年 11 月），但其論文主旨在討論文學作品中透過矮黑人所展現的人類與自然環境關係之議題，並非本書所指涉的「魔神仔」。

62　《中正臺灣文學與文化研究集刊》第 8 期（2011 年 7 月），頁 89-107。

63　『昔話伝説研究』第 33 期（2014 年 4 月），頁 121-135。

64　小松和彥編：《怪異・妖怪文化の伝統と創造：ウチとソトの視点から》（京都：国際日本文化研究センター，2015 年 1 月），頁 279-292。

65　《台灣文化研究所學報》第 4 期（2013 年 5 月），頁 1-26。

66　《台灣原住民族研究季刊》第 7 卷第 1 期（2014 年 9 月），頁 85-126。

67　原住民族委員會：《2016 年原住民族研究優選論文集》（臺北：原住民族委員會，2016 年 12 月），頁 215-243。

68　巴代主編：《卑南學資料彙編第三輯：言說與記述　卑南學研究的多聲音軌》（新北：耶魯國際文化事業公司，2018 年 11 月），頁 79-115。

孩》為中心〉〉[69]、梁廷毓〈論「精怪」與「魔神仔」傳聞中的生態思維與身體界限〉[70]、謝秀卉〈QT 國文課的預備課程：引導學生解讀臺灣「魔神仔」新聞的教學實踐與省思〉[71]等等。相較於學位論文對於魔神仔的故事傳說、屬性、文化等討論，期刊論文涉及的討論更為多元，包含敘事語境、影視媒體與原住民傳說的專門範疇。

此時期學界最重要的代表性專著當為林美容、李家愷合著之《魔神仔的人類學想像》，[72]既有詳實的文獻脈絡、田調紀錄，更為魔神仔傳說推衍了許多定義和見解，可謂臺灣魔神仔傳說的研究集大成，也完成魔神仔此類鬼怪異譚在學術研究的定位。

前述臺灣自日治時期以來一百二十餘年的魔神仔口傳紀錄、媒體報載、文學創作與學術研究概況，可知魔神仔自從日治時期以「誘人迷失的鬼怪」形象現身以來，就一直是臺灣民間盛傳的傳說異聞；而隨著時代環境的遞嬗、資訊型態的轉變，故事傳說從傳統口述轉變為以網路資訊為主的巨大改變，加上學界日益關切的討論，使得魔神仔逐漸在媒體報載大量曝光、衍生創作也不斷推陳出新；此一情況反映了在現代主流社會資訊的傳播途徑、形式、場域與載體皆產生有別於以往的口述、紙本和傳統報章媒體的劇烈轉變，對於故事傳說的傳播和變異也有了莫大的影響，因此在現代民間文學的研究而言，勢必得思考口述傳統在面臨現代社會資訊傳遞模式之下的消長與變化。

---

[69]　《新北大史學》第 26 期（2020 年 1 月），頁 15-54。

[70]　《臺灣文學研究學報》第 31 期（2020 年 10 月），頁 53-72。

[71]　《通識教育學刊》第 26 期（2020 年 12 月），頁 81-112。

[72]　臺北：五南圖書出版公司，2014 年 2 月。

二、魔神仔定義諸論

　　前文耙梳魔神仔在臺灣社會的民間流傳、文學創作與學術論著的概況，也反映魔神仔在臺灣討論的盛況，從其在媒體、文創的曝光率來說堪稱是距離我們日常生活最接近的神怪傳說。但是隨著近代討論的愈趨熱烈，魔神仔在當代臺灣流傳的語境、定義與描述也逐漸產生變化和紛歧。最早在日治時期的可見紀錄中，魔神仔指的是誘人迷失、不知其面貌的鬼怪，然而在進入二十一世紀大量曝光與討論的語境以後，魔神仔出現了不同的指涉對象，例如楊婷婷、鄭心怡即認為口頭傳述中的魔神仔定義廣泛、分類不定、難以呈現確切的統一形象；[73]而在 2016 年 7 月舉辦於高雄駁二當代館的《妖怪囝仔 Monster Gin-Na》展覽，當中即有一幅名為「台灣魔神仔圖鑑」的展示：[74]

73　楊婷婷、鄭心怡：〈進行式的神話——初探魔神仔在當代社會的分類系統與敘事結構〉，頁 100。

74　https://zh-cn.facebook.com/pier2art/photos/%E9%A7%81%E4%BA%8C%E7%95%B6%E4%BB%A3%E9%A4%A8-%E5%A6%96%E6%80%AA%E5%9B%9D%E4%BB%94monster-gin-na-%E5%8F%B0%E7%81%A3%E9%AD%94%E7%A5%9E%E4%BB%94%E5%9C%96%E9%91%91-%E4%BD%A0%E6%98%AF%E5%90%A6%E6%9B%BE%E8%81%BD%E9%95%B7%E8%BC%A9%E8%AA%AA%E9%81%8E%E5%88%A5%E9%9D%A0%E8%BF%91%E5%B1%B1%E9%82%8A%E6%9C%83%E8%A2%AB%E9%AD%94%E7%A5%9E%E4%BB%94%E6%8A%93%E8%B5%B0%E5%8F%B0%E7%81%A3%E6%9C%AC%E5%9C%9F%E5%A6%96%E6%80%AA%E7%9A%84%E9%AD%94%E7%A5%9E%E4%BB%94%E6%98%AF%E4%B8%80%E7%A8%AE%E4%BB%8B%E6%96%BC%E4%BA%BA%E9%AC%BC%E4%B9%8B%E9%96%93%E7%9A%84%E5%A

圖一：《台灣魔神仔圖鑑》的各種魔神仔

　　展覽團隊說明：「在千千萬萬個傳說中，我們搜羅了五大人氣魔神仔。有默默跟在登山客背後的紅衣小女孩、幫玉山登山客照相的無臉黃色小飛俠、還有調皮搗蛋會拐騙老人小孩的矮人等」，然而這些對於魔神仔的描述與指稱皆與日治時期以來「誘人迷失、不知其面貌的鬼怪」完全不同，因此也沒有獲得普遍的認同，卻也恰好反映「台灣鄉野妖怪傳說的多元面貌」、以及魔神仔在當代社會語境中產生各種紛歧稱述與定義的現象。

　　本章節涉及的議題，如同前文耙梳所引述，已有許多的研究成果，然而為了確立本書以魔神仔為根源與比較的研究立論暨其

D%98%E5%9C%A8%E7%9B%B4%E5%88%B0%E7%9B%AE%E5%89%8D/10154252782210040/，瀏覽於 2022 年 7 月 12 日。

開展，必須在此先勾勒前人論著中相關的重要見解；在不過度贅述前人成果、增補部分觀點與後出研究資料的前提下，茲此重新整理漢族魔神仔傳說中的各種定義與觀點，再探究並釐清魔神仔在臺灣社會語境中的各種指涉，始得藉此基礎進行本書的比較析論。

（一）鬼魅精怪

　　日治時期的民俗學者曾以鬼、亡魂、怪物等定義魔神仔，而臺灣近代社會開始關注並嘗試析論魔神仔時，起初也以鬼怪、魑魅魍魎來指稱定義，例如董芳苑依據臺灣民間信仰的觀念，認為「毛神仔（魔神仔）」為所謂的「野鬼」；而洪惟仁認為魔神仔與臺灣民間信仰中的「好兄弟仔」、「無主家神」等人死後未得妥善供奉安置的鬼相近；而林美容則認為：狹義的魔神仔指的是矮矮小小、會幻化且捉弄人的山精水怪之屬；廣義的魔神仔泛指單一出現的鬼類，不似好兄弟是集體的鬼魂。[75]

　　有論者嘗試從中國古籍文獻中追溯魔神仔的根源和紀錄找尋魔神仔的真面目，例如：陳依琳從春秋戰國時期以來對於「罔象」、「罔兩」、「魑魅魍魎」等自然中的古老精怪記載，在秦漢至六朝期間經歷南北文化交融、與東南沿海的山臊相混，轉變成後世所說的魔神仔形象，[76]三國韋昭注解《國語》「木石之怪夔、蝄蜽」的說明為：

---

[75]　林美容、李家愷：《魔神仔的人類學想像》，頁 14。
[76]　陳依琳：《精怪之變——罔象文化研究》，頁 22。

木石，謂山也。或云夔一足，越人謂之山繅，音騷，或作猱。富陽有之，人而猴身，能言，或云：獨足、蝄蜽山精，傚人聲而迷惑人也。[77]

又如葛洪《抱朴子》中對所謂山精的形象描述為：

山中山精之形，如小兒而獨足，走向後，喜來犯人。人入山，若夜聞人音聲大語，其名曰蚑，知而呼之，即不敢犯人也。一名熱內，亦可兼呼之。又有山精，如鼓赤色，亦一足，其名曰暉。[78]

上述所引述的山猱、山精，不僅有獨足、猴身、小兒等等的奇特外貌，而且都是山中會傚效人聲而迷惑人的精怪，與臺灣民間傳說中的魔神仔相當類似。林美容認為這就是中國古代文獻中所說的山魈、山都木客，可能是指精怪、鬼魅，但實際上也可能是指野人、矮黑人（Negritoes）等種族，並且在歸納 von Glahn（馮・格蘭）、凌純聲、劉枝萬等學者的研究見解後，指出臺灣民間傳說的魔神仔與山魈、山都木客之間有著「與深山密林相關、身形矮小、樹居或穴居、隱形會幻化」的共通點，進而推定山魈、山都木客是與魔神仔最接近的存在；並且又引述楊緒東將魔神仔分為水怪、山精、旱魃三種的說法，然而臺灣的民間信仰

---

77 〔漢〕韋昭注：《國語》（臺北：臺灣中華書局，1965 年 1 月），〈魯語下〉，頁 68-69。

78 〔晉〕葛洪著，陳飛龍註譯：《抱朴子內篇今註今譯》（臺北：臺灣商務印書館，2001 年 1 月），卷十七，〈登涉〉，頁 689。

中並沒有旱魃的文獻紀錄，因此林美容認為水怪、山精與「矮矮小小、會幻化、會捉弄人」的魔神仔定義較為接近。[79]

　　除了前述諸家所引述的罔兩、山魈、山都木客等記述，在中國古書也另有記載以聲音迷惑人的妖異之「精」，例如《太平御覽》所說的「山精」、「道精」：

> 又曰山精，如人一足，長三、四尺，食山蟹，夜出晝藏，人晝日不見，夜聞其聲，千歲蟾蜍食之。
>
> ……
>
> 又曰故道徑之精，名忌，狀如野人，以其名呼之，使人不迷。
>
> 又曰道之精，名作器，狀如丈夫，善眩人，以其名呼之則去。[80]

　　據其記載，道精大致上是一種晝伏夜出、長相似野人而會迷惑人的精怪，其中又另有名為山精的存在，僅有單足又長得矮小，則和前述中國古籍中的山臊、山精相同，而道精「長三、四尺」、「夜聞其聲」、「善眩人」等特徵也與魔神仔的傳聞十分

---

[79] 林美容、李家愷：《魔神仔的人類學想像》，頁 16-29。楊緒東之說，見楊緒東：〈讀書會－魔神仔篇〉，https://www.taiwantt.org.tw/tw/index.php?option=com_content&task=view&id=266&Itemid=57，瀏覽於 2022 年 7 月 18 日。

[80] 〔宋〕李昉等撰：《太平御覽》，商務印書館四庫全書工作委員會編：《文津閣四庫全書》（北京：商務印書館，2005 年，國家圖書館藏影印本）第二九八冊，卷八八六，〈妖異部・二〉，頁七一八。

相像。另外，道精又有各種別稱如忌、器，或者描述其外貌「狀如野人」、又說道精「狀如丈夫」，有著種種不同面貌，乃至於「人晝日不見，夜聞其聲」的神出鬼沒等各種傳聞，也與魔神仔能幻化、身形多變的精怪之形容相近。

　　從 2010 年開始，臺灣與魔神仔相關的各種創作出版品紛呈推出，也使得魔神仔出現了各種不同的指涉與稱呼。例如在 2015 年上映的電影《紅衣小女孩》，[81]其事蹟形象源自於 1998 年 3 月 1 日某家族在臺中大坑登山活動的錄影，而在影像中現身的不知名紅衣女孩，並在隔年的電視靈異節目上公開而聲名大噪，[82]在《紅衣小女孩》的電影中便將此紅衣女孩指稱為「魔神仔」。另外，玉山小飛俠與林投姐也曾在臺灣當代的語境中被指稱為魔神仔，但是玉山小飛俠出自 1990 年起在臺灣山友之間盛傳的登山異聞，指的多是現身於玉山南峰岔路口的三名頭戴斗笠、身披俗稱小飛俠雨衣的黃色雨衣之不知名人物，會在迷霧中引誘登山者走向錯誤的路徑，而有引發山難的性命之虞；[83]林投姐則是日治時期流傳於臺南地區的女鬼傳聞，生前遭受來自中國泉州的負心漢背叛騙財、憤而上吊自殺，化為冤魂出沒於林投樹下，之後經地方鄉紳共議立廟供奉。[84]此處所說的紅衣小女孩、玉山小飛俠與林投姐，在探究故事脈絡之後，便會發現以上三者都和日治時期以來魔神仔誘人迷失的傳聞與背景都沒有關連，卻

---

[81]　程偉豪導演，臺北：瀚草影視，2015 年 11 月。

[82]　臺北地方異聞工作室：《臺灣都市傳說百科》，頁 20-25。

[83]　臺北地方異聞工作室：《臺灣都市傳說百科》，頁 26-31。

[84]　〔日〕東方孝義：《臺灣習俗》（臺北：南天書局，1997 年 10 月〔1942〕），頁 204。

在現代社會語境的流傳、與文創產品的附會下，卻和魔神仔的傳說產生了黏合現象，也就是在口頭流傳的過程中，因為牽連、附會的關係，使得原本沒有關聯或是關聯不大的人物、事件、情節、母題等等，發生了聯合乃至於結為一體的現象；[85]在社會大眾的渲染與穿鑿附會之下，紅衣小女孩、玉山小飛俠、林投姐便如同前文引述的《台灣魔神仔圖鑑》展覽一般，一同被指稱為魔神仔，[86]其中又因為《紅衣小女孩》電影的關係，以紅衣小女孩被指稱、黏合為魔神仔之一的現象最為突出。

此一現象反映：一般民間對於魔神仔和人死後變化成的鬼，兩者之間認定的界線分際往往是模糊且重疊的，所以有各種關於鬼的傳聞——例如竹篙鬼、水鬼、抓交替、鬼擋牆，或如本文引述之紅衣小女孩、玉山小飛俠、林投姐，或是牽亡魂（Kan-Mon-Hun）、前世糾纏的冤親債主、山裏的魑魅魍魎等等，[87]都有可能被指稱為魔神仔，但實際上魔神仔與人死掉變成的鬼又有所區別。[88]伊藤龍平則從日本妖怪文化的心理角度比較，認為臺灣的魔神仔是被「鬼化的魔神仔」、「幽靈化的妖怪」，在臺灣民間對於人死之鬼的信仰影響下，原本屬於自然精怪的魔神仔也

---

[85] 楊利慧：《女媧的神話與信仰》（北京：中國社會科學院出版社，1997年12月），頁94。

[86] 在林美容、李家愷：《魔神仔的人類學想像》所採集的田調資料，亦有訪談人認為黃色小飛俠（玉山小飛俠）就是魔神仔的說法，見其著頁192。

[87] 臺東縣卑南鄉瑞和金母宮訪談紀錄，參見林和君：〈魔神仔與臺灣原住民關係之傳說——臺東東河鄉阿美族傳說考察〉，頁9。

[88] 林美容、李家愷：《魔神仔的人類學想像》，頁104-105。

被摻入鬼魂的定義與指稱，[89]與林美容的見解相呼應，也反映為何魔神仔會被指涉為林投姐等鬼怪的現象。因此，誠如林美容所論：魔神仔本質上是山精水怪，[90]與人死後變化成的鬼是不同的指涉對象。

（二）矮小人種

此處所稱的矮小人種，指的是在漢人移居臺灣以前、甚至是臺灣原住民族祖先來到臺灣以前，即已存在於島上的矮人，許多文獻與口述紀錄中都提及矮人族群外貌黝黑，因此也稱為矮黑人或小黑矮人。衛惠林對於矮黑人的描述為：

> 臺灣曾有若干已絕滅之先住民族，如矮黑人（Negritos），曾在臺灣分佈至廣，清代文獻記之甚詳。臺灣土著各族間，除雅美族外，幾皆有關於矮黑人之傳說，其名稱則不同，……各傳說皆稱此種族身材矮小，行動敏捷，膚色暗黑，毛法卷縮，用弓矢，善游泳巫術，有紋身之俗，住岩洞，架獨木橋，凡此大致與尼格利多（按：Neteitos）種族相一致。[91]

陳冠學亦曾談到矮黑人與其他臺灣先住民的紀錄：

89　伊藤龍平：〈「鬼」でもなく「神」でもなく──台湾の「モシナ」伝承〉，頁 288-290。

90　林美容、李家愷：《魔神仔的人類學想像》，頁 287。

91　衛惠林等著：《臺灣土著各族分佈》（臺北：東方文化書局，1976年），頁 7。

在漢人移住臺灣之前，臺灣早有人居住，通常稱為先住民。先住民種族繁多，從形體上區分，有矮人、巨人、黑人、有尾人、雞距。……恆春一帶的瑯嶠人，在十七世紀時，也還以矮小受人注目。東臺灣人的頭骨上有Negrito 人的遺跡。據 Albrecht Wirth 的臺灣島史，當時在臺灣西南部還傳說有矮人存在。滿洲鄉山上，至今還有小矮人遺留下來的矮石屋村，據說這些小矮人早於　千年前已經滅絕。[92]

臺灣各地都曾有關於矮黑人的故事傳說，在原住民族的起源神話、農耕神話中亦時有矮黑人的情節稱述。[93]然而矮黑人並非如陳冠學所言「早於一千年前已經滅絕」，從清代以來乃至近代，都可發現與矮黑人相關的描述見諸於文獻紀錄與口述資料之中。臺灣最早提及矮人的文獻，為清康熙五十八年（1719）的《鳳山縣志》，提及在當時臺灣南部的深山中有一種矮小的族群：

由淡水（按：下淡水溪，即今日高屏溪）再入深山，狀如猿猱，長僅三、四尺，語與外社不通。見人，則升樹杪；

---

[92] 陳冠學：《老台灣》（臺北：東大圖書公司，2012 年 5 月），頁 99。

[93] 參見李壬癸：〈台灣南島民族關於矮人的傳說〉，收錄於其著：《台灣南島民族的族群與遷徙》（臺北：前衛出版社，2011 年 1 月），頁 157-194；劉育玲：《臺灣矮人傳說研究》（花蓮：國立東華大學中國語文學系民間文學博士班博士論文，2015 年 1 月）；鹿憶鹿：〈小黑人神話〉，收錄於其著：《粟種與火種：臺灣原住民族的神話與傳說》（臺北：秀威經典，2017 年 6 月），頁 221-266。

人視之，則張弓相向。[94]

　　在當時高屏地區的深山中曾經存在著狀似猿猴、身形矮小、懂得使用弓箭的未知族群，由於語言無法溝通，亦不知其來歷，僅有留下簡略的目擊紀錄。稍晚刊行於乾隆元年（1736）的黃叔璥也提到臺灣北部同樣存在著體型矮小的原住民族群，在其著作《臺海使槎錄》中的〈番俗六考〉提到：

> 龜崙、霄裏、坑仔諸番，體盡矮短，趨走促數，又多斑癬狀，如生番。[95]

　　在清代方志或是個人筆記中的紀錄皆可發現：當時被清廷以納貢徵役與否而粗略劃分為生番、熟番的原住民之外，尚有一種身高矮小、與其他庄社語言不通、對外族帶有攻擊性的矮小族群，亦即所謂的矮人；而黃叔璥提到矮人「又多斑癬狀」，應是前述衛惠林所說矮人「有紋身之俗」所致，身體的刺青或毀飾被誤認為斑癬，顯見在當時清代漢人的眼中這些矮黑人相較於生番看似是更為原始蠻荒的族群。

94　〔清〕李丕煜主修：《鳳山縣志》，《臺灣史料集成・清代臺灣方志彙刊》（臺北：文建會、遠流出版事業公司，2005 年 6 月〔康熙五十九年，1720〕，東洋文庫、王瑛曾《重修鳳山縣志》等合校本），頁149。

95　〔清〕黃叔璥原著，宋澤萊翻譯，詹素娟註解：《番俗六考：十八世紀清帝國的臺灣原住民調查紀錄》（臺北：前衛出版社，2021 年 7 月），頁 178。原文亦見於周鍾瑄：《諸羅縣志》卷八〈風俗志〉，但原文增列有竹塹社、南崁社，註解者存疑。

　　臺灣古道踏查學者楊南郡依據日治時期鹿野忠雄的研究基礎，以及自身的調查經驗，指出臺灣矮黑人傳說與遺址的分佈集中於賽夏族與其東鄰泰雅族居地、郡大溪布農族祖居地、恆春半島排灣族與斯卡羅族居地，並推斷矮黑人的起源地位於恆春半島東岸的觀音山面臨太平洋處。[96]然而臺灣矮黑人研究的癥結點在於至今臺灣尚未發現矮黑人的遺骸，儘管文獻、傳說指證歷歷，也有許多被指認為矮黑人的家屋、部落遺址和相關文物出土，過往學界無法直接證明臺灣矮黑人的真實存在，[97]但實可預見未來臺灣矮黑人骨骸的出土與其研究成果。[98]

---

[96] 楊南郡：〈踏查半世紀——台灣矮黑人的傳說與調查〉，《第八屆通俗文學與雅正文學國際學術研討會論文集》（臺中：國立中興大學中國文學系，2010 年 12 月），頁 9。

[97] 部分早期被傳為矮黑人家屋、部落的石板屋遺址，例如屏東滿洲鄉境內曾被指為矮黑人石板屋的五處遺址，其中的南仁山、港仔村中山科學院、里德村三處石板屋被考古學家歸類為排灣文化相的史前文化遺址，也就是早期排灣族的家屋。參見劉還月：《寫在古道上的族名：恆春半島東岸古道與舊社踏查旅行》（屏東：墾丁國家公園，2016 年 12 月），頁 30-31。

[98] 2022 年 10 月，澳洲大學亞太學院（College of Asia and the Pacific in Australian National University）研究員洪曉純（Hsiao-chun Hung）發表其研究團隊在臺東成功鎮小馬洞出土發現距今約 6000 年前的女性骨骸，經比對後發現與同時期的非洲矮黑人樣本、以及現今南非與菲律賓部分地區的矮黑人相似的研究成果，為臺灣原住民族流傳的矮黑人傳說提供了最新的考古檢證。參見 Hsiao-chun Hung, Hirofumi Matsumura, Lan Cuong Nguyen, Tsunehiko Hanihara, Shih-Chiang Huang & Mike T. Carson: Negritos in Taiwan and the wider prehistory of Southeast Asia: new discovery from the Xiaoma Caves, *World Archaeology*, Vol. 54 (published on line: 04 Oct 2022), pp. 1-22.

　　文獻與傳說等紀錄中描述矮黑人的習性特徵，不外乎為身高矮小、穴居或半穴居（石板屋）、善用弓箭、行動敏捷且臂力極強等等；而前述提及魔神仔形象的傳述，亦常是長得矮矮小小的、貌似孩童或是野人一般，甚至也與中國古籍中描述「長三、四尺」的山精相近。是以矮黑人其矮小、皮膚黝黑、具備奇異能力的故事描述，與被指稱為矮矮小小如孩童或野人一般、形象變幻不定又會誘人迷失的魔神仔相當類似，於是，在王家祥《魔神仔》小說中對矮黑人形象的重塑過程裡，便藉由史料依據和傳說想像的結合，完成一高度虛幻、仍以某種方式繼續存活於文明時代的矮黑人族群形象，與鄉野傳說中的魔神仔產生合理的、具有象徵性與現實性形象暨意義上的牽連。[99]而王家祥也在〈大興瀑布事件〉一文中強調魔神仔與臺灣原住民族傳說中的矮黑人的關聯：

　　　　新聞記者在電視上說當地人宣稱這是魔神仔做的，至於魔神仔是何方鬼怪？長得像什麼樣子？大興村的人也說不出個所以然來，大家都沒親眼看過，只知道把人催眠得迷迷糊糊的鬼就叫做「魔神仔」；「魔神仔」在閩南人與客家人的語彙中都曾經出現，客家人稱做「毛神仔」，大概指的就是一種會催眠人，作弄人的鬼吧！布農人認為「他們」是一種黑色小鬼，有些分布在海邊的阿美族村落傳說「他們」能夠在海上行走，住在山邊的阿美族人則說「他

們」會在樹上飛來飛去，不過更進一步的指出「他們」是
矮黑人，既是擁有著巫術與靈力的人，又是讓人懼怕得有
點像鬼。[100]

　　王家祥認為魔神仔即矮黑人的觀點也獲得林美容的支持，林
美容認為兩者在身形矮小、迅速敏捷、奇異能力等描述上極為相
近，而且在臺灣原住民族中也流傳有魔神仔或是與其相近的故
事，可謂「魔神仔即台灣版的矮人」；[101]林美容也更進一步從
比較民俗學的角度，指出日本、歐美、太平洋諸國等地都有相似
的矮人故事或迷失事件，提出並分析「跨民族的矮人傳說」的可
能性。[102]

　　然而，在沒有直接證據的支持下，單就文獻、傳說紀錄的相
似而認為魔神仔即矮黑人的推論，不見得就是真實的情況。首
先，在前引李壬癸、鹿憶鹿、楊南郡、劉育玲等人研究臺灣矮黑
人的傳說和語言現象等紀錄中，皆未提及矮黑人與魔神仔、或是
與其他種類的神鬼靈怪相比擬的說法；[103]其次，在前述的矮人
與《台灣魔神仔圖鑑》中引述的「各種魔神仔」，與「誘人迷
失、不知面貌」的魔神仔並不相涉，或是僅有部分描述相近：魔
神仔有時也被描述為外形矮小，和原住民傳說中的矮人身形一

---

[100] 王家祥：〈大興瀑布事件〉，頁 129。

[101] 林美容、李家愷：《魔神仔的人類學想像》，頁 288。

[102] 林美容、李家愷：《魔神仔的人類學想像》，頁 254-265。

[103] 例如前述李壬癸、鹿憶鹿、楊南郡、劉育玲，在臺灣矮黑人的各種口述
　　紀錄和語言現象研究上，均未曾提出矮黑人即是魔神仔或相似的神靈鬼
　　怪的說法。

般，或是如同黃色小飛俠一樣會誘人迷失，或是和紅衣小女孩一樣有紅色形象等部分重疊特徵等等，但從原始出處的描述來看，其實皆與魔神仔不相涉，或是沒有證據證明與魔神仔相涉。

再從臺灣原住民各族族語中對矮黑人的稱呼來看此一關連的可能性——例如泛泰雅族稱 Msngsungut、布農族稱 Sadosu、鄒族稱 Sayucu、邵族稱 Shlilitun 等等，[104]而阿美族都蘭部落稱 Kaladezai [105]、排灣族東源部落稱 Shengere [106]等等，其稱呼與各個族群的傳統信仰中對與「魔神仔」相近的鬼、靈、精怪等稱謂不同，亦即在各個族群的語言指涉觀念中矮黑人並不是像魔神仔一類的鬼、靈、精怪，兩者之間有相當明確的區別。[107]因此，「魔神仔就是臺灣的矮黑人」是漢人的外部觀點的推論，在原住民族群的文化、語境裡與魔神仔相似的對象另有所指。而部分來自原住民部落的報導人之所以會用魔神仔一名傳述相關的說法，則是受到漢人的影響，報導人也能明確認知這是和自身族群文化中的某些鬼、靈、精怪相似或相同而稱謂不同的存在，相關析論將於本書後續章節繼續深究。

---

104 參見劉育玲：《臺灣矮人傳說研究》。

105 林和君：〈魔神仔與臺灣原住民關係之傳說——臺東東河鄉阿美族傳說考察〉，頁 14。

106 林和君：〈臺灣跨族群山林傳說之關係——魔神仔與屏東縣旭海、東源部落傳說考察〉，《台灣原住民族研究季刊》第 7 卷第 1 期（2014 年春季號），頁 104。

107 林和君：〈臺灣跨族群山林傳說流播關係析論——以苗栗南庄地區魔神仔、矮黑人暨其他相關傳說為例〉，頁 222。

（三）超常現像

前文述及：竹篙鬼、水鬼、抓交替、鬼擋牆、牽亡魂、冤親債主、魍魅魍魎等等都有可能被指稱為魔神仔，但實際上魔神仔與人死掉變成的鬼又有所區別；而有時若是發生了不可思議、無法理解、超乎平常範疇的人事物種種，也有可能被指稱為魔神仔。例如前引池田敏雄的魔神仔之說，乃是池田敏雄一行人當時自高雄州廳轄屬的平埔族部落搭乘汽車夜歸時，不知為何在歸途中迷失了方向，同行的一位來自萬丹的嚮導表示這種狀況就是遇上了魔神仔（モウシラン）。[108]若以臺灣民間大眾的角度來看，這其實就是俗稱的鬼打（擋）牆，但有時在民眾的心理認知上也將其稱為魔神仔。

在作者的田野調查紀錄中，有一則報導人遭遇鬼擋牆的事例，並且曾被地方新聞報導，[109]報導人則向作者提供當時詳細的經歷：

> 這是 2017 年 1 月 5 日我遇到的真實事件，而且還有上報紙，不過新聞並沒有說是魔神仔，只說是兩個登山客迷路。那天我們總共在山上待了 12 小時，我想這應該是你

---

[108] 牽牛子（池田敏雄）：〈點心〉，《民俗臺灣》第四卷第三期，頁25。

[109] 楊大川：〈關警細心引導迷路登山客平安獲救〉，《台東電子報》，2017 年 1 月 7 日，https://taitung.news/2017/01/07/%E9%97%9C%E8%AD%A6%E7%B4%B0%E5%BF%83%E5%BC%95%E5%B0%8E%E8%BF%B7%E8%B7%AF%E7%99%BB%E5%B1%B1%E5%AE%A2%E5%B9%B3%E5%AE%89%E7%8D%B2%E6%95%91/，瀏覽於 2017 年 9 月 3 日。

說的魔神仔。

那時，由於 7 月颱風造成山地多處崩塌，為了重新引水源到民宿去，我請泰安村一位很有經驗的嚮導帶我入山。我們從瑞源那裡往電光部落過去入山。因為路線我們都很熟悉，心想是個輕鬆的行程，所以我只隨身帶著手機跟兩瓶水，嚮導另外帶著 GPS。我們上午 9 時入山，不過走到 11 時左右，經過一處崩坍的平台地時，GPS 出問題了：GPS 指示前方有兩條路，可是在我們眼前就是沒有那兩條路，而且 GPS 一下子指向左、一下子指向右，一直顯示這樣的狀態。我們心想可能是颱風的關係，使得路線地貌改變讓我們看不到路，我們就依照經驗從稜線下切到溪谷，以 W 路線來回折返找路。可是我們試了好一陣子，仍然沒有找到 GPS 顯示的道路。就這樣耗到傍晚 6 點左右，GPS 原本顯示還有 40% 的電力，但是這時卻突然一下子沒電了。這時我想不行了，就向大哥說我們報案吧，我們走到有訊號的平台上，打電話報案完、警察掛斷手機後，手機訊號也突然完全消失了。

我們沿著山豬走過的獸徑去找路，因為山豬比較矮、所以我們趴著走在獸徑上，路上獼猴、山羌的排遺我們都看得很清楚，一路也都聽得到牠們的叫聲，但是很奇怪，我們偏偏半隻動物都看不到。我們也聽到入山搜尋我們的人一直沿路喊「有人嗎」「有人嗎」的聲音在四處迴響，但我們就是見不到搜救人員、他們好像也看不到我們。後來我們被找到時，跟入山的警消確認 GPS 的紀錄，發現當時我們彼此距離很近、幾乎是在同一個地方擦身而過才對，

卻怎樣都看不見對方。

後來我們終於又走到有手機訊號的地方，打第二通電話向派出所說明我們的所在位置。我想了想，打電話給我太太，交代她去向我們帶來臺東的媽媽的舍利上香、報告這件事，心想或許這會有些幫助；結果一打完這通，電話又完全沒訊號了，但是，GPS 突然恢復正常了，可以開啟、也能夠正確指引道路了。不過由於那天 GPS 狀況連連，所以我們半信半疑，一邊看 GPS 一邊用手電筒照路確認後再一邊向前走。GPS 先是指引我們到一棵樹下，樹下擺著上山工作的人留下給山友緊急時飲用的 4 瓶水，2 瓶開過喝了一半而另 2 瓶是滿的，因為又餓又渴又累，我們不管那麼多就把水拿來喝。喝完以後，GPS 卻又突然改變指示，要我們 180 度轉向後方回頭的路，那才是正確通往出口的方向，感覺好像就是有人用 GPS 指示我們先去找到水喝，才讓我們回去正確的路繼續走。

我們終於平安走回登山口時，已經是晚上 11 時了。我想，可能是我們的心態太過輕鬆，忽略了我們是走入山神的領域，以為就像是在走一般登山步道而鬆懈，沒有先拜檳榔、米酒之類的向山神報備才遇到這樣的事。[110]

據報導人所說，此種不知為何迷失方向、像是被困在一個與外界隔絕的空間之中，甚至也失去對時間的感知，直到某種不知名力量的介入，才讓報導人平安脫離並回到現實的時空間之中，

---

[110] 孫良寅，男性，2017 年 8 月 11 日上午訪問於臺東市自宅。

也就是俗稱的鬼打牆或鬼擋牆，但是報導人也認為「這應該就是魔神仔」。

　　作者的父親亦提供一則同樣是鬼擋牆、但也認為也是魔神仔捉弄的自身遭遇：

> 以前（民國八零年代）某天下班後的一個傍晚，我從臺中市區開車，要前往大慶（按：車程約 15 分鐘）去拜訪客戶，原本打算和對方聊聊、吃個便飯就回家；可是，那天我車子開在省道上，開著開著，我突然就不知為什麼，失去了知覺，完全不知道怎麼回事了。
>
> 等我再清醒過來的時候，我發現我將車子停在高速公路旁邊一處緊急停車空間，我人就坐在熄火的車子裡。一看手錶，發現竟然已經是隔天早上的 5 點多了，再看了一下周遭的位置，我竟然把車子從省道南下往大慶的方向，開上國道然後北上開到了苗栗三義這一帶。我看一看時間，心想不如就直接開車去臺中市區的公司吧。到了公司，我打電話回家，對於我整夜未歸、又沒有聯絡家裡的情況，太太並不著急，說：知道我是去找客戶，才想說可能是和客戶談太晚，所以無暇聯絡家裡，也想說可能是在客戶家裡過一晚後再直接去上班吧，太太並沒有發現我的異狀。
>
> 為了怕我太太擔心，我也沒有多說什麼。現在想起來我還是覺得很不可思議，怎麼會在開車途中整個人就失神然後不知發生什麼事，然後隔天早上出現在一個莫名其妙的地方，也不知道自己是怎麼開車過去的，卻完全想不起

來。我們以前大人會說，這也是魔神仔在捉弄你。[111]

　　上述報導人所說的親身經歷，在旁人看來便是難以解釋的失蹤或失神事件，而儘管情節過程與誘人迷失、餵食穢物、被發現於離奇危險地點的魔神仔事件有其異同，但報導人均認為可能與魔神仔相關。魔神仔歷來的定義涉及鬼怪、精魅等諸多事物，當發生了某些超常現象或是不可理解的事物、特別是被認為離奇且不可思議的失蹤事件時，在臺灣民間大眾的心理認知而言，即可能主觀地稱其為魔神仔。[112]

（四）身心失常

　　董芳苑曾提出：外形狀似光頭孩童、愛惡作劇、會攝人魂魄引誘人迷失、而以牛糞或蚯蚓餵食等行為舉止的魔神仔，其實似乎是夢遊症患者的經歷，[113]首先指出魔神仔實際上也可能是身心失常的病症表現。林美容於中國福建進行魔神仔口述傳說的實地調查經歷發現：當地多數人都認為「魔神仔」這個語彙指的是精神有問題的人，也就是「瘋子」、「憨仔」，或是會以「魔神魔 dak」稱呼瘋瘋顛顛或精神恍惚的人；而與臺灣流傳的誘人迷失、餵食穢物的所謂魔神仔相同的事物，當地則稱為「迷魂仔（me-hun-a）」。[114]此外，若以醫學的角度來看，所謂誘人迷失、

---

[111] 林聰財，男性，2018 年 8 月 7 日下午訪問於自宅。

[112] 李家愷：《台灣魔神仔傳說的考察》，頁 15。

[113] 董芳苑：《認識臺灣民間信仰》（臺北：長青文化事業公司，1983 年 4 月），頁 242。

[114] 林美容：《魔神仔的人類學想像》，頁 240。

形象變幻不定的魔神仔，有可能是帕金森氏症（Parkinson's disease）、失智症（Dementia）、急性突發的譫妄症（Delirium）等疾病，或是暫時性的失憶症狀所引起；[115]或是在日常無法解釋的情況、經驗中的缺口而無法追溯其經過時，多會用其他事物填補、合理化，尋求意義上的救濟，也就是報導人提到迷迷糊糊之間好像會在前頭引誘自己前去的魔神仔。[116]因此，無論是辭彙指稱本身、或是在語境脈絡發展下，魔神仔也可能是精神失常、身心不全而作為填補意義的一種指涉。

　　綜上所述，除了從日治時期開始被流傳為「誘人迷失的精魅鬼怪」的典型事件以外，各種形象意義不一的妖鬼靈怪、原住民神話傳說中的矮黑人、乃至於各種身心不健全的精神症狀，都有可能被稱為魔神仔，或是以魔神仔作為解釋的象徵意義。總之，隨著資訊流通兼且環境開放，伴隨著各式各樣怪譚異聞的討論，使得魔神仔的指涉語境被擴充，但凡各種不可思議的現象或異常

---

[115] 參見莊旻靜：〈家人以為老父走失是被魔神仔抓走　結果是……〉，《中國時報》，2016 年 4 月 20 日（https://www.chinatimes.com/realtimenews/20160420003435-260405?chdtv）黃羿馨：〈路跑被「魔神仔」帶走　醫師：譫妄症發作〉，《蘋果日報》，2016 年 11 月 28 日（https://www.appledaily.com.tw/local/20161128/DW5MZY2XSGDGPV76JSSUMY3MMA/）；張議晨：〈幻覺當成「魔神仔」　小心巴金森氏症悄上身〉，《自由健康網》，2017 年 2 月 12 日（https://health.ltn.com.tw/article/breakingnews/1972660）；黃美珠：〈被魔神仔牽上山？　醫：可能只是「暫時性全腦失憶症」〉，《自由健康網》，2022 年 8 月 2 日（https://health.ltn.com.tw/article/breakingnews/4011626）。以上瀏覽於 2022 年 8 月 2 日。

[116] 其說見李舒中：〈魔神仔的故事〉，2017 年 8 月 19 日下午演講於南投縣文學資料館。

的行為舉止，都可能會被稱為魔神仔。

　　在本書引述並定義的魔神仔，與林美容所定義的狹義魔神仔相同，也就是從日治時期以來所說的誘人迷失的山精水怪，且形象變幻不一或不明、會餵食當事人穢物、而讓當事人在難以解釋的情況下前往險竣或遙遠的地點等情節事蹟，始為本書作為與臺灣各原住民族傳說所述相近、藉以比較分析其異同的魔神仔。而即便是狹義的魔神仔，也仍有各種不同的模樣、形象或特徵，例如矮矮小小、黑黑澹澹而膚色青綠、與紅色（紅衣紅帽、紅眼睛等）相關的特徵、「行路浮浮」行動飄忽等等，[117]則不在本書的討論與調查範疇之內。

三、臺灣原住民傳說中的「魔神仔」

　　前述研究魔神仔的部分學者們不約而同的提出一則推想：魔神仔在臺灣社會流傳廣遍，除了漢族群的主流社會之外，在原住民族群中似乎也有魔神仔、或與其相似的傳說，但皆未可進一步證實、或是未有明確的直接證據；而依據田野調查所得的傳述內容來證實這一點，並闡釋其流傳現象和意義，就是本書首要完成的問題意識與研究目的。茲此列述前人曾經提出的相關推論，並引述文獻記載與口述紀錄等資料，藉此確立本書欲闡釋的首要問題：臺灣原住民族傳說中是否也有魔神仔、或是與魔神仔相近的存在？

---

[117] 林美容、李家愷：《魔神仔的人類學想像》，頁 67-85。

（一）學界的推論

　　最早提出專題學位論文的鍾愛玲，曾於網路傳說資料中尋得一則提及布農人、阿美族魔神仔傳說的網路答覆，實際上就是來自於王家祥〈大興瀑布事件〉的文章節錄：

> 「魔神仔」在閩南人與客家人的語彙中都曾經出現，客家人稱做「毛神仔」，大概指的就是一種會催眠人，作弄人的鬼吧！布農人認為「他們」是一種黑色小鬼，有些分布在海邊的阿美族村落傳說「他們」能夠在海上行走，住在山邊的阿美族人則說「他們」會在樹上飛來飛去，不過更進一步的指出「他們」是矮黑人，既是擁有著巫術與靈力的人，又是讓人懼怕得有點像鬼。[118]

　　該文中王家祥認為魔神仔在臺灣是跨族群的存在，閩南人、客家人、布農族人與阿美族人都有所傳述，而且不同族群所流傳的內容也會有所差異，概括起來就是長得黑黑的鬼、或是具備各種奇異能力的矮黑人。

　　李家愷亦曾發現：魔神仔在各個族群間都流傳著相似的傳說，如客家人即稱「魍神（mong sin）」，撒奇萊雅族中則稱為Tadataha，於是率先提出魔神仔傳說在各個族群間的流傳有何差異、又是否互相影響的疑問，而魔神仔傳說「本身可能也是某種

---

[118] 鍾愛玲：《徘徊在「鬼」「怪」之間：苗栗地區「魍神」傳說之研究》，頁 159-160，轉引自 http://tw.knowledge.yahoo.com/question/?qid=130621701519（連結已失效）。

跨越族群之人類普遍現象的表達」，因為在許多文化中皆有將神奇、離奇失蹤歸罪於鬼怪的想法，因此近似於魔神仔事件的迷失傳述極可能是一種普遍的跨文化現象；[119]同時，李家愷也在屏東滿洲鄉排灣族社頂部落搜集到一則傳述魔神仔的紀錄，似可作為映證之一，[120]但是並未對此一則部落裡的魔神仔傳述進行更多的解釋與脈絡考究。

　　林美容則明確指出：「魔神仔的傳說故事除了閩南人、客家人，在台灣各原住民族也有流傳，為什麼魔神仔會在台灣各族群中這麼流行，我們不可忽略台灣原住民早就有類似魔神仔的小黑人傳說的存在。」[121]同時林美容也採集到數則在原住民部落中被稱為魔神仔、也與魔神仔故事情節相像的口述紀錄，做為立論的依據。

　　除了上述專著中提及魔神仔為跨族群存在的可能性，其他尚有方亞蘋的碩士論文《《花蓮縣民間文學集》研究——以傳說及民間故事為範圍》，其中提及阿美族流傳的 salo 也就是魔神的說法，[122]並且引述《台灣花蓮阿美族民間故事》中採錄阿美族巨人「阿拉嘎蓋」的一則故事版本並進行初步的比較，[123]認為其中描述的魔鬼、吃人、嚇小孩等情節，與流傳在當地美崙山的魔

---

[119] 李家愷：《台灣魔神仔傳說的考察》，頁 133。

[120] 李家愷：《台灣魔神仔傳說的考察》，頁 190。

[121] 林美容、李家愷：《魔神仔的人類學想像》，頁 259。

[122] 方亞蘋：《《花蓮縣民間文學集》研究——以傳說及民間故事為範圍》，頁 37，原文出於康培德編纂：《續修花蓮縣志：族群篇》（花蓮：花蓮縣文化局，2005 年 1 月），頁 87。

[123] 引自陳光綠：「美崙山的由來」，金榮華：《台灣花蓮阿美族民間故事》（臺北：中國口傳文學學會，2001 年 10 月），頁 7-8。

神仔傳說有很高的相似性；但是該文僅止於推論，尚難以考證兩者之間是否有互相影響的關連，[124]而且魔神仔與巨人阿拉嘎蓋的形象、情節與定義相差甚遠，僅從部分情節雷同而指出兩者具備高度相似性，不免過於牽強。

然而，前述專論、專著雖然均曾提出魔神仔為跨族群流傳的可能性，也引述了田野調查的成果來說明「魔神仔確實流傳在原住民族的傳說之中」，但是看來都是來自於漢人的說法，僅是魔神仔的詞彙與認知傳播至原住民族部落之間的外來文化影響，除了李家愷曾引述黃嘉眉採集的撒奇萊雅族 Tadatadah 的傳說，[125]其他尚不足以說明原住民族文化中是否本來就有著和魔神仔相同的傳說故事。

（二）族人的口述

在排灣族作家撒可努的散文著作中，曾經指出童年記憶中父親講過「魔神仔」的惡靈的事蹟：

> 我問著父親：「卡瑪，你有沒有聽到？對面的山谷好像有老人家在唱歌的聲音。」直到現在，遠遠傳來的那個聲音，我仍然無法忘卻。彷彿有如童年時聽到老人合聲唱歌的聲音，我的靈魂像飄起似的。

---

[124] 方亞蘋：《《花蓮縣民間文學集》研究——以傳說及民間故事為範圍》，頁 154-159。

[125] 李家愷：《台灣魔神仔傳說的考察》，頁 133。原引自黃嘉眉：《花蓮地區撒奇萊雅族傳說故事研究》（花蓮：國立東華大學民間文學研究所碩士論文，2009 年 7 月），頁 80-83。

「兒子，你知道那是什麼聲音嗎？」

「我不知道。」

父親露出面無表情且鬼魅的樣子，在我的耳根低語：「那個是惡靈，魔鬼在喚你的靈魂。黃昏時，到了快要被黑夜接替的那個時刻，是惡靈的時刻，他們常出來遊走，這個時刻也是人的靈魂最容易被牽走的時候。有些人能聽到，甚至能看到；而又有些人聽不到、看不到，意識卻被惡靈玩弄，行為和動作完全像另一個人。平地人說那個叫魔神那（山鬼），他們專找意識不清的老人和小孩，以及意識不堅的青年。老人們曾說：『如果你獨自在不熟悉的地方或是闖進了禁區，身體脆弱的時候，那種東西就會跑出來。』……」[126]

　　從此類的相關記述，或是前引的田野調查資料中雖然可以說明魔神仔事件也會發生、流傳在原住民族人之間，可證明前述諸家所推論的跨族群流傳現象，但僅可能是受到漢人社會傳播的影響；若要進一步證明跨族群共有魔神仔、或是與魔神仔相似的共通現象，便必須指證在原住民族的傳說故事中、甚至在不知道漢人所說的魔神仔之前，就已經存在著「誘人迷失、餵食穢物、被發現於險峻或難以獨自前往的地點」的鬼魅精怪的相關事蹟。

　　2020 年 4 月 29 日，在花蓮富里鄉發生一起張姓老婦人在山中失蹤的事件，三天後搜救人員在當地人稱女鬼瀑布的地點尋獲

---

[126] 亞榮隆・撒可努：《山豬・飛鼠・撒可努 2：走風的人》（新北：耶魯國際文化事業公司，2011 年 2 月），頁 181-182。

老婦人，據老婦描述：三天前在山上的工寮工作時，聽到有少女
的聲音傳來，出於好奇循聲而去，自此就失去記憶、不知發生何
事，直至被搜救人員尋獲才清醒過來；而老婦被發現的地點女鬼
瀑布，距離她原先所在的工寮有三公里，已屆八旬而行動不甚便
利的老婦如何走過這一段山路前往瀑布，則是難以解釋的疑點，
因此家屬認為老婦應是遇上所謂的魔神仔。然而女鬼瀑布被當地
的阿美族吉拉米代部落稱為吉卡瓦賽 Cikawasay，意為「鬼靈之
地」，不時傳出當地居民在此處被「山中鬼魅」迷失的傳聞，
[127]也被外界傳為是魔神仔所為。[128]此一傳說經何敬堯的訪查，
得知女鬼瀑布之名源自於當地阿美族人傳說曾有女子在此為失蹤
的丈夫殉情上吊自殺，此後便有女子的鬼靈出沒於該地的傳聞；
若以阿美族的鬼靈信仰來看待張姓老婦的失蹤事件，應當會認為
老婦是被惡靈 saraw 給迷惑了：

> 據說「撒烙（saraw）」是一種惡靈，身形可能像是巨人
> 或者猴子。這種怪物性格惡劣，會讓人在山中迷失方向，
> 或者引誘人走到濃密的竹林中，或者是危險的懸崖。[129]

---

[127] 社會新聞：〈阿嬤山區離奇失蹤 3 天　女鬼瀑布旁尋獲僅擦傷〉，《中央通訊社》，2020 年 5 月 12 日（https://www.cna.com.tw/news/asoc/202005120089.aspx），瀏覽於 2022 年 5 月 13 日。

[128] 王狗：〈【都市傳說】女鬼瀑布（中）！獨自進入深山尋魔神仔！冥紙放一晚驗證！（王狗）〉，2020 年 11 月 24 日，https://www.youtube.com/watch?v=gtOxfZgHoUY，瀏覽於 2021 年 1 月 26 日。

[129] 何敬堯：《都市傳說事典：臺灣百怪談》，頁 447。

　　此一描述所說的在山中迷失方向、引誘人走到竹林或懸崖等情節，皆與林美容所定義的狹義魔神仔事件一模一樣，而稱謂與漢族所說的魔神仔不同。何敬堯進一步指出：同樣的怪異事件若從不同族群的角度來看，就會有各種不同的說法，臺灣漢人族群稱魔神仔，但若是臺灣原住民族遇到被山中精怪誘拐以致失神迷途，則會有不同的說法；又如在南投縣仁愛鄉的布農族武界部落中流傳的 Kanasilis（卡納吉匿斯），也是一種與魔神仔類似的妖怪，據聞此妖怪會讓人在山中迷途，喜愛變幻成人們親朋好友的面目以引誘人類走進山野之中，而被引誘的人類即便在山中走了兩天兩夜也渾然不覺。[130]從何敬堯尋獲的事例來看，實可初步印證前述學者們的推測：在臺灣原住民族群之中，原本也存在著與魔神仔相同的傳說。

　　而據作者在 2013 年、2014 年的田野調查中，即已從原住民族人口中查證此一見解：前引何敬堯所述的 saraw，據作者採訪的報導人表示：「saraw 會讓人神智不清、迷迷糊糊地跟著祂走，然後把人帶到像是山崖峭壁那種危險的地方，離開後才讓人清醒過來，也曾有人因此摔下山崖或從高處掉下來。」[131]「這就是你們（漢族）所說的魔神仔，以前我沒聽過魔神仔，都認為這就是 saraw。」[132]「我們聽平地人說的魔神仔，就是我們所說的 saraw，傳說描述祂的外形，就像你們的七爺、八爺那樣一般

---

[130] 何敬堯：《都市傳說事典：臺灣百怪談》，頁 448。
[131] 吉優喜，男性，出身於臺東縣東河鄉東河部落，2014 年 2 月 12 日下午訪問於金樽漁港。
[132] Tafong Kati（達鳳・旮赫地），出身於花蓮縣光復鄉太巴塱部落，2014 年 8 月 3 日晚上訪問於都蘭部落。

高大。」[133]這些報導人對於 saraw 的形容，都與漢人所說的魔神仔極為接近，或是就逕稱魔神仔就是他們所說的 saraw。

　　同樣的流傳現象也存在於屏東縣境內的排灣族部落，瀟湘神的小說《魔神仔：被牽走的巨人》之中有一段情節述及：「屏東排灣族有所謂『wuyawuya tsumas』，同樣會讓人在山上恍神，讓人吃牛糞。」[134]其中的 wuyawuya tsumas，來自於作者在 2013年在屏東縣牡丹鄉東源部落採訪報導人的描述：

> 我不知道什麼叫魔神仔，但是知道有惡靈會做跟你說的魔神仔類似的事：這是發生在上山工作、採集山產的人身上，走在熟悉的山路上卻突然失神、迷失在山裏，部落的人知道事發後，便會動員村內的人去找，多半經過三至五天才會尋獲失蹤的人。失蹤回來的人描述：「我好像在走路、卻又好像不是，意識不清」、「有人帶著我走，而那個人似乎對我很和善很好」、「途中曾經睡在石頭上」、「會給我吃東西（實際上並沒有進食）」像這樣子。本地便稱是「被惡靈帶走」，而且受到幻想的控制以致意識不清，稱為 Wuyawuya cemas。這樣的事情在東源、牡丹一帶都曾發生。[135]

---

[133] Arkyla（林榮章），男性，出身於臺東縣東河鄉東河部落，2013 年 12月 8 日下午訪問於東河部落自營民宿。

[134] 瀟湘神：《魔神仔：被牽走的巨人》，頁 105。

[135] 佐諾克・嘉百，男性，出身於屏東縣牡丹鄉東源部落，2013 年 7 月 30 日下午訪問於東源部落石頭屋民宿。參見林和君：〈臺灣跨族群山林傳說之關係──魔神仔與屏東縣旭海、東源部落傳說考察〉，頁 105-106。

　　報導人並不知道漢族所流傳的魔神仔為何，但在聽作者敘述了魔神仔誘人迷失、餵食穢物、將人引誘至險峻或獨自難以抵達的地點等特徵，報導人即指出在部落的傳說中也有與其相似的惡靈。從上述的 kanasilis、saraw、wuyawuya cemas 的口述流傳，以及出身於部落的報導人強調「不知道什麼叫魔神仔」的前提下，便可得到在臺灣原住民族之中也流傳著與漢族魔神仔相近、甚至是相同的惡靈的證明，也可藉此證明前述學者們所推測跨族群流傳的誘人迷失之鬼怪傳說，確實存在於原住民各族群部落之間。

（三）文獻的記載

　　經過田野調查的證實，臺灣類似魔神仔的誘人迷失之鬼怪傳說確實有跨族群存在、共有的流傳現象後，若能按此索驥、從相關的文獻記載中尋找正確的對應稱謂與紀錄，便可進一步追溯出原住民族群內部的傳說根據及其稱呼脈絡。從日治時期以來與採集臺灣原住民族相關傳述的文獻紀錄，有下列三種類型：

1、調查報告

　　臺灣進入日治時期開始，日本政府為了充分掌握並開發利用殖民地的資源、釐清漢人與原住民之間的差別並加強理蕃事業，在臺灣進行許多自然、地理、人文、社會各方面的調查並留下許多研究成果，其中與原住民族風土、民俗與慣習相關的調查紀錄如鳥居龍藏《紅頭嶼土俗調查報告》[136]、伊能嘉矩《台灣踏查

---

[136] 〔日〕鳥居龍藏著，林琦翻譯，余光弘校訂，臺北：唐山出版社，2016年5月〔1902〕。

日記》[137]等著述，成為往後臺灣相關研究的重要基礎。在本書討論的範疇中，以臺灣總督府臨時臺灣舊慣調查會主持編著的《蕃族調查報告書》最為重要，因為相較於荷據、清領時期對於臺灣原住民的文獻記載，大多是方志或是接近於筆記形式的概略記述，而《蕃族調查報告書》是首次以具備規模的科學系統性方法研究臺灣原住民族的社會文化，包含物質起居、社會組織、宗教信仰、語言紀錄等等，為日後臺灣原住民族研究保留許多第一手資料，也是本書研究追溯並比對原住民族傳說根據的重要參考。但是比起後出的其他研究紀錄與文獻記載，《蕃族調查報告書》也有須要釐清查證之處。

　　以此處談及的阿美族的 saraw 為例，《蕃族調查報告書》僅見一條載述為：

> saraw：棲息山中，身材高大足可達天，任何人若與之相遇，就會莫名奇妙地發狂起來。祂偶爾還會將人帶到山中藏起來。（馬蘭社）[138]

　　若從此條載述來看，除了「將人帶到山中藏起來」之外，從字面上很難將 saraw 判斷、聯想為與魔神仔相近的對象，而且在調查報告中沒有其他的載述可供比較辨認其定義。由於參與《蕃

---

[137] 〔日〕伊能嘉矩著，楊南郡譯：《台灣踏查日記（上）（下）》（臺北：遠流出版事業公司，2021 年 9 月）。

[138] 〔日〕臺灣總督府臨時臺灣舊慣調查會原著，中央研究院民族學研究所編譯：《蕃族調查報告書第一冊：阿美族南勢蕃、阿美族馬蘭社、卑南族卑南社》（臺北：中央研究院民族學研究所，2007 年 6 月），頁 162。

族調查報告書》研究與編撰的成員如佐山融吉、河野喜六、小島由道、平井又八等人，並非每位成員都具有人類學相關專業，在語言、思維與文化模式上和原住民族人也有不可避免的隔閡，再加上時空環境的差距、語言背景的變遷，從這時期的文獻要正確追溯「原住民族傳說故事中與魔神仔相同或相近之對象」的紀錄，實有相當的難度。

　　再者，該條紀錄中稱 saraw 為「妖怪」，所謂妖怪乃是日本文化背景底下的稱呼，也有廣泛指涉各種魑魅精怪、鬼魂亡靈的涵義[139]，以此比擬借稱 saraw 並不精確，也會影響調查報告的詳實度與正確性。比如說，在《蕃族調查報告書》的阿美族調查紀錄中，和 saraw 一樣被擬稱為妖怪者，尚有 kawas 和 Arakakay，若是與 saraw 一同比較這三者的紀錄內容，將會發現 saraw、

---

[139] 井上円了（いのうえ　えんりょう）認為：所謂妖怪即指兼具異常而不可思議之各種事物現象，包含「無所見、無所睹、動物之化石、死者之現形」等種種存在，但是對於異常和不可思議的認定來自於人的主觀認知，並非有一絕對的客觀標準，隨著時代、知識的演進與發展，人們認為妖怪的存在越來越少，其實是人們對於異常與不可思議的事物現象有了更進一步的認知而不再視其為怪異，參見〔日〕井上円了著、蔡元培譯：《妖怪學講義錄總論》（上海：上海商務印書館，1914 年〔1906年 8 月〕），頁 3-4。而柳田國男（やなぎた　くにお）則認為妖怪與人死後化成的幽靈的區別為：第一、妖怪幾乎只出現於固定場所，幽靈則可跟隨人至任何地方；第二、任何人都有可能遇見妖怪，沒有特定分別，幽靈則有特定緣由而找尋的對象；第三、妖怪能在任何時候現身，幽靈只在深夜出沒。也就是說，不論有形無形、是人死後變化而成的鬼魂還是自然界中本來存在的精怪，符合上述條件者都可稱之為妖怪，參見〔日〕柳田國男著、賈勝行譯：《妖怪談義》（重慶：重慶大學出版社，2014 年 3 月），頁 10。

kawas、Arakakay 一同被歸類為妖怪的問題：

> 蕃人所稱的妖怪（kawas）多半是亡靈，其活動時間不分
> 晝夜，外貌也不一，但大多是牛面人身。遇見時可用灰爐
> 或唾液驅逐之。另外，午夜十二點至凌晨三點是其活動最
> 頻繁的時段，而即將離開人世的也最容易看見。……溺死
> 者亦會變成妖怪，經常以香蕉誘人，使人溺斃。
>
> 另有稱為 Arakakay 的妖怪，經常假扮成人樣，到處為
> 惡。……據說它居住在米崙山（今美崙山）西邊的兩個洞
> 穴裡。有一天，社中的男子們均前往河邊捕魚，只剩婦女
> 留守，Arakakay 便趁機假扮成某人丈夫跑進家裡，妻子不
> 疑，趕緊取出麻糬、酒、香菸、檳榔等慰勞之，不料隔了
> 不久，真的丈夫回來了，妻子一見，驚叫不已，全社亦為
> 之騷動，眾人還一起追趕它。又說 Arakakay 曾經從窗戶
> 把手伸進屋內，讓屋內的老太婆驚嚇不已。（里漏社）[140]

此處稱 kawas 是亡靈、也就是人死後化成的鬼魂，但是同一
段出處又稱溺死者亦會變成妖怪、而不是死後變化的亡靈鬼魂；
另外又提到花東海岸一帶的阿美族海岸蕃稱 kawas 為惡魔，[141]可
見調查報告對 kawas 的定義模糊不明確——而實際上 kawas 乃是

---

[140] 〔日〕臺灣總督府臨時臺灣舊慣調查會原著，中央研究院民族學研究所
編譯：《蕃族調查報告書第一冊》，頁 30-31。

[141] 〔日〕臺灣總督府臨時臺灣舊慣調查會原著，中央研究院民族學研究所
編譯：《蕃族調查報告書第二冊：阿美族奇密社、太巴塱社、馬太鞍社、
海岸蕃》（臺北：中央研究院民族學研究所，2009 年 6 月），頁 224。

阿美族傳統宗教信仰中對所有神、靈、鬼、魂的泛稱——那麼與其一同被稱為妖怪的 saraw 究竟是亡靈、鬼魂、惡魔，在《蕃族調查報告書》中也就難以釐清。而 Arakakay 指的是阿美族傳說中的巨人 Arlikakay，分析其故事內容便可知道這應是指外來的異族群，或是具備實體的非常人類，在定義上反而又比較接近所謂的妖怪。因此，基於文化上的差距、語言轉譯的偏差等問題，如果只仰賴《蕃族調查報告書》的記載作為唯一依據並不可靠。

　　除了《蕃族調查報告書》之外，考查文獻的載述是為了研究的考鏡源流，對於本書追溯山靈傳說出處與比較的研究而言有其必要性，但是在考查耙梳之後也會發現文獻紀錄的不足和限制，難以藉此尋繹各族群山靈傳說的全貌。因此，本書必須借助其他後出更詳實的田野調查紀實或調查報告，才能與田野調查所得的成果相輔相成並互相驗證。例如前文所引述的 saraw 與 kawas，在民國五〇年代阮昌銳的大港口阿美族調查紀錄中即有明確的記載：

> Salo（按：即 saraw）俗稱「魔神」，普通人看不見牠，只有中魔者可見之，牠會化裝成熟人或親友，出現於被害者之前，把被害人引至山林或樹上，着魔者以為自己跟隨其親友前往，往往把崎嶇難行之路而視之為平坦大道，上山上樹甚為方便，人被誘後數日不食而不知饑餓，港口人有許多被害的見證人和被害的故事，……。

　　從此處對於Salo、亦即saraw俗稱的「魔神」擬音，以及變化外形、引誘當事人的行為舉止，即可確認 saraw 就是漢人所稱的

魔神仔。至而阮昌銳更進一步詳細說明 saraw 和其他神靈的區別：世間善人死後靈魂到天上成為祖靈、久之而成為神靈，受人祭祀；惡人或橫死者則會變成惡幽靈，化為山獸毒蛇，作祟並威脅人類；而危害人類者除了精靈、惡靈之外，尚有惡魔saraw。[142]也就是說，saraw 並非人類死後變成的鬼，而是在自然界中除了神靈之外、與惡靈和精靈並同存在之物，此一定義便相當接近前引林美容對魔神仔定義的山精水怪。而 kawas 在此則泛指神鬼在內的超自然之存在，[143]所以前述提及的亡靈、妖怪、惡魔等等，都可納入kawas的範疇之中，也可得知kawas實為一種廣義的泛稱。

　　此外，進入 2000 年以後臺灣相關單位陸續出版了許多各個原住民族群的相關調查報告，例如與當代宗教相關的《阿美族當代宗教研究》[144]、《矮靈，龍神與基督：賽夏族當代宗教研究》[145]、《達悟族宗教變遷與民族發展》[146]等書，由於這些書籍以族群宗教的內涵、體系與發展變遷為調查主題，有助於勾勒、確認各個族群內部對於各種神、鬼、靈、怪的定義，便有助於本書從中探究與魔神仔相近的記載或存在；或是與部落歷史發展考查相關的《太魯閣族部落史與祭儀樂舞傳記》[147]、《滾滾塵石下的族群離合：莫拉克颱風前後的楠梓仙溪與荖濃溪部落變

[142] 阮昌銳：《大港口的阿美族》（臺北：中央研究院民族學研究所，1969年），下冊，頁 271。

[143] 阮昌銳：《大港口的阿美族》下冊，頁 270。

[144] 林素珍、陳耀芳、林春治著，南投：臺灣文獻館；臺北：原民會，2008年 10 月。

[145] 簡鴻模，南投：國史館臺灣文獻館，2007 年。

[146] 席萳·嘉斐弄，臺北：南天書局，2009 年 10 月。

[147] 旮日羿·吉宏（Kaji Cihung），臺北：山海文化雜誌，2011 年 7 月。

遷史》[148]、《挺立在風雨中內優社群：莫拉克颱風前後的沙阿魯娃族，卡那卡那富族與下三社群》[149]、《卡那卡那富部落史》[150]、《噶瑪蘭新社和立德部落歷史研究》[151]、《拉阿魯哇族部落歷史》[152]等書，有時亦觸及到宗教、故事傳說的相關紀錄，也有助於瞭解族群文化與宗教信仰的背景，可備為參考。

2、故事採集

　　除了《蕃族調查報告書》之外，日治時期以來對於臺灣原住民族的民間故事傳說採集有《生蕃傳說集》[153]、《原語による臺灣高砂族傳說集》（原語臺灣高砂族傳說集）[154]、《原語によるクヴァラン族神話・伝説集》（原語噶瑪蘭族神話傳說集）[155]等書，建立了臺灣第一批原住民族口傳紀錄的資料文獻。此後，在 2000 年以後，臺灣學界、官方陸續出版跨族群的原住民族故事傳說集，例如：

　　第一，由林道生教授編集的《原住民神話・故事全集》[156]，從 2001 年至 2004 年間出版泰雅族、賽夏族、布農族、鄒族、魯凱族、排灣族、卑南族、阿美族、雅美族、平埔族、噶瑪蘭等

---

[148] 陳逸君、劉還月，南投：國史館臺灣文獻館，2010 年 4 月。
[149] 陳逸君、劉還月，南投：國史館臺灣文獻館，2011 年 9 月。
[150] 陳英杰、周如萍著，南投：國史館臺灣文獻館，2016 年 10 月。
[151] 林素珍，南投：國史館臺灣文獻館，2017 年 11 月。
[152] 林修澈、黃季平、郭基鼎著，南投：國史館臺灣文獻館，2018 年 12 月。
[153] 〔日〕佐山融吉、大西吉壽，臺北：南天書局，1996 年 6 月〔1923〕。
[154] 〔日〕臺北帝國大學言語學研究室，臺北：南天書局，1996 年 1 月〔1935〕。
[155] 〔日〕清水純著，王順隆譯，臺北：南天書局，1998 年 3 月。
[156] 臺北：漢藝色研文化事業公司，2001 年 5 月～2004 年 10 月。

族群的神話故事採集紀錄。但是書中對於神話故事的分類較不嚴謹，族語拼音亦有商榷之處，較不適合作為學術參考資料使用。

　　第二，1998 年至 2017 年間由中國口傳文學學會出版的台灣原住民族民間故事集，計有金榮華教授編著之臺北縣烏來鄉泰雅族、阿美族、賽夏族、卑南族、排灣族、魯凱族民間故事，[157] 劉秀美整理之台灣宜蘭大同鄉泰雅族、撒奇萊雅族的口傳故事，[158] 許端容整理的花蓮賽德克族民間故事，[159] 陳勁榛整理之臺北縣烏來鄉信賢村（信賢部落）泰雅族民間故事，[160] 以及陳萬春翻譯之日治時期原住民口述傳說集[161]。此系列出版的臺灣原住民族故事傳說集以口傳民間故事為主，除了有完整的訪談經過、報導人資料，更參考史蒂斯‧湯普遜（Stith Thompson）、丁乃

---

[157] 金榮華整理編著之《台北縣烏來鄉泰雅族民間故事》（臺北：中國口傳文學學會，1998 年 12 月）、《台灣花蓮阿美族民間故事》（臺北：中華民國民間文學學會，2001 年 10 月）、《台灣賽夏族民間故事》（新北：口傳文學會，2004 年 3 月）、《台灣卑南族民間故事》（新北：口傳文學會，2012 年 8 月）、《台灣魯凱族民間故事》（新北：口傳文學會，2014 年 9 月）、《台灣排灣族民間故事》（新北：口傳文學會，2017 年 12 月）。

[158] 劉秀美：《台灣宜蘭大同鄉泰雅族口傳故事》（新北：口傳文學會，2007 年 10 月）、《火神眷顧的光明未來——撒奇萊雅族口傳故事》（新北：口傳文學會，2012 年 3 月）。

[159] 許端容：《台灣花蓮賽德克族民間故事》（新北：口傳文學會，2007 年 3 月）。

[160] 陳勁榛：《1998 臺北縣烏來鄉信賢村泰雅族民間故事採訪錄》（新北：口傳文學會，2011 年 4 月）。

[161] 〔日〕鈴木作太郎著，陳萬春譯：《臺灣蕃人的口述傳說》（新北：口傳文學會，2003 年 9 月）。

通與金榮華等人的故事類型索引整理方式而對採集內容進行索引
編碼，經過嚴謹的民間文學學術整合與校訂，具備學術研究的比
較與參考價值。

第三，由達西烏拉灣‧畢馬、達給斯海方岸‧娃莉絲賢伉儷
致力調查並出版的《原住民神話大系》[162]，由 2003 年至 2021 年
間陸續出版賽夏族、布農族、卑南族、邵族、阿美族、排灣族、
泰雅族、達悟族、魯凱族、撒奇萊雅、布農族四社（濁水溪上游
達瑪巒、迪巴恩、馬拉飛、羅羅谷四社）、太魯閣族、賽德克族
等 13 部群族神話傳說採集。該著作內容搜集自日治時期以來族
群口傳文學的文獻資料為主，並進行起源、祖先、日月、動物、
狩獵、農耕、變異、禁忌、宗教、飲食、喪葬、情感、爭戰等主
題歸列整理，而輔以族人口述為補充。由於該部著作的分類較為
精細，亦有標注文獻參考出處，整體的故事神話橫跨時間軸度亦
相當廣泛，比較利於學術研究之參考、檢索使用。

第四，由孫大川教授等人於 2006 年策劃出版的《臺灣原住
民的神話與傳說》[163]，收錄有卑南族、賽夏族、布農族、排灣
族、邵族、達悟族、泰雅族、鄒族、阿美族、魯凱族的故事圖畫
集。然而此部著作以推廣、教育原住民族故事傳說為目的，而非
專門學術研究使用，在此備列參考。

除了上述經各種搜整跨族群的故事傳說總集之外，更有其他
作家、文史工作者以單一族群的故事傳說為採集對象並整理出版
的著作，雖然在廣度、精準度與學術參考價值不一定如同前述的

---

[162] 臺中：晨星出版公司，2003 年 7 月～2020 年 7 月。
[163] 臺北：新自然主義，2006 年 8 月。

各部傳說總集，但是別具深度、完整度、版本與補遺的功用價值，更貼近而照見真實生活情境中故事傳說流傳的意義。例如阿美族黃貴潮的《阿美族口傳文學集》[164]；鄒族巴蘇亞·博伊哲努的《台灣鄒族的風土神話》[165]；達悟族夏曼·藍波安的《八代灣的神話》[166]、董森永《董牧師說故事》[167]、夏本·奇伯愛雅的《三條飛魚》[168]和《蘭嶼素人書》[169]；賽夏族朱仁貴的《賽夏族異聞錄》[170]；西拉雅族段洪坤的《吉貝耍西拉雅神話傳說故事》[171]等等，皆有相關的族群故事傳說採集，也都盡實凸顯、反映每一位不同族群的採集者的風格暨特色。由於此類故事傳說採集文獻為數眾多，並且部分可能僅通行於各族群、各部落內部作推廣教育使用，無法盡數詳細徵引，茲不贅述。

　　相較於第一種文獻的調查報告在宗教信仰與文化方面有較為詳盡的紀錄和定義詮釋，從各種故事傳說採集的著作中可以發現：相較於有完整情節的神話傳說紀錄，類似於山靈傳說一類遭鬼怪誘失的故事傳說並不突出，採集數也不多，因為就採集者的角度來看，此類傳述與神話、歷史、傳說相較之下，顯得無稽而不可考，因此往往會被疏漏於採集整理之外。如果是從族群內部

---

[164] 新北：原住民族委員會，2015 年 1 月。

[165] 臺北：臺原出版社，1993 年 6 月。

[166] 臺北：聯經出版事業公司，2011 年 9 月。

[167] 董森永編著：《董牧師說故事：部落傳說與記實敘事》（新竹：交通大學出版社，2014 年 1 月）。

[168] 臺北：遠流出版事業公司，2004 年 4 月。

[169] 臺北：遠流出版事業公司，2004 年 4 月。

[170] 苗栗：苗栗縣政府，2011 年 11 月。

[171] 臺南：臺南市西拉雅族部落發展促進會，2015 年 2 月。

自身為採集觀點，或是以民間故事的觀點出發，就有可能被採集保存下來，但是也可能因為每個族群、部落的主位觀點差異，而造成敘述、詮釋上的出入和差別。

3、筆記散篇

　　除了前述採用系統性、全面性方法而較嚴謹整理的調查報告與故事採集之外，尚有以單篇文章、遊記或筆記形式記錄下來的相關文獻，包括荷據時期荷蘭人對台灣原住民社會的紀實紀錄；[172]清領時期清朝官方對臺灣原住民族的考查與側記，例如前引清代臺灣首任巡臺御史黃叔璥在《臺海使槎錄》中留下的〈番俗六考〉與〈番俗雜記〉；或如日治時期以調查報告成果為基礎撰寫的踏查紀要，如鳥居龍藏、伊能嘉矩、森丑之助等人留下的踏查探險紀錄等等；[173]或是在各個時期間因緣際會來到臺灣遊覽、踏查、洽公，過程間撰寫的遊記、筆記中也留下與臺灣原住民相關紀錄等等，像是從臺灣南部登陸北上探查硫礦的郁永河[174]、

---

[172] 〔荷〕包樂史・Natalic Everts, Evelien Frech 編，林偉盛譯：《邂逅福爾摩沙：台灣原住民社會紀實：荷蘭檔案摘要第 1 冊，1623-1635》（臺北：原民會，順益博物館，南天書局，2010 年 5 月）；〔荷〕包樂史・Natalic Everts, Evelien Frech 編，林偉盛譯：《邂逅福爾摩沙：台灣原住民社會紀實：荷蘭檔案摘要第 2 冊，1636-1645》（臺北：原民會，順益博物館，南天書局，2010 年 6 月）。

[173] 〔日〕鳥居龍藏著，楊南郡譯註：《探險臺灣：鳥居龍藏的台灣人類學之旅》（臺北：遠流出版事業公司，2021 年 9 月）；〔日〕伊能嘉矩著，楊郡譯註：《平埔族調查旅行：伊能嘉矩〈台灣通信〉選集》（臺北：遠流出版事業公司，2021 年 9 月）；〔日〕森丑之助著，楊南郡譯註：《生蕃行腳：森丑之助的台灣探險》（臺北：遠流出版事業公司，2021 年 9 月）。

[174] 〔清〕郁永河：《裨海紀遊》，國立臺灣大學圖書館藏清道光癸巳世楷堂刊光緒廿年補刊俞樾續本。

十九世紀奉命駐守臺灣南岬燈塔的英國人喬治‧泰勒[175]、十九世紀赴臺查辦羅妹號事件的美國軍人李仙德[176]、愛好並進行臺灣原住民族風土採訪與研究的日本人小泉鐵[177]等等。雖然他們的撰述不一定經得起嚴謹科學系統整理的檢視，也不全然是專為瞭解原住民族的社會文化而寫，但卻提供了調查報告與故事採集框架之外的資料，特別是在學術視野中可能被遺漏、排斥的異譚或怪談等口述內容的觀察和補遺。

　　在上述三種資料文獻的運用中，可以分別從調查報告的宗教文化體系的整理中瞭解各個族群的神、靈、鬼、怪等定義與詮釋，從故事採集中尋找有無神、靈、鬼、怪所引起的誘人迷失傳述，再經由筆記散篇中尋找可能的軼聞或補遺，力求在文獻考查上的完整性與正確性。然而文獻考查只可說是本書研究的初步整理起點，文獻中關於各個族群的神、靈、鬼、怪的紀錄與定義，大多只是在文獻完成的時空背景條件下所截取的片段，在現代真實的生活語境中仍然不一定能夠精準對應，特別是不同的族群之間、或是同一族群之內但不同的部落之間所產生的詮釋差異，更難以從時空背景相異的文獻資料中比對查證。以上述引用調查報

---

[175] ［英］杜德橋（Glen Dudbridge）編，謝世忠、劉瑞超譯：《1880 年代南臺灣的原住民族：南岬燈塔駐守員喬治‧泰勒撰述文集》（臺北：原民會、順益博物館、南天書局，2010 年 5 月）。

[176] ［美］李仙得（Charles W. LeGendre）著，Robert Eskildesn、黃怡、陳秋坤譯：《南台灣踏查手記：李仙得台灣紀行》（臺北：前衛出版社，2012 年 11 月）。

[177] ［日］小泉鐵原著，黃稔惠中譯：《蕃鄉風物志》（臺北：原民會，2014 年 3 月）；［日］小泉鐵原著，黃廷嫥、何姵儀中譯：《臺灣土俗誌》（臺北：原民會，2014 年 3 月）。

告中的阿美族 saraw 為例，便可發現只依賴文獻作為比較並探究
原住民族群之間類似魔神仔的神、靈、鬼、怪等傳說，將面臨很
大的侷限——包括語言、思維和文化之間轉譯的差異，以及來自
各個不同族群、部落的報導人自身的經歷與認知差異等等，而難
以落實其考查依據。因此，與族群研究相關的文獻紀錄雖是傳說
考查的基礎根據和重要參考，但必須與田野調查和其他相關的文
獻紀錄互相配合、反覆查證，始可避免文獻紀錄本身的可能偏誤
和侷限。

四、「跨族群山靈傳說」的研究方法

　　藉由漢族魔神仔傳說作為比較基準，探究臺灣原住民各族群
之間是否有相近的神、靈、鬼、怪等傳述，確實可發現如阿美族
的 saraw、排灣族的 wuyawuya cemas 一般，存在著與「誘人迷
失、餵食穢物、前往險峻或獨自難以前往的地點」的相似靈怪傳
聞。但是每個族群間所謂的「魔神仔」都一樣嗎？魔神仔在漢族
傳說之間較精準、適當的定義是山精水怪，在臺灣原住民族群間
流傳的 saraw、wuyawuya cemas，也和魔神仔一樣是山精水怪
嗎？不同族群對於所謂的山精水怪是否也會有不同的認知、定義
與背景脈絡？祂們與漢族的魔神仔之間是否有傳播上的關聯？而
跨族群間共有的誘人迷失之靈怪傳說，又具備什麼樣的啟示與意
義？這些都是本書意欲探究和闡釋的問題。

　　臺灣至今法定原住民族有 16 族，如果連同西拉雅、道卡
斯、拍瀑拉、洪雅、馬卡道、巴宰、噶哈巫、大武壠、西拉雅等
未被官方正式承認的族群，以及在歷史上曾經出現過的猴猴族、

巴賽、凱達格蘭等族群，甚至擴及至當代的新住民族群，應有
30 個左右的族群文化先後共存於臺灣島上，是一個繽紛多采的
多元文化島嶼。然而每個族群各有不同的語言、思維與文化背
景，如果單純以「魔神仔」擬稱，便不容易彰顯各個族群的內部
觀點和外顯特色；而如果只是陳述並闡釋每個族群自己的稱謂，
也不容易定義本書以跨族群為研究議題的中心範疇，有失於偏狹
的疑慮。因此，本書擬以「山靈」為名，作為臺灣原住民族群之
間與漢族魔神仔類似、誘人迷失之神靈鬼怪的統稱，並且透過田
野調查與文獻考查，比較並說明每個族群內部所流傳的相關傳說
及其定義、特徵，最後儘可能的統整出包含漢族魔神仔在內的臺
灣跨族群山靈傳說的輪廓與喻義，並嘗試為此種誘人迷失的山靈
傳說故事的流傳意義立論。

　　本書在此須先釐清並且確立山靈傳說的定義與範疇，並且將
進行的研究要點、可能面對的問題，以及研究方法依序列述說明
如下：

（一）山靈傳說的意義

　　在民間文學的學術定義中，傳說（Legend）指的是包含歷史
事件、人物、山川景物、鄉土特產、生活習俗特徵由來到種種靈
異傳說的敘事文本，而且與歷史有著密切的關係，因此也時常伴
隨歷史的文字記載而流傳。[178]本書所欲探究的山靈傳說，內容
是透過當事人自己的事後陳述、或是報導人透過其他人的口耳相

---

[178] 胡萬川：《民間文學的理論與實際》（臺北：里仁書局，2010 年 10
月），頁 277。

傳，述說當事人曾經在某時某地不知為何突然失去意識、而在意識不清期間自己前往平時不可能獨自抵達的危險地點，例如懸崖、樹上、刺竹叢裡，或是在距離失蹤地點相當遙遠的地方被尋獲，而可能間隔數日以上；當事人被找到時，往往無法明白述說自己的經歷遭遇，大多只能說出：有一位自己熟悉的親友在前方「牽」著他走，或是突然聽到一道很熟悉親切的聲音後、便循著聲音的指示前去而失去意識，有時會在當事人的嘴裡發現泥土、蚯蚓、蟋蟀或是牛糞等穢物，當事人則多半回應：是那一位在前方帶領的親友或是「人」給他吃的雞腿、紅龜粿等食物。這樣的迷失事件大多發生在山上或是荒郊野外，但是在平地、人潮聚集的市區也有可能發生，不論男女、年齡都有可能遭遇這樣的迷失事件。

　　這樣的「傳說」並不具備學界所認定的歷史意義，而且往往過度主觀且片段，其中除了部分可由醫學解釋意識迷失行為的案例之外，有時又涉及科學常理難以解釋的現象、甚至有的當事人或報導人也會直接歸結於神鬼無稽之談，很難以具備學術規範、以歷史人物事件或是重大發展記憶的「傳說」來看待。然而，進入現代社會以後，以往從屬於民俗學範疇的口頭敘事（Oral Narratives），除了透過口頭傳統傳播以外，也可能通過印刷、廣播、電子媒體等傳播形式而變得更加複雜，也令「敘事」本身更難以界定；因此，1980 年代以來有學者開始從當代傳說（contemporary legend）的角度，提出不同於傳統以宗教、超自然、歷史為主題傳說的定義。例如前引美國民俗學者布魯範德，在 1980 年代提出都市傳說（urban legends）等一系列不同於傳統民間敘事文類的當代母題（motif）時，即說明：雖然都市傳說

僅屬於民間敘事裡的亞類傳說，與神話不同，也不見得像傳說屬
於民間歷史或準歷史的範疇，但也因為故事情節中的時間、地點
細節與故事來源的權威性而具備可信性，也如同早期民俗中的神
話、童話、歌謠的流傳方式一樣，被廣為傳播、不斷複述，而在
故事講述者和聽眾講述自己所知道的版本中互相補充細節，進而
可能產生新的版本[179]——魔神仔一類的神、靈、鬼、怪的誘人
迷失事件，正具備布魯範德所說的都市傳說一般的當代傳說敘事
的性質；英國學者保羅・史密斯（Paul Smith）即認為當代傳說
應如此定義：「一個簡短的傳統敘事或是摘要，沒有明確的文
本、程式化的開頭和結尾，或是藝術發展形式，並且關注於現實
世界之中而非超自然世界的世俗化敘事」，並且在 1999 年更進
一步提出這樣的當代傳說特色：「它不全然是真實的真相，但卻
反映了 20 世紀典型生活的真相。」美國學者艾略特・奧林
（Elliott Oring）也於 2008 年提出：傳說或許可以定義為「一種
借助真相說辭的敘事演述，從信服的事情轉變為對真相的演
述」；[180]因此，當代傳說的研究（例如都市傳說）除了傳統以
歷史、人物、神話等主題之外，更看重的是在現代的語境和傳播
形式中發展而出、如何反映並影響現代社會生活與人類心理的敘
事內容，而這內容不必然是證據確鑿、曾經發生過的事實，只要

---

[179] 〔美〕揚・哈羅德・布魯範德（Jan Harold Brunvand）著，李揚、王珏
純譯：《消失的搭車客：美國都市傳說及其意義（The Vanishing
Hitchhiker: American Urban Legends and Their Meanings）》（北京：生
活書店，2018 年 8 月），頁 5-7。

[180] 〔美〕揚・哈羅德・布魯範德著，李揚、張建軍譯：《都市傳說百科全
書》，頁 233-237。

它對講者、聽眾、受眾而言是事實足矣。同時，當代傳說也如同傳統的民間敘事一般，藉由一再的傳播、複述，進而產生新版本的可能，或是成為民俗文化的載體之一。

而本書欲探究的山靈誘失傳說，如同前賢學者推論的漢族魔神仔具備民俗學與人類學視野和研究意義之外，在二十一世紀當代臺灣社會各個族群的傳述之中，同樣也能反映各個族群在傳統文化、自然想像，族群互動與認同、乃至於跨域跨族群的心靈思維，並藉此探索臺灣複雜的多元族群社會中對於共同事件的思維與想像、又是否具有共通思考的可能途徑。相較於傳統學界定義的「傳說」，山靈誘失事件更接近於簡短而不明確、也不具備所謂藝術形式的當代傳說，但卻又具有共通的敘事情節結構與內容，足以讓我們用故事類型的角度為其嘗試界定其反覆傳述的意義；山靈傳說不盡然也不必然是真實或真相，重要的是祂如何為我們提供臺灣多元族群的心靈與思維圖譜。

（二）田野調查的必要性

前文述及：若僅以文獻考查作為本研究的資料依據，可能因為年代久遠而如同《蕃族調查報告書》一般產生語言隔閡、文化差異的偏失；再者，由於此類山精水怪、魑魅鬼靈的傳說屬於難以稽實的鄉野怪談，也可能涉及宗教信仰的衝突或限制，不易有詳實的文獻紀錄。因此，本書最重要的研究方法即在於透過田野調查獲取第一手資料，以實際流傳的口述紀錄配合文獻記載互相檢覈印證其文本內容，並統整為確實可據的研究資料。沒有田野調查的參證，文獻紀錄對於本研究即有相當大的侷限；但是只依賴田野調查的口述紀錄作為資料出處，而沒有文獻紀錄協助建立

整體的研究脈絡與其背景，也有流於廣泛而難以定義統整研究中心的缺失。所以田野調查對於本研究有其必要性，更可凸顯田野調查與文獻資料兩者之間相輔相成的重要性。

　　本書的田野調查採集範圍、亦即報導人的族群出身地，包括阿美、排灣、鄒、卑南、賽夏、達悟、泰雅、布農、魯凱、賽德克、噶瑪蘭、吉貝耍、漢等族群，地域分布簡列圖示如下：

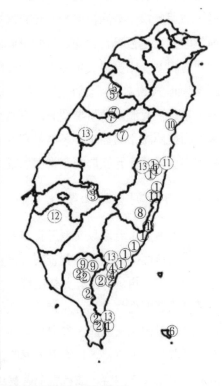

族群	地點編號
阿美族	①
排灣族	②
鄒族	③
卑南族	④
賽夏族	⑤
達悟族	⑥
泰雅族	⑦
布農族	⑧
魯凱族	⑨
賽德克族	⑩
噶瑪蘭族	⑪
西拉雅族	⑫
漢族	⑬

圖二：山靈傳說採集地標注圖示

　　此外尚有太魯閣族與撒奇萊雅族的族語文獻紀錄，以及其他相關研究資料。詳細的族群界定、地域範圍、在地背景脈絡等資料陳述，請見下列各章節論述。而每位接受訪問的報導人之相關資料，請見本書參考書目之「五、口述採訪」。

（三）族群之間的差異性

　　本書以跨族群口述傳說和故事類型的採集研究比較為主，在田野調查的過程中，勢必面對不同族群之間的語言隔閡與文化差異，甚至在同一族群內部、或是部落與部落之間也極可能產生差異，使得採集文本內容產生歧異；同時，由於歷史、社會發展的背景關係，有的關鍵報導人（key informant，或稱文化報導人 cultural consultants）僅能以族語或日語交談，這些差異與隔閡都會影響田野現場的訪談進行，也可能會讓同一類型的傳說在敘述和理解上產生文本內容或邏輯思維的差異而不易釐清。此種現象便時常發生在早期《蕃族調查報告書》的詮釋之中，也是本研究最須克服的問題。

　　以田野調查的基礎實務而言，如能學習、熟稔運用報導人的母語或慣用語言進行訪談是最理想的狀況，才可藉此獲取正確的口述內容而避免翻譯或語言思維的誤差；[181]但是對出身漢族、又必須採集數個跨族群口述紀錄的作者而言，並不是可以輕易達成的條件，也是作者在相關發表時最常被詢問的問題。因此，在作者實際的調查過程中，首要考量的不見得是尋找關鍵報導人，

---

[181] 洪伯邑主編：《田野敲敲門：現地研究基本功》（臺北：國立臺灣大學出版中心，2021 年 9 月），頁 52。

而是找尋「最適合的報導人」：這一類報導人常常是當地出身的
文史工作者，或是曾在當地協助採訪調查而具備相關經驗的嚮
導，或是熟稔當地社會人事的執業人物如民宿業者、雜貨店家等
等，這樣的報導人可以在特定的情境下快速理解研究者的訪查須
求，提供相關資訊或是轉述第二手資料，有助於研究者先行瞭解
田野地的現況；然後再透過這些報導人在當地的人際網絡，協助
研究者尋找或引薦關鍵報導人，也可在必要時提供語言翻譯協助
的對象，而「最適合的報導人」往往就是在質性研究的訪問研究
法之中被當地文化所接受、同時精通語言並提供跨文化訪談研究
協助的口譯員。[182]藉由這些報導人在當地的生活脈絡與背景，
也能適度降低研究者因為族群隔閡與差異而造成的影響或困境。

　　但是相對來說，所謂最適合的報導人也常常因為對於田野地
的主觀認知、處於田野地社會人事內部的脈絡，甚至本身就有在
田野地調查的先行經驗，反而也可能成為研究者設置訪談調查的
框架，有時報導人自身的既定成見與研究者的觀點、訪談題旨便
可能產生衝突，或者他們也常常是關鍵報導人的親戚、朋友（這
點在部落裡相當常見），進而可能在口譯時為了人際情事上的顧
忌或考量而選擇性地轉達翻譯內容，造成口譯上的風險等等；
[183]甚至有時他們曾與報導人交惡，連帶地影響報導人對研究者
的觀感，反而阻礙了研究者的訪談調查。因此，研究者自身仍應
儘可能地做好事前準備，包括對田野地的現況、人事、語言文化
等瞭解，以及相關文獻資料與現行研究成果的掌握等等，始能在

---

[182]　〔挪威〕Steinar Kvale 著，陳育含譯：《訪談研究法（Doing Interviews）》
　　　（新北：韋伯文化國際出版公司，2016 年 3 月），頁 92。
[183]　Steinar Kvale 著，陳育含譯：《訪談研究法》，頁 92

田野現場隨時應變、釐清與修正。

　　而隨著調查資料的逐步搜整與比較，對於臺灣各個族群對於山靈誘失事件的敘事文本採集和整理逐漸完成之後，便能發現每個族群對於其中的「山靈」有著不同的定義與見解，反映多元族群的文化差異和豐富面貌。本書所概稱的山靈，泛指臺灣各個族群傳述中會誘人迷失的精怪、鬼魅、靈體等等，過往最具代表性者即是廣傳於臺灣社會日常的漢族魔神仔，較精準的定義為山精水怪；而在其他族群而言，山靈除了各種形形色色的名稱、外觀、特徵與行動以外，也包括自然中的惡靈或精靈、人死後化成的鬼魂，同時也反映了臺灣各個族群的傳統宗教信仰的自然靈魂觀。

（四）採集內容的歸納與比較

　　本書透過田野調查採集山靈傳說的口述資料，以及文獻研究的相關載述，涵蓋阿美、排灣、魯凱、卑南、布農、噶瑪蘭、撒奇萊雅、泰雅、賽德克、太魯閣、賽夏、鄒、達悟、西拉雅與漢（福佬）等 15 個族群，為採集山靈傳說而設計的訪談問題內容與進行步驟，茲此說明如下：

　　第一、詢問報導人知不知道「魔神仔」是什麼，或者有沒有聽過「魔神仔」這個名詞。

　　第二、如果報導人知道「魔神仔」是什麼，便詢問報導人有沒有聽過類似的事，並請報導人述說一次；如果報導人不知道魔神仔是什麼，便向報導人說明魔神仔傳說的內容：在山區或人煙稀少的地方，會引誘當事人隨行，而帶著當事人走到深山裡、或是懸崖邊、刺竹叢中、樹上等奇怪的地方，過了好幾天之後才會

被找到，再詢問當事人這幾天發生什麼事時，當事人都說不知道怎麼一回事、想不起來這幾天在幹什麼，可是隱隱約約知道有「人」在前方帶路，而且還會餵東西給當事人吃，不過往往是泥巴、牛糞這樣子的穢物；然後，再詢問報導人有沒有聽過類似的事，並請報導人述說一次。

第三、詢問報導人前述魔神仔傳說的內容或是類似的事情，在族語當中如何稱呼會做這種事的「東西」。

第四、會做這種事的「東西」究竟是什麼，是人死後變成的鬼，還是大自然中本來就存在的生物，有沒有人曾經看過或聽過等等。

第五、發生這種事情的話，該如何處理、如何找到被誘失的當事人。

第六、完成上述步驟之後，再次詢問報導人是否聽說過其他類似的事情，並再次覆述報導人提及的山靈的名稱、定義與事件的大要。並且詢問有沒有其他人可能也知道關於山靈的相關事蹟。

在此必須特別說明的是，作者詢問報導人「知不知道、或是有沒有聽過魔神仔」，可能會有引導報導人以魔神仔的背景框架回答陳述的學術倫理之虞，然而在本書進行的研究中，有必要先試圖理解報導人是否對漢族傳述的魔神仔有所認知。因為在前文引述的學界論見中，曾有學者嘗試推論「魔神仔就是矮黑人」、或是「魔神仔應為跨族群流傳的現象」兩種見解，但是這兩種推論都以魔神仔為論據中心，未能真正凸顯跨族群流傳的問題和意義；所以作者在訪問時，先詢問報導人是否對漢族所說的魔神仔有所認知，即可確認各個族群本身是否都擁有與魔神仔相近的存

在、魔神仔是否為外來文化傳入的結果，有助於本書探究跨族群流傳的現象成因與影響。而在訪問結果中，曾經聽過、或是對漢族魔神仔有所認知的大部分原住民報導人，都能明確的分辨漢族傳述的魔神仔與自身部落文化傳述中誘人迷失的山靈的名稱與定義，指出「你們漢人稱呼這是魔神仔，我們則稱為○○○」的回應，更能進一步釐清兩者之間的差異，並為本書提供重要的深入探究途徑。

將訪問結果進行整理、轉錄為文字紀錄之後，再藉由歸納與比較這些不同族群的紀錄結果，勾勒出臺灣跨族群山靈傳說的概貌輪廓，同時也細究、分析這些紀錄之間的內容差異，進而闡釋此一傳說故事類型的成立和涵義。但是在歸納與比較的過程之中也會發現：每個族群對於山靈傳說的流傳現況會產生不同的質性因素差異，例如在訪問報導人的過程中，就可能產生下列不同的狀況：

第一、報導人可完整講述內容，而且能以族語指稱山靈的專名。

第二、報導人可完整講述內容，而以族語中包含神、靈、鬼、怪的泛稱將山靈概括在內。

第三、報導人可完整講述內容，但不知族語中的相關稱謂，而以漢族所說的魔神仔、山神比擬，或是以其他宗教信仰中的魔鬼、冤親債主等概稱。

第四、部落報導人未能完整講述內容，僅知道「發生過類似的事」，而且能以族語指稱山靈的專名。

第五、部落報導人未能完整講述內容，僅知道「發生過類似的事」，且不知族語中山靈的相關稱謂，而以漢族所說的魔神

仔、山神概稱。

第六、部落報導人沒有聽過類似的情事，也不知道什麼是魔神仔，但可指出族語中如何稱呼「會做這種事」的山靈的專名。

上述傳述內容、情境的差異，來自於部落的宗教信仰、地理環境、歷史背景、文化保存等因素；此外，在同一族群內部的部落之間對於山靈稱謂的語言思維與指稱形式也可能產生差別，但從情節單元[184]的敘述結構來看，在情節內容上都相當接近，因此可以推定並歸納為同一類型。構成山靈傳說類型的情節單元結構，表列如下：

表一：臺灣山靈傳說情節單元結構表

類型	情節單元
山靈傳說	1. 當事人遇見山靈的引誘（聲音、幻象等等）。
	2. 當事人迷失意識，而跟隨山靈離去。
	3. 數日後，當事人在險峻不易抵達、或是距離極為遙遠的地點被發現。
	4. 當事人透過各種方式被喚醒（也可能已死亡）。
	5. 當事人無法追溯完整的迷失經歷，也難以描述山靈的真實面貌。

---

[184] 情節單元指的是故事中一個最小而且又敘事完整的單元，可以扼要且完整地敘述生活中罕見的人、物或事的情節。參見金榮華：《禪宗公案與民間故事：民間文學論集》（臺北：中國口傳文學學會，2007年5月），頁308-309。

　　而在記錄每一則口述資料之餘，同時也簡述每一處採訪田野地、亦即報導人出身地的環境與背景概況，例如部落所在地、族群人口概況、來歷與遷徙簡史等客觀資訊；由於許多原住民部落在歷經發展與遷徙之後，早已是許多族群共同混居的狀況，族群與族群之間的互動和分際已非學理或區域可明確劃分，而對於探究山靈傳說在臺灣的跨族群流傳現象的因果關係而言，這些田野地、也就是各個部落的環境背景資訊是供作分析口述資料內容時的重要參考。

五、小結

　　本章節首先耙梳並釐清漢族魔神仔在本書範疇中的定義——山精水怪的性質以及流傳現況，確立本書用以比較並凸顯研究對象「山靈」傳說的中心定義與範疇，開展後續章節中比較析論臺灣各原住民族群內部山靈傳說的依據，同時也說明本書的問題意識、研究方法、研究架構，以及如何應對並處理可能的問題。

　　魔神仔在前人的研究成果中，尤其是林美容、李家愷合著《魔神仔的人類學想像》之爭，幾已將臺灣民間流傳的魔神仔的傳述、定義、涵義與推論闡釋詳盡，但也留下未竟全功的伏筆，也是許多關注魔神仔的學者專家與創作者都共同關切的疑點：在早於漢族定居於臺灣的原住民各族群之間，是否也流傳著如同魔神仔一樣的精怪傳說？如果答案是肯定的，會是以什麼樣的方式存在、這些傳說又代表什麼樣的意義？魔神仔是臺灣漢族主流社會中相當盛行的民間傳說，不僅從日治時代以來即有不少明確的記載，也能溯源自中國大陸閩南原鄉福建的在地傳說，甚至也可

在中國古籍中找到相對應的山魈、精魅等紀錄；到了二十一世紀的今日，魔神仔在現代社會的語境中衍生、黏合了各種不同的指稱描述，更是許多創作者作為臺灣本土文化歷史的重要象徵素材之一，而在學界的持續探究之下，似乎已經可以摸索出魔神仔是臺灣跨族群共同流傳現象的可能性。本書主要研究宗旨之一，就是釐清、證實並說明這個可能性：與魔神仔相似、誘人迷失前往危險地點、餵食穢物又致人意識不清的神鬼靈怪，確實也存在於臺灣原住民各族群之中；如此，便能說明誘人迷失的山靈傳說在臺灣是一跨族群流傳的傳說類型。

　　而魔神仔是從漢族傳播至臺灣原住民族群之中、或是在漢族的魔神仔流傳之前就已存在於各族群原本的文化體系之中，兩者在流傳意義上迥然不同，前者反映的是近代以來臺灣以漢族文化為主流的社會結構之影響，後者則是眾多專家學者所關心的：山靈是臺灣各族群所共有的一則文化心靈意象，而魔神仔的稱謂、脈絡僅是其中之一。本書將證實後者的論點，並且闡釋這一跨族群傳說與類型意象的重要意義。

第貳章
saraw：阿美族的山靈傳說

一、引言

　　阿美族（Pangcah、Amis）為現今臺灣原住民人口最多的族群，多居住在花蓮、臺東、屏東的平原地帶，或集中於花東縱谷，另一部分則位於海岸山脈以東的零星地區。整個阿美族群大致可略分為南部的臺東、北部的花蓮兩大區域群體，彼此之間的傳統服飾、祭典儀俗、語言習慣等已有顯著區別，例如北部花蓮一帶的阿美族自稱為 Pangcah，意思為「人」，南部臺東一帶則自稱為 Amis，意指「北方來的人」，源自於卑南族人對阿美族的稱呼。如果細究其語言、地域與族群內部的差異，阿美族在臺灣有五個學術上的分群，由北至南、由東至西分別是：

1. 南勢阿美：包括花蓮縣新城、吉安、壽豐、花蓮市、豐濱、鳳林、光復，以及臺東縣關山鎮等地區。因居住於泰雅族北勢群以南而得名。
2. 秀姑巒阿美：北起壽豐溪、南迄鱉溪與學田一帶，因居住在秀姑巒溪流域而得名。
3. 海岸阿美：包括花蓮縣豐濱、臺東縣長濱與成功等地，居

住於海岸山脈東側沿海的平地。

4. 馬蘭阿美：包括臺東縣成功、東河、太麻里、臺東市等地，以馬蘭大社為名，因居住於臺東卑南一帶，因此也稱卑南阿美。

5. 恆春阿美：包括臺東縣池上、富里、關山、鹿野、卑南、太麻里、大武，以及屏東縣牡丹、滿洲等地。因曾居住於恆春地區而得名。[1]

除了學術上的分群之外，即便是同一群屬中的部落之間，也可能在慣習、語音、儀俗、神話傳說等方面都有所差異，例如阿美族的傳統社會組織以男性的年齡階層作為部落的分工調度和身分定義的方式，每隔數年間就會為同年齡區間的成年男子成立一個階層團體並為其命名，但是在阿美族的不同群屬、不同部落之間，對於年齡階層有 kapoh、seral 等稱呼上的差別，在年齡區間單位也有三、四、五年的差異；這些族群內部的差異也會反映在同一類型傳說的情節內容之中，也是本書進行跨族群故事傳說的調查與比較研究時首先面臨的問題。

本章節所涉及的阿美族傳說訪查範圍，報導人出身包含馬蘭阿美的都蘭、隆昌、都歷，恆春阿美的旭海，海岸阿美的宜灣、靜浦、港口，秀姑巒阿美的馬太鞍、太巴塱、大興等部落，涵括五個群屬的口述文本採集。以下將陳述各個部落所採集的山靈傳說與事件，並輔以前人文獻與調查報告的紀錄比對，和口述文本一同參證並進行內容的比較與歸納，闡釋阿美族山靈傳說的流傳

1　徐雨村：《臺灣南島民族的社會與文化》（臺東：國立臺灣史前文化博物館，2006 年 7 月），頁 69-70。

定義與現象分析。而本章節所使用的阿美語拼音書寫與說明，以吳明義依據行政院原住民族委員會於 2005 年 12 月 15 日公布原住民族語音書寫系統而復原之〈阿美語書寫系統暨拼音範例〉為參考。[2]

二、馬蘭阿美的山靈傳說

（一）都蘭（'Etolan）部落

　　都蘭部落位於臺東縣東河鄉，起源於臺東縣南部之 Arapanay（今臺東縣太麻里鄉三和村、華源村交界之原住民祖先發祥地一帶），後來陸續遷居至初鹿社之上、長濱北方，再南遷至新港西南方和東河興昌西方，然後再移往現今的居住地；另一個版本則稱都蘭部落的祖先來自 Arapanay，後來移居東河郡界一帶，再往北移居成為現在的都蘭部落。現今都蘭部落是居住人口達到 2500 人以上的大部落，其中 44% 的人口比例為阿美族，53% 為非原住民，也包含如排灣族、越南新住民等其他族群人口。[3]

　　都蘭部落為作者第一個田野調查地，當地阿美族流傳與漢族魔神仔極為相近的傳聞，而稱其為 saraw：

---

[2]　參見〔日〕臺灣總督府臨時臺灣舊慣調查會原著，中央研究院民族學研究所編譯：《蕃族調查報告書第一冊：阿美族南勢蕃、阿美族馬蘭社、卑南族卑南社》（臺北：中央研究院民族學研究所，2007 年 6 月），頁 xiv。後續論及阿美族語拼音之相關說明亦同一出處，不再贅引。

[3]　林修澈：《部落事典》（新北：原住民族委員會，2018 年 5 月），頁 738。

> （聽作者講述魔神仔事蹟後）這個稱為 saraw，在當地
> （都蘭部落）的傳說之中，saraw 會把小孩子帶走，而小
> 孩子最後會在刺竹叢中被發現，問小孩子發生了什麼事，
> 他則表示完全不知道為何會出現在這裏。這稱為 "ma
> saraw way"，意思就是「被 saraw 帶走」。[4]

報導人在聽到魔神仔的相關事蹟之後，便能馬上對應至部落內所流傳的 saraw，而且從帶走小孩、尋獲於刺竹叢、意識不清等情節描述來看，也與魔神仔極為相似。然而，報導人又指出：在部分的傳述中則指出 saraw 不僅發生在人煙稀少的野外或山區，在人潮聚集的鬧區甚至與家人共處一室的情況下都可能遇見 saraw，例如：

> 以前部落中曾有一對雙胞胎小姐妹，父母因為工作也帶著
> 她們一起出門，晚上一家人一起在工寮過夜。夜裏，父母
> 聽見房間裡的小姐妹一直在聊天、講話，但是因為白天工
> 作很累，也沒有多去留意而睡著了。隔天早上醒來，父母
> 發現小姐妹失蹤了，遍尋不著，最後在工寮旁一處溪流懸
> 崖下方發現了摔下去的小姐妹，他們便稱，是小姐妹在聊
> 天時 saraw 正好走了進來而被帶走，帶到了斷崖的旁邊雙
> 雙摔落。（Siki Sufin，2012 年 4 月 3 日。）

---

[4] Siki Sufin（希巨・蘇飛），男性，2012 年 4 月 3 日下午訪問於都蘭部落工作室。其中 "ma saraw way" 的 "ma"，是阿美語中表示受動、被動的動詞前置詞，因此意思即是「被 saraw 帶走」。

　　報導人述說的這一則實例是發生在室內起居的狀況，此種情境也曾發生於部分魔神仔事例之中，例如第壹章引述明治四十二年（1909）《漢文臺灣日日新報》7月25日七版的「魔神作祟」報導，其中便提及當事人忽然自室內離去而失蹤，尋獲當事人後才說明：當時有一位男子頻頻向當事人招手，才引誘當事人從室內離開、迷失而去，[5]在近年的報載中也不乏同樣發生於室內情境的事例發生。[6]而在報導人述及的這則實例中，遭誘失的兩姐妹則因此而喪命。

（二）馬蘭（Falangaw）部落

　　馬蘭部落位於現今臺東市區中心里一帶，據其遷移史所述，

---

[5] 內文為：「大料崁王紳式漳，有婢年十九，日前忽外出不歸；家人冥搜之，乃得之於斷崖中，其精神已甚惝恍，到家後又屢狂奔欲去。家人提耳醒之曰：『此汝舊家也，去將何之？』婢嘩辯曰：『適間坐處乃吾家，此處何曾來乎？』家人急招道士為之厭禳，仍不稍效。乃延公醫投以麻藥，醉若死，良久而甦，始答然若喪。問何故藏其間，則曰：『一男子頻以手招我。』問其間得毋黑暗與腹餒否？則曰：『亦不自知，但聞有呼我者，心雖了了，而口終不能應也。』故家人皆疑為魔神作祟，或則曰是蓋一種精神病耳，故投以麻藥而遂癒也。」檢索於〈《臺灣日日新報》-漢文版及日文版〉資料庫（https://cdnetdtts.lib.ncku.edu.tw/ddnc/ttsddn?@1:1280086282:0:::-1#JUMPOINT）。

[6] 例如，社會中心：〈花蓮傳魔神仔？阿嬤跟團遊林田山　恍惚快步入山失蹤〉，《東森新聞》，2014 年 7 月 1 日，https://www.ettoday.net/news/20140701/373489.htm，瀏覽於 2022 年 6 月 1 日；許力方：〈魔神仔帶走？77 歲紅衣嬤「詭推輪椅」10km 跋山坡呻吟　被當山羌叫〉，《東森新聞》，2021 年 11 月 12 日，https://www.ettoday.net/news/20211112/2121130.htm，瀏覽於 2022 年 6 月 1 日等等，均是發生於人群聚集處的迷失事件。

馬蘭部落的祖先來自 Arapanay，再輾轉經過新香蘭、三和、建
和、岩灣、寶桑等地之後，才遷居至今日部落所在地。現今部落
總人口約 4200 人，雖然是阿美族部落，但僅有 12% 的人口為阿
美族，其他 80% 以上均為非原住民。[7]因此，馬蘭部落實為歷經
變遷、至今已經是大量外來人口移入的阿美族部落。

　　經過都蘭部落報導人的陳述，初步得知在阿美族群的傳述中
與漢族魔神仔相似的對象稱為 saraw 之後，便能夠從田野調查所
見返回文獻資料當中，循此線索找尋相對應的紀錄內容並進行比
對。在日治時期《蕃族調查報告書》中對於阿美族的調查記載，
有一則來自於馬蘭社、即現今馬蘭部落的妖怪記載為：

　　　saraw：棲息山中，身材高大足可達天，任何人若與之相
　　　遇，就會莫名奇妙地發狂起來。祂偶爾還會將人帶到山中
　　　藏起來。（馬蘭社）[8]

　　然而在此條 saraw 的記載中，如果只從字面敘述來看，只能
得知 saraw 身材高大、會使人發狂並將人藏匿於山中，很難讓人
聯想至漢族魔神仔的相關情節；因為《蕃族調查報告書》已是接
近 90 年前的文獻紀錄，當時進行調查的日本學者與訪問對象之
間又存在著語言、思維、文化等差異隔閡，在轉譯上有所偏差，
而最重要的是這則口述資料已經脫離了原本應有的語境背景等資
訊，即使留下了文字的陳述，但是仍然難以推想 saraw 的形象、

7　　林修澈：《部落事典》，頁 568。
8　　中央研究院民族學研究所編譯：《蕃族調查報告書第一冊》，頁 162。

定義和本質究竟為何，在阿美族的生活與文化之中又代表什麼樣
的意義。而透過田野調查的比對和映證，才能得知 saraw 在族人
的生活、文化和語言當中如何被具體且生動地傳述，進一步得到
saraw 與漢族的魔神仔之間的關聯推證，也反映了田野調查與文
獻紀錄之間如何搭配運用和參照對比上的重要性。

（三）東河（Fafokod）部落

　　同屬馬蘭阿美群的東河部落位於臺東縣東河鄉，部落先祖
Marongarong（瑪洛阿瀧）曾陸續遷徙於花蓮縣富里東南方、部
落西北方山區的金都來等地後，最後遷居於馬武窟溪一帶而形成
現今的東河部落。現今部落居住人口約 1100 人，超過 6 成以上
為阿美族。[9]

　　東河部落流傳的 saraw 事例，據報導人敘述如下：

> 我們祖先從北源遷徙至東河這一帶時，我們在工作之餘會
> 在田寮中休息。當時我聽老人家轉述，有一個來自泰源部
> 落的族人說：有一個同伴在工作的時候不見了，雖然看不
> 見他的身影，但是他的聲音、笑聲卻一直在耳邊傳來，聽
> 得到聲音卻看不見也找不到人。大家找了好幾天，後來發
> 現他被吊掛在樹頭上，他平安下來之後，大家問他是怎麼
> 跑上去的，他卻不知道到底發生了什麼事、不知怎麼回
> 答。於是大家就說，他是被 saraw 給抓上去的，因為
> saraw 很高大，可以把他抓到樹上去，而當時他的形跡被

9　林修澈：《部落事典》，頁 741。

saraw 好像蓋住了一般，所以大家看不見他，saraw 離開他
以後、他才清醒過來而被大家發現。[10]

　　報導人所說的北源即是指金都來山區一帶，也是現今北源部
落所在地，而泰源部落則介於北源山區與緊鄰出海口的東河部落
之間的盆地。這一則 saraw 的事例中提及：當事人的形跡像是被
saraw 隱藏起來一樣，眾人聽得見當事人的聲音，卻看不見當事
人的身影；而 saraw 的形象長得非常高大，足以將當事人抓到樹
上去。關於 saraw 的敘述，另一位報導人則說：

　　我們聽平地人說的魔神仔，就是我們所說的 saraw，據說
　　祂的外形就像你們的七爺、八爺那樣一般高大。人在精神
　　不濟、靈魂虛弱的時候，比如像是熬夜，會被其他事物佔
　　領你的精神，於是會聽到有人在叫你自己的名字；清醒過
　　來時，就發現自己已經在很遠的地方之外。我們傳說，在
　　樹頭上有 saraw，在山林裏頭不可以叫自己或對方的本
　　名。
　　以前部落裏的路燈很少，saraw 這樣的事據說時有聽聞，
　　不過也可能是希望大家不要跑去不該去的地方而這樣講的
　　吧。以前老人家會說故事來吸引小朋友過來聽老人家說
　　話，不過我也沒有真的見過 saraw。[11]

---

[10] Laway（林春義），男性，2013 年 12 月 8 日下午訪問於東河部落自營
　　民宿。

[11] Arkyla（林榮章），男性，2013 年 12 月 8 日下午訪問於東河部落自營
　　民宿。

報導人明確指出平地人（亦即漢人）傳說的魔神仔，就是部落所說的 saraw，也指出 saraw 長得非常高大、會潛伏在樹上，而且在特定的情境下特別容易遭到 saraw 的誘失；此外，因為以前部落裡裝設的路燈很少，所以也常聽到當時的大人們提到 saraw 出沒的傳聞。

報導人又述說另一件親人遭遇 saraw 誘失的真實經歷：

> 我有親戚以前被診斷為憂鬱症，前往花蓮慈濟醫院就診，在我們到藥局櫃檯批價的這短短時間內，原本坐在等候處椅子上等我們回來的他卻不見了，醫院的監視器還有照到他起身走出醫院大門的影像。當時我們出動部落青年幫忙四處尋找，到了第四天，他才又回到醫院而被駐院保全認出來，通知我們。我們問他，這幾天到底去了哪裏、發生了什麼事？他說：「當時有人（聲音）跟我說，我們這裡有可以治好你的病的方法、更適合你，然後我就起身跟著聲音走出去了⋯⋯可是我完全沒印象我究竟在幹什麼，清醒的時候，就發現自己在深山裡頭了，後來是向人問路，才走下山回到醫院的。走下山路時，我一直疑惑我怎麼會走到山上來，而且還在什麼都不知道的情況下走上那樣的山崖峭壁，覺得很可怕。」
> 當時他走到慈濟大學後面的砂婆礑山上，被一位上山的獵人看到，覺得他行跡怪異、不像是來打獵的人，於是對他喊了一聲，他才清醒過來，一路上找食物、飲水（半天筍等可儲水的野菜）回到山下。回到家裏過了一陣子，同一年內他又發生了類似的狀況，當時他在家裏，可是母親某

一天發現他突然不見了，第二天他就被發現在部落南邊的
的成橋旁通往山上的叉路，他說：「有人在叫我，要我走
出去⋯⋯」他清醒過來時，人在部落外的墳墓區，大概是
的成橋那一帶再過去一些，於是他自己沿路走回來，問他
發生了什麼事他也不知道。而長輩他們一聽到他的狀況，
也說這就是 saraw。（Arkyla，2013 年 12 月 8 日）

　　上述內容提及，被 saraw 誘失的當事人一則與家人同處室
內、一則是在人潮紛雜的市區醫院內，但都發生了與 saraw、魔
神仔相同的情境，而且是發生於人群聚集之處的事例情境。

　　這一則發生於慈濟醫院的 saraw 誘失事例，作者在東河部落
裡也採集到另外一位報導人講述同一事件的經過，提供了不同角
度的檢視和見解：

你剛剛說的（Arkyla 轉述之 saraw 事件）是 2009 年的事，
那個人（當事人）就是我的表弟。當時他人在慈濟醫院，
監視錄影器還錄到他被 saraw 帶走、自己離開醫院的畫
面。我們找了好幾天、終於找到他時，我們問他這幾天發
生了什麼事，他說他自己也不知道做了什麼事、去了哪些
地方，但是他「眼中看到有好幾個人都往同一個方向走，
我也就這麼跟著『他們』走」。我們又問他，他是怎麼在
山上一個人度過這幾天，他說他晚上被帶到工寮裏過夜，
好像有人和他勾肩搭背、抱著他取暖一般，而且「祂」還
給他水果吃，才能度過這幾天。
saraw 會讓人神智不清、迷迷糊糊地跟著祂走，然後把人

帶到像是山崖峭壁那種危險的地方，離開後才讓人清醒過
來，也曾有人因此摔下山崖或從高處掉下來。（跟魔神仔
相比）我覺得這兩個東西是一樣的，只是我們各自詮釋不
同吧。因為我第一次聽到人家在說魔神仔的時候，我就覺
得跟 saraw 的事情是一樣的啊，只是我們稱呼不同、解釋
也就不同了。[12]

　　從這名報導人對於同一事件的描述，可以發現不同的細節內
容：當事人敘述被誘失的當下，看到的是一群的「人」，以及曾
經前往什麼地方，甚至是過程中 saraw 與當事人的互動和接觸。
而且在報導人的認知來看，認為 saraw 與魔神仔是一樣的，只是
彼此的稱呼與解釋各自不同。
　　根據前述報導人的說法，已可先整理出 saraw 的幾項共同特
徵：不外乎是長得十分高大、專門抓小孩、以及棲息在樹上等
等。此外，當作者數年後再次拜訪東河部落的同一位報導人時，
又另外指出 saraw 比較鮮明的共同特徵：

我聽老人家說 saraw 好高，把梯田當作階梯在走，所以我
去看臺東的廟會，看到高大的七爺八爺，就會想這是不是
老人家講的 saraw。[13]

　　傳說 saraw 喜歡苦苓花（苦楝），常常出現在苦苓樹下，

---

[12]　吉優喜，男性，東河部落族人，2014 年 2 月 12 日下午訪問於金樽漁
港。

[13]　Arkyla（林榮章），2017 年 6 月 22 日下午訪問於東河部落自宅。

尤其是到了 3、4 月左右苦苓花開的時候，比較容易聽到
saraw 的事件，但是也不知道為什麼 saraw 會喜歡苦苓花
（吉優喜，2014 年 2 月 12 日）。

　　報導人除了在前後兩次的訪問中提到 saraw 的高大特徵外，
還另外補述了「把梯田當作階梯在走」的生動敘述；尤其報導人
又特別指出 saraw 與苦楝樹之間的密切關連。與漢族所說的魔神
仔特徵相比，魔神仔大多身材矮小，與此處 saraw 的高大形象不
同；但是魔神仔也與 saraw 一樣，與某些植物存在著特別關連，
林美容即指出：魔神仔與芒草（管芒）、竹林、林投、甘蔗田等
植物叢生處出沒，可能是因為各地方自然、風土造就的環境差
異，使得各地的魔神仔會與不同的植物產生關聯，[14]而且魔神仔
也「住在樹上、在樹上出沒、會把人摸到樹上」，與 saraw 會把
小孩抓到樹上的習性相近。[15]

三、海岸阿美的山靈傳說

（一）都歷（Torik）部落

　　都歷部落位於臺東縣成功鎮，都歷的祖先 Cilangasan 氏族由
火燒島（綠島）渡海至猴仔山（Kakawasan，今臺東市富岡部落
旁）上岸後，先後遷往花蓮豐濱的 Cilangasan、大港口後，再遷

---

[14] 林美容、李家愷：《魔神仔的人類學想像》（臺北：五南圖書出版公司，2014 年 2 月），頁 214-218。

[15] 林美容、李家愷：《魔神仔的人類學想像》，頁 221。

徙至現在的都歷。現今部落人口約 1060 人，有接近 7 成人口為阿美族人，然而組成都歷部落的氏族分別來自於海岸阿美群和馬蘭阿美群，因此都歷部落屬於兩者混居的部落，但在語言畫分上以海岸阿美語為主，[16]是以本書將都歷部落的傳述歸列於海岸阿美群。

都歷部落報導人描述魔神仔與 saraw 的形象與事蹟說：

> 我都聽這裡的漢人講魔神仔，不過我不會主動去問他們的事情，所以也只是偶爾聽到。saraw 像是一個很高的人，像以前小嬰兒我們不會讓他睡在這裡（戶外），會讓他睡在房間，如果讓他睡在樹底下那邊，saraw 會把他吊起來吊在樹上，然後在找孩子時就會聽到孩子的哭聲在樹上，那個很危險，如果是在山上的話他就會（被掛在）懸崖峭壁那裡。我自己小時候就見過（saraw），這邊的 saraw 只會抓小孩，因為小孩的生命還沒定型，天庭蓋骨還是軟的，比較容易被抓走，聽老人家是這樣子講。[17]

報導人表示自己也曾聽部落裡的漢人說過魔神仔，因此可以對應到部落族人所說的與魔神仔相像的 saraw。報導人描述 saraw 的高大特徵、將小孩子抓到高處的樹上去等行為，與文獻描述的 saraw「高達天頂」、「偽裝成母親騙小孩並引誘小孩走錯誤的

16　林修澈：《部落事典》，頁 721。

17　Siku（吳筱帆），女性，都歷部落族人，2017 年 6 月 20 日下午訪問於都歷商號。

鬼魂」等特徵相符合。[18]但報導人也強調在部落裡聽到的 saraw 只會帶走小孩，不似魔神仔連老人或一般人都可能會遇到。

（二）宜灣（Sa'aniwan）部落

劃屬於海岸阿美群的臺東縣成功鎮宜灣部落，居民大多是在清領時期從花蓮縣豐濱鄉的新社、大港口、奇美等地遷入，在清光緒六年（1880）才成立宜灣社；現今部落人口僅有 300 人左右，而接近 9 成為阿美族人，[19]迄今在族群人口的組成結構上沒有顯著的變化

宜灣部落曾有過 saraw 的傳述，但是似乎不曾在部落實際發生過，大多只聽過名稱、長得非常高大也會抓小孩等等，卻不知道詳細內容。[20]而另一位報導人則提供了 saraw 的衍生詮釋：

> 我沒有聽過你說的魔神仔是什麼。這個（saraw）有兩種意義：第一是鬼，會將小孩子抓到高處樹上去，用來嚇唬不聽話的小孩「saraw 要來抓你囉」。但也不曾真正聽過有人遭遇，因為後來大家接受教育、比較開化，這類傳聞就越來越少了。第二是暗諷不好的人，比如會指漢人說

18　吳明義：《阿美族語辭典》（臺北：南天書局，2013 年 12 月），頁 680。

19　林修澈：《部落事典》，頁 717。

20　Kacaw，男性，宜灣部落前頭目，2017 年 6 月 21 日訪問於部落自宅。其稱：「saraw 這是一個傳說、故事啦，我聽人家講說是很高大，因為我們這邊沒有傳說誰被 saraw 抓去，所以我們都是聽說，說是會抓小孩，但因為是聽說，所以也不知道啦。」

「你看，saraw 來了」。[21]

　　報導人提到 saraw 指的是鬼，但沒有解釋此處的鬼指的是否為人類死後變化而成，或是什麼樣的存在；而除了 saraw 抓小孩到樹上去的常見敘述之外，saraw 也可作為負面涵義如壞人的借喻，是較為特別的語境用法。

四、秀姑巒阿美的山靈傳說

（一）大港口（Laeno）部落

　　大港口部落位於花蓮縣豐濱鄉，屬秀姑巒阿美群，為清光緒三年（1877）臺灣鎮總兵吳光亮率領清軍與當地阿美族眾部落發生軍事政治衝突之大港口事件（Karawrawan a demak no Cepo）的關係部落之一。現今部落人口僅約 145 人，有 74% 的人口比例為阿美族。[22]

　　阮昌銳在調查大港口阿美族的宗教信仰時，採集到一則與「魔神」相關的紀錄如下：

> Salo 俗稱「魔神」，普通人看不見牠，只有中魔者可見之，牠會化裝成熟人或親友，出現於被害者之前，把被害人引至山林或樹上，著魔者以為自己跟隨其親友前往，往

---

[21]　Lifok Oteng（黃貴潮），男性，宜灣部落族人暨文史工作者，2015 年 2 月 13 日下午訪問於臺北國際書展。

[22]　林修澈：《部落事典》，頁 500。

往把崎嶇難行之路而視之為平坦大道，上山上樹甚為方
便，人被誘後數日不食而不知饑餓，港口人有許多被害的
見證人和被害的故事，……。[23]

阮昌銳採集到的口述紀錄 Salo，意即現行阿美語拼音書寫系
統中的 saraw，對於 Salo/saraw 的記述也與魔神仔如出一轍，而
之所以記載為「俗稱『魔神』」，可能是當時 saraw 的稱呼已受
到漢族魔神仔的傳播影響，其中更提到當時的大港口部落有許多
的被害故事紀錄。

（二）靜浦（Cawi）部落

位於花蓮縣豐濱鄉的秀姑巒阿美群靜浦部落，其名稱 Cawi
的意思為「山凹」，意即山坳裡的平地，同樣是清領時期大港口
事件的關係部落之一；現今部落人口約 435 人，超過 9 成人口為
阿美族人。[24]

部落報導人為當地宮廟的女性乩身，同時知悉部分阿美族傳
統信仰的巫師 cikawasay 的職責與儀俗，報導人以自身的經驗和
理解說明 saraw 與魔神仔、kawas 之間的關係如下：

kawas 有很多種，saraw 也是一樣，就是魔神仔，它是番
仔話。魔神仔那種就是他壞運，kawas 靠近過來給他招
呼。靜浦在比較早以前、大概民國八十幾年左右也有魔神

---

[23] 阮昌銳：《大港口的阿美族》（臺北：中央研究院民族學研究所，1969
年）下冊，頁 271。

[24] 林修澈：《部落事典》，頁 502。

仔出現，被抓走的人在進來部落的那個大彎道的橋下被找
到，是請一位臺東的 cikawasay 來幫忙。[25]

kawas 那個跟魔神仔一樣，會害人的、會討錢的、鬼擋牆
的都是，百姓公也可以叫 kawas，人死在外面、沒有拜
拜、會害人的，也叫 kawas，不然會把人掠去，讓人迷
路。像我們說的水鬼 Kalahahay，或者 saraw，也就是魔神
仔，這些都可以看作是 kawas。
遇到 saraw 一樣用供品拜拜，祂就會走掉，然後被抓走的
人就會自己回來，不然我們自己去找都找不到。其實放鞭
砲沒有什麼作用，要請神明叫回來，或是等他自己回來。
靜浦這兒也曾經發生過魔神仔把人掠走的事情，民國八十
幾年的事了，我處理過很多這種事，也是請神明幫忙，燒
符仔，然後就找到人，有時候是生病，有時候是祖先的關
係，有時候是鬼作祟。[26]

　　報導人在先後兩次的訪問中說明：kawas 是阿美族傳統宗教
信仰中泛指神鬼在內的超自然存在，[27]也就是一切神、靈、鬼、
魂的統稱，而報導人在此將部落所說的 saraw、水鬼 kalahahay，
以及漢人民間信仰中的魔神仔、百姓公、鬼擋牆等作祟者，或是
人死之後變成的鬼皆歸納於 kawas 之中。報導人也提到部落曾經

---

[25] Alak（林阿玉），女性，靜浦部落三和宮乩身，2017 年 6 月 21 日下午
　　訪問於靜浦部落自宅。

[26] Alak，2018 年 4 月 6 日下午訪問於靜浦部落自宅。

[27] 阮昌銳：《大港口的阿美族》下冊，頁 270。

發生魔神仔把人抓走的事件，當時因故而延請部落以外的其他 cikawasay 來處理，而報導人自身也曾處理許多魔神仔的誘失事件，[28]找出各種可能導致類似誘失事件的可能因素，比如個人疾病、或是祖先要交待事情給後世子孫、或是鬼作祟等等，然後再請神明協助找出當事人下落。

（三）港口（Makotaay）部落

港口部落的名稱 Makotaay 意思為「水流混濁之地」，也是清代大港口事件的關係部落之一。現今人口約 400 人，亦有超過 9 成人口為阿美族人。[29]

在港口部落傳述中與漢族魔神仔相近的山靈稱為 caraw，與前述馬蘭阿美、海岸阿美各部落稱呼的 saraw 略有發音上的不同，報導人敘述部落內曾發生過的山靈誘失事件：

> 大概三、四十年前（1960 年代）部落這裡也發生過魔神仔的事件，就是有人不知不覺間就不見、失蹤；然後就要請巫師（cikawasay）用占卜的方法去找。找到人的時候，也是失神恍惚、沒有反應，等清醒過來時才會驚覺，自己怎麼會在這裡。
>
> 這個我們是叫做 caraw，就是無緣無故走到山上、不知道方向，而突然地被弄不見，或者說就是被鬼牽。我們以前老人家會說這就是 caraw，應該是指大自然中無形的東

28　參見謝龍田：〈石門潛水失蹤　搜救 4 天找不著　阿美族乩童指點　隔天發現潛水失蹤屍體〉，《聯合報》，2016 年 1 月 10 日 B01 版。

29　林修澈：《部落事典》，頁 499。

西，也不見得就是指人死後變成的吧。老人家說，你到深山去的時候，必須要敬神、敬地，到山上時要先報備一下，說明你來這裡不是為了做什麼，是為了謀生，向山神說一下，點米酒祈禱，才不會發生 caraw 把人帶走的事情。[30]

報導人提及幾個重要的要點，比如 caraw 就是部落傳說中與魔神仔一樣的對象，定義是大自然中無形的東西，不見得是人死後變成的鬼；其次是部落若發生 caraw 誘失的事件時，必須請巫師 cikawasay 以傳統宗教儀俗處理並找尋當事人，以及如何避免遭遇 caraw 的方法。靜浦部落與港口部落相鄰，但是對於山靈的稱謂卻有舌尖清擦音（s）與舌尖塞擦音（c）的歧異，反映同一族群內部落與部落之間在語言上的差異現象。

（四）太巴塑（Tafalong）部落

劃屬於秀姑巒阿美群的花蓮縣光復鄉的太巴塑部落，其名稱意思為部落的重要圖騰「白螃蟹」。太巴塑部落的遷徙紀錄是阿美族的重要起源神話來源之一，部落先祖原居於現今臺東市南方的 Arapanay，因遭遇大洪水而漂流至奇密社東北方的 Cilangasan，後代子孫再由 Cilangasan 向北遷往太巴塑的早期發祥地 Saksakay，然後再遷居於現今部落的所在地。現今部落人口約 3000 人，其中 83% 的人口比例為阿美族，[31]是臺灣阿美族群

---

[30] Panay（林玉智），女性，2016 年 8 月 19 日下午訪問於港口部落自宅。
[31] 林修澈：《部落事典》，頁 464。

中極具代表性的重要部落。

出身於太巴塱的報導人描述 saraw 的傳說內容為：

> 我們常常聽老人家說 saraw，像上個月（2014 年 7 月）花
> 蓮林田山那個新聞說的魔神仔，那個就是 saraw，是同樣
> 的一個東西，只是你們（漢人）跟我們叫的名稱不一樣，
> 不過我是最近才從新聞知道魔神仔這個東西的，以前我不
> 曾聽過這個名字，都會認為這是 saraw。
>
> 以前的部落婦女或是中年人都會到山上採集野菜，那走到
> 途中一定會有體力比較差的人（跟不上隊伍而落單），然
> 後就會有一種 saraw，祂就會改變祂的形象，變成跟你一
> 起來的人、模仿他的聲音跟樣子，然後慢慢把你引誘到你
> 很難想像的地方，比如刺竹叢裏面，怎麼想像都無法想像
> 一般人會走到那一大片又很難進入的刺竹叢裏面，或是體
> 力不支時就被帶走、離開（死去）。有的是從這個山頭把
> 你一直帶到海岸線去，然後沿路會讓你什麼也很難想像，
> 在當事人眼中看到的是餅乾啦，但其實是牛糞。如果碰到
> 好的鬼也會給你東西吃，那如果壞的鬼就直接讓你「回家
> （死去）」了。現在可能是環境改變了，不太常聽到部落
> 有（遇到、發生）saraw，也可能是跟個人的磁場、體質
> 有關，很難講啦。[32]

---

[32] Tafong Kati（達鳳・旮赫地），男性，太巴塱部落族人，2014 年 8 月 3
日晚上訪問於都蘭部落。

　　在報導人的說明中，可知 saraw 的傳述情節如在山上、誘人迷失、變化形象、當事人意識不明、餵食穢物、發現於刺竹叢裡等內容，皆與所謂魔神仔相同，報導人更強調「這就是你們（漢族）所說的魔神仔，以前我沒聽過魔神仔，都認為這就是 saraw」，即可證明 saraw 並非是漢人魔神仔傳播影響部落族人後才有的稱謂，而是部落原本就存有的山靈傳說。

　　然而太巴塱部落對於同樣的山靈又流傳有另外一種稱呼，另一位太巴塱部落的報導人稱：

> 那是我親戚的孩子親身遇到的事。她有五個孩子，其中最小的一個，有一天突然就不見了，然後我們所有的人就動員去找，也用村莊的廣播去找，所有該找的地方都找了，最後在一處走路需要一個鐘頭距離的地方找到。找到的時候，那小孩一直在哭，是在一個草叢裡面被人家聽到哭聲才發現的。但大家疑惑的是，這麼樣的一個小孩獨自走失怎麼會毫髮無傷？我們就懷疑她是遇到了 caraw，至於祂是怎麼帶走的，我們完全都不知道，也不知道原因是什麼。（caraw）在我們那樣的鄉下地方還算蠻常聽到的。[33]

　　報導人所描述的親人經歷，也提到孩童、難以獨自前往的遙遠地點、草叢裡等與魔神仔相近的情節，但是該位同樣出身於太

---

[33]　Ciha Pacidal（吳金花），女性，2014 年 10 月 7 日晚上訪問於臺南市自營餐廳。

巴塱部落的報導人則不稱 saraw、而是與前述港口部落流傳同樣
名稱的 caraw。此則訪談進一步反映了即便是同一部落內也可能
存在著差異，原因可能是太巴塱部落又分為東富、南富、西富、
北富四個不同的村落行政區，而兩位報導人來自不同的氏族，因
此傳自前人、長輩的說法也可能有所不同。

（五）馬太鞍（Fata'an）部落

　　與太巴塱部落相鄰、同樣也是秀姑巒阿美群乃至於整個阿美
族數一數二龐大聚落的馬太鞍部落，其名稱意思為「樹豆」，也
就是「很多樹豆的地方」。馬太鞍部落也是阿美族的重要祖居
地，經過數次遷徙後由吉利潭遷至現今部落所在地。現今人口約
5400 人，但僅有約 5 成的人口比例為阿美族。[34]

　　馬太鞍部落報導人提供相當詳細的山靈傳說內容，引述如
下：

> 我聽過魔神仔，這個在山上才有，多半發生在荒野等偏僻
> 地區，所以入山前才會有拜山神的儀式祈求保佑。跟魔神
> 仔比較接近的，我們稱為 caracaraw，只是語言稱呼和詮
> 釋跟漢人不一樣，而且沒有魔神仔那麼惡劣，不會餵人吃
> 牛大便之類的，也不會致人於死；祂會誘拐人至荒郊野外
> 而迷路，而為了誘人出走，祂會有各種不同的化身，比如
> 化身為野兔讓獵人追趕、或化身你熟悉的親人而讓你跟著
> 走，走至野外而失蹤。發生此種狀況時，就要請祭司

---

[34]　林修澈：《部落事典》，頁 462。

cikawasay 來問神靈、祖靈當事人的下落。

1998 年本部落有一椿遇見 caracaraw 的事件發生，而且當事人到現在（按：2014 年）還找不到，而更久以前也聽以前的長輩們說過：如果聽到山頂那兒傳來小孩子的哭聲，就知道那是小孩子被 caracaraw 抓到山上去了，因為小孩子不會自己跑去山上那樣的地方。大人會對小孩子說：鬼（caracaraw）曾從馬太鞍南邊的山裡出來，抓小孩子去西邊山上較平坦的地方放在那裡。你看我們這裡西邊的山上有比較平坦的地區，以前大人就說那是（caracaraw）抓來放小孩子的。這也有嚇阻小孩子不要往偏僻的地方去玩的用意。或者我們也會說，做壞事的人會被鬼追。[35]

　　報導人曾聽過漢人所說的魔神仔，可以明確的對應並且比較部落流傳的相近對象為何，但是馬太鞍部落所流傳的名稱為 caracaraw，與港口部落傳說的 caraw 又略有出入。在本則訪談資料中也指出曾經實際發生於部落的 caracaraw 誘失事件，而且對象、情境也以小孩為主，也另外衍生出「做壞事的人會被鬼（caracaraw）追」的語境意義。

　　另一位報導人提出了其他和 caracaraw 相關的儀俗和語言資料：

---

[35] Lalan Unak（蔡義昌），男性，馬太鞍部落文史工作者，2013 年 4 月 2 日晚上訪問於自宅。

部落裡如遇到一些疑難雜事、比如 caracaraw，都會找巫
師 cikawasay 處理。以前我曾看過 Cikawasay 他們舉行儀
式時，會好幾位聚成一個圓圈，然後念著我們聽不懂的禱
文，因為這是在與神鬼溝通。不過儀式的內容細節，我已
經記不得了。太巴塱說的 mi-caraw，就是遇見 caraw，也
就是我們馬太鞍說的 caracaraw，語音有些差異，而且
caracaraw 原來稱為 Daladaraw，後來 "D" 的發音變化為
"C"。[36]

　　此處報導人首先提到，遇到 caracaraw 的時候，如同前述港
口部落報導人所述，必須請巫師 cikawasay 處理。此外，報導人
也指出 caraw 從原來字首的舌尖邊擦音（d，即國際音標之ɬ）轉
變成舌尖塞擦音（c）的語音變化，並且引述太巴塱部落 mi-
caraw 的稱呼，[37]間接反映了在太巴塱部落內存在著 saraw 之外的
caraw 稱呼。

　　作者再向報導人詢問 caraw 是否與樹、苦楝樹之間有特定關
連的敘述，報導人回答說：

苦楝會長成很大棵，樹上很好站，所以會有很多 kawas 站
在樹上面，像是善靈的 malataw，或是惡靈的 caraw 都

---

36 Unak（蔡慶隆），男性，馬太鞍部落耆老，2013 年 4 月 2 日晚上訪問
　　於自宅。訪問過程 Unak 以阿美族語述說，由 Lalan Unak 在旁翻譯轉
　　述，以下亦同。

37 報導人稱 "mi-caraw"，其中的 "mi" 為阿美語中動詞的前置詞，使其
　　帶有動詞的涵義，因此 "mi-caraw" 意思即是「遇見 caraw」。

會，而且（caraw 的）眼睛在黑夜中會發亮；等有人經
過，就會把人抓走，所以小孩子最怕爬這種樹。不過那其
實可能是貓頭鷹，而我們稱是 kawas。另外，苦棟也是一
種時節指標，苦棟樹的分枝處如果開始發芽，就表示小米
播種的時候到了。（Lalan Unak，2013 年 4 月 2 日）

報導人提到苦棟對於部落而言是表示時節輪替、小米播種的
時令表徵，也因為苦棟會長得很高大，傳統宗教信仰認為會有很
多 kawas 的神、靈、鬼、魂都出沒在苦棟樹上，其中也提到
caraw 有一雙在黑夜中發亮的眼睛、但實際上可能是指貓頭鷹的
形象特徵。

（六）烏卡蓋（Okakay）部落

位於花蓮縣光復鄉的烏卡蓋部落，其名稱意義為「很多骨頭
的地方」，部落自日治時期昭和 12 年（1937）從現今居住區域
遷徙至嘉羅蘭山，至民國 53 年（1964）再遷返至現今居地。現
今人口約接近 600 人，僅有 45% 的人口比例為阿美族，超過 5
成為非原住民。[38]

在大興村當地、即烏卡蓋部落所在地，曾因鄰近的大興瀑布
傳出的魔神仔事件而聞名一時，當時媒體報導：2001 年 1 月 29
日，有兩名從外地返回家鄉花蓮光復鄉的國中生，邀請另一位國
中生朋友在一起前往大興瀑布遊玩，但是可能因為在山區迷路、

---

[38]　林修澈：《部落事典》，頁 469。

身上又沒有照明設備，三人不慎失足落水而喪生。[39]而在王家祥〈大興瀑布事件〉一文中則詳細描述：當地人認為這起意外事件是魔神仔所為，大興瀑布以往就曾發生過魔神仔捉弄外來遊客的事件，在 1999 年也曾有同樣是三名來自外地的國中生，到大興瀑布遊玩而被魔神仔捉弄，三名國中生後來在瀑布上頭的斷崖被發現，他們「全身塗滿了爛泥巴，嘴裡塞著草葉，頭髮還綁著野花，彷彿催眠般全身慘白地呆坐在樹林裡」，當地人則訝異，這三名國中生是如何在幾乎沒有路的情況下爬上瀑布源頭的斷崖，其中一名國中生清醒過來後還隱隱約約記得是一種神秘力量帶他們上去的；然而，雖然 1999 年與 2001 年新聞報載的事件都是魔神仔所為，但是 2001 年的意外卻導致三名國中生喪生。[40]

　　烏卡蓋部落、亦即大興村當地有一半以上的人口比例為漢人，因此魔神仔的傳說在當地也流傳甚廣，包含前述的大興瀑布事件在內，大興村的報導人述說當地魔神仔的流傳狀況：

> 早在大興瀑布（事件）的那三位高中生（按：口誤，應為國中生）之前，一直以來都陸陸續續聽到村中有人遇到魔神仔。比如說，以前村裏還沒有裝路燈的時候，從村口直通進來的幹道民權街，曾有村民在傍晚時看到一個小孩站在村裡的幹道民權街上哭；村民想要上前問怎麼了，但只

---

[39] 吳采鴻：〈花蓮意外大興瀑布失蹤　三學生不幸溺斃〉，2001 年 1 月 31 日，《台視新聞》，http://dava.ncl.edu.tw/metadatainfo.aspx?funtype=0&PlayType=2&id=7117&BLID=7117，瀏覽於 2015 年 7 月 14 日。

[40] 王家祥：〈大興瀑布事件〉，《聯合文學》233 期（2004 年 3 月），頁 128。

要村民接近、這小孩就一邊哭一邊跑開，跑著跑著便失去了蹤影，這位村民才猛然驚想，這會不會就是魔神仔？然後，在我國小三、四年級時，大約 1970 年代左右，我在家裏幫忙務農，傍晚要從田裏牽著牛回家時，走到村內的一座小水溝邊，牛突然定住不走了，而且牛毛直豎、牛眼直瞪著前方，一直低聲嚎叫，怎麼趕牠就是不走。等到回到家裏後，我問爸爸牛是怎麼一回事，爸爸卻生氣的回說：「小孩子不要問那麼多！那個就是『歹物仔』（pháinn-mih-á）啦！」當下我才知道是遇到了不尋常的「東西」，那可能就是魔神仔。

等到我大約二十幾歲、1980 年代左右要成家立業時，假日有空我就會到村裏的河床去抓漁蝦；但某天傍晚我正在河邊抓魚時，突然聽見有一個女孩子的哭聲，從河床上傳來，我抬頭一看、四處張望，並沒有看見任何人，於是又低下頭彎下身抓魚。但一低頭，那個女孩子的哭聲又傳來了，當時我想：「糟糕！我是不是遇到了什麼不好的東西？」當下魚也不抓、收拾物品馬上離開回家了。之後我再也不去河邊抓魚了，那個（女孩子的哭聲）八成也就是所謂的魔神仔。[41]

　　在這段訪談紀錄中並沒有提到任何與誘人迷失、餵食穢物等魔神仔的常見情節，而是一些靈異不可知又無法解釋的事物與情

---

[41]　劉建榮，男性，時任大興村村長，2013 年 4 月 2 日下午訪問於自有工寮。

境，反映了漢人可能會將各種不可解釋的超常現象或人事物都一併稱為魔神仔的現象。對於當地的阿美族人來說，則將這些事物、現象稱之為 caraw，烏卡蓋部落的報導人即說：

> 我們叫做 caraw，跟魔神仔差不多，我曾聽過有兩則
> caraw 的事例，其中一位是老人家，鞋子被發現在野外極
> 為偏僻的小路上，部落的人才發現事情不妙，尋獲時已經
> 死亡。[42]

報導人指出 caraw 與魔神仔差不多，並且提供烏卡蓋部落曾經發生過的 caraw 記述。在烏卡蓋部落、也就是大興村的兩位報導人分別呈現了阿美族人與漢人的不同認知與視角，同樣事蹟、陳述內容的對象，在漢人的角度將其稱為魔神仔，阿美族稱之為caraw，由此可知山靈傳說原本就存在於每一個族群內部的例證和現象。

五、恆春阿美旭海部落的山靈傳說

劃屬於恆春阿美群的旭海（Macaran）部落，位於屏東縣牡丹鄉，旭海部落原先是斯卡羅（Seqalu）族人由滿州里德村（射麻里社）到此開墾定居形成聚落，後來由來自獅子鄉、三地門鄉德文部落與達來部落、臺東縣等地的排灣族，與阿美族、客家

---

[42] Basa（陳文生），男性，烏卡蓋部落前頭目，2013 年 4 月 2 日下午訪問於自宅。

人、海防部隊退役的外省人等各族遷入後成為多族共存的部落。
現今人口約 420 人，其中 50% 人口比例為阿美族，21% 為非原
住民，其他包含斯卡羅族、排灣族在內的人口比例佔 29%。[43]此
外，部落裡尚可見到馬卡道族的文化殘留痕跡，[44]並傳承自原來
滿州鄉里德村斯卡羅大股頭潘阿別的後裔血脈。[45]

　　雖然旭海部落為多元族群共居的聚落，然而現今部落的多數
人口為阿美族，許多如斯卡羅族、馬卡道族原生的生活習慣、語
言文化上，已在融入與消退的過程中結合為當地多元族群文化的
面貌。例如在部落內盛傳的誘人迷失之山靈傳說，即以魔神仔為
主要流傳的名稱和認知，報導人也提供了當地魔神仔的相關事
例：

> 以前（在旭海）就聽說過有蠻多的。以前小時候，就在村
> 子裡金隆商店旁空地做布袋戲時，有一個小朋友不知怎麼
> 回事，跑到戲棚的野臺下面去，散戲後才被大家發現，那
> 時他臉上被塗滿了牛糞，老人家便說這是魔神仔做的。以
> 前還曾聽說，在墓仔埔、萬應公那一帶，在人們結伴途經
> 時，走到一半有時會發現多了一個人、或者最後一個人被

---

[43] 林修澈：《部落事典》，頁 361。

[44] 劉還月：《琅嶠十八社與斯卡羅族》（屏東：墾丁國家公園，2015 年
12 月），頁 78。

[45] 潘儀芳，女性，潘阿別第六代後裔，2013 年 7 月 30 日晚上訪問於旭海
小學堂。然而，亦有一部分族人認為：潘阿別的父親潘文杰雖然後來被
斯卡羅族頭目卓杞篤收養，但潘文杰原為客家人，因此潘文杰、潘阿別
後代的身分認同應為客家人。

「牽」走而突然消失；當大家繼續往前走時，又會發現最
後面消失的那個人突然從隊伍的最前頭迎面走來，而當事
者卻沒有發現任何異狀。這裡如發生魔神仔事件，大多很
快就會被找到，並無事發幾天後才尋獲的狀況。（潘儀
芳，2013 年 7 月 30 日）

　　報導人提到旭海當地曾發生過很多魔神仔的傳聞，其中有兩
則事例：一則是小孩子莫名其妙地出現在難以想像的地點（戲臺
下方），而且臉上被塗滿牛糞；另一則是在山區行進隊伍發生的
異狀，有時是隊伍間會突然多出一個人，或是最後面落單的人不
知為何、竟然會繞至行進隊伍的最前方而迎面走來。前者提及的
突然失蹤、發現於平常想像不到的地點、塗滿牛糞等都是魔神仔
的常見情節，後者描述在隊伍間突然多出一個「人」的情形，則
與近年來被傳為魔神仔的紅衣小女孩事件的出處情境相近，[46]或
許正是紅衣小女孩之所以也被稱為魔神仔的例證之一。

　　另一位報導人則提到旭海發生於 1950 年代的魔神仔傳說：

在我小時候，曾經聽老人家說過，村中有一個 7、8 歲的
小孩子走丟了，大家都去找，找了一個星期之後，被人發

---

[46] 1998 年 3 月 1 日某家族在臺中大坑山區 9 號登山步道活動錄影時，在影
像中發現一名不存在於實際活動期間的紅衣小女孩，該影像寄至電視節
目《神出鬼沒》公開後，喧騰一時；2015 年參考該事件製作的電影
《紅衣小女孩》，即稱這名紅衣小女孩為魔神仔。參見臺北地方異聞工
作室：《臺灣都市傳說百科》（臺北：蓋亞文化公司，2021 年 8 月），
頁 20-25。

現他竟然緊緊地抱著竹子而卡在竹的上端，竹子還因為
他的重量給壓得彎了下來，而那位小孩子被救下來以後，
發現他嘴裏有牛糞。老人家就說，他是被魔神仔給抱上竹
子去的，而且還被餵了牛糞。

以前也聽人家說過，如果在田裡工作時，走在田埂上看到
兔子擋在路中間，不怕人沒有跑掉而且還一直擋著路在看
著你，然後屁股又很大，也有可能是魔神仔變的，最好是
趕快離開走別的路過去。[47]

　　報導人在此處提及的魔神仔情節特色，包括「孩童」、「失
蹤」、「竹子」、「牛糞」諸項，另外也提到魔神仔化身的動物
特徵，也是林美容曾在論著中說明的魔神仔也會幻化成動物如
「擋路的兔子」的特定關係之例證。[48]

　　另一位報導人提到魔神仔傳說的其他特色為：

大約在民國八十幾年的一個晚上，我跟大家一起在村中的
廟口看露天電影。看完後在返家途中，發現有一個隨行的
人沒有回來；隔天早上，他被人發現倒在田裏，而且臉被
塗滿了牛糞。身邊也有其他的親友曾聽說過魔神仔、甚至
遇過魔神仔的事情，尤其以前村中還沒架設路燈時時常聽

---

[47]　潘新通，男性，旭海部落耆老，2013 年 7 月 31 日早上訪問於金隆商店
　　前。

[48]　林美容、李家愷：《魔神仔的人類學想像》，頁 213。

說，但裝設路燈以後就很少再聽說過了。[49]

在該則訪談中提到發生在旭海部落街區被誘拐至田裡的魔神仔事件，而當事人也發生了「塗滿牛糞」的魔神仔常見情節；此外，報導人也如同前述大興村報導人所說的：早期村中還沒架設路燈時常常聽說魔神仔出沒，但裝設路燈以後就很少再發生這樣的情況。

另外一位報導人則提到旭海當地周遭的其他魔神仔傳聞：

> 魔神仔在牡丹（鄉）一帶聽說過很多。（2013 年）最近幾年我曾經聽過的就有三個，老人家、小孩子都有。遇到魔神仔時，就是會「茫茫渺渺」、「嘸知羔人」、「找嘸路」，然後被餵牛糞。其中一個是聽說牡丹（部落）那兒有一個老人，上山去採靈芝，結果被魔神仔摸走了。另一個也是 2012 年在牡丹發生的，有一個 40、50 歲的中年男性也是上山去找靈芝，結果失蹤了一整個星期。後來他在刺竹叢中被找到，大家才知道他是被魔神仔摸去了，因為平常根本就不會有人走進刺竹叢裏頭去啊！[50]

旭海部落位於屏東縣牡丹鄉，此處報導人所說的「牡丹」除了指牡丹鄉一帶以外，其中提到的兩則魔神仔事件，指的是牡丹鄉境內的排灣族牡丹部落，而兩則事件的情境都是上山工作途中

---

[49]　潘國輝，男性，2013 年 7 月 31 日早上訪問於金隆商店前。
[50]　潘金里，女性，2013 年 7 月 31 日早上訪問於金隆商店前。

被誘失，然後在刺竹叢中被發現，甚至魔神仔的傳說當時仍然時常在牡丹鄉一帶聽聞。

　　從上述旭海部落報導人們呈現的口述紀錄中，可見到許多關於漢族魔神仔傳說中的各種相關特徵與連結，比如牛糞、動物、植物等常見情節，而從旭海部落以斯卡羅族、阿美族為主體的多元族群發展歷史來看，當地僅稱此類山靈傳說為魔神仔而未採集到原住民族語的資料，顯然是已受到漢人社會文化傳入的影響。

六、阿美族山靈傳說之分析

　　透過上述於各個阿美族部落間採集的山靈傳說──saraw、caraw 和魔神仔等傳述，以下從形象特徵、定義性質、稱謂脈絡三個角度分析阿美族山靈傳說的義涵。

（一）saraw/caraw 的形象特徵

　　阿美族群中流傳的 saraw/caraw，據前文引述各部落報導人的說法，在傳說中可與魔神仔一同比較、整理出以下幾個形象與情節上的特徵：

表二：阿美族與漢族山靈傳說之情節單元特徵異同比較

	saraw/caraw	魔神仔
相同的情節單元與特徵	1.會變幻為當事人熟的親友。	1.當事人遇見山靈的引誘（聲音、幻象等等）。
	2.令當事人失去意識並帶走當事人。	2.當事人迷失意識，而跟隨山靈離去。
	3.當事人數日後會在懸崖邊、大樹上、刺竹叢裡或竹子頂端、或是在墳墓等偏僻地點被發現，多半是無法自己獨力前往的場所。	3.數日後，當事人在險峻不易抵達、或是距離極為遙遠的地點被發現。
	4.可透過 cikawasay 協助尋找，或是等待當事人自行清醒。	4.當事人透過各種方式被喚醒（也可能已死亡）。
	5.當事人無法確切說明 saraw/caraw 的外貌，也不知道過程間發生什麼事；少部分個案可以說出大概做了什麼事、跟誰去了哪些地方，但仍無法講述清楚的細節。	5.當事人無法追溯完整的迷失經歷，也難以描述山靈的真實面貌。
	6.不只是偏僻的野外，在室內或熱鬧的地方也有可能遇到 saraw/caraw。	6.有過在室內被魔神仔引誘而牽走的紀錄。
	7.早期聚落裡尚未設置路燈、夜間照明不足的時期時常聽聞 saraw/caraw 出沒。裝設路燈後就越來越少聽聞。	7.以前沒有路燈、燈都點得小小的，比較容易遇到魔神仔。[51]

---

[51] 參見林美容、李家愷：《魔神仔的人類學想像》，頁 345「故事 97」。

	saraw/caraw	魔神仔
不同的情節單元與特徵	1.部分個案提到 saraw/caraw 長得很高大，所以可以把人抓到樹上；有的則說 saraw/caraw 有一對在黑夜中也閃閃發亮的雙眼。	1.大部分皆述說魔神仔長得矮矮小小的。[52]
	2.部分個案提到 saraw/caraw 會躲在苦楝樹上。	2.常出沒於管芒、林投、甘蔗、竹子叢生之處。
	3.未提及會變化為動物。	3.會變化為動物，如擋路的兔子。

　　上述情節和特徵，如果與前一章節整理的漢族魔神仔傳說的情節單元[53]相比較，就如同報導人所說「saraw 與魔神仔是同樣的東西，只是稱謂不同」一般，兩者在情節敘述與共同特色上幾乎是相同的，幾可視為同一傳說類型的敘述內容；同時也有幾個彼此相異或是略有出入的特徵，可視為阿美族與漢族之間不同的族群文化特色所致。

　　然而，如同魔神仔在漢族的閩南（福佬）、客家族群之間會

---

[52] 在郭芷瑄：〈屏東恆春 80 歲老婦失蹤五天尋獲〉的新聞報導中，提及當事人描述的魔神仔為「高大的紅髮婦人」，見《中央社》，2008 年 7 月 22 日；而在民間的穿鑿附會下，此事件中的魔神仔被指認為是當地萬應公祠祭祀的荷蘭八寶公主，參見潘建志：〈八寶公主變魔神　法會求和解〉，《中國時報》，2008 年 9 月 13 日，C01 版。

[53] 情節單元指的是故事中一個最小而且又敘事完整的單元，可以扼要且完整地敘述生活中罕見的人、物或事的情節。參見金榮華：《禪宗公案與民間故事：民間文學論集》（臺北：中國口傳文學學會，2007 年 5 月），頁 308-309。

有不同的敘述和傳聞，在阿美族所流傳的山靈 saraw/caraw 在各分群、各部落間也會有相異的傳述內容，例如東河部落與馬太鞍部落的報導人都提及 saraw/caraw 與苦楝樹的密切關連，但是太巴塱部落的報導人卻表示不曾聽過 saraw/caraw 與苦楝樹之間有何關係；而東河部落、宜灣部落的報導人都形容 saraw 長得很高大，一如阿美族語資料中所說「高達天頂」一般，但是其他部落的報導人卻不見得都會提到 saraw/caraw 擁有這樣的特徵，而是提到形貌多變、會變化成自己熟悉的親友等等，顯示族群內部、甚至是部落與部落之間存在差異的現象。

　　如果從語言結構的分析基礎來比較 saraw/caraw 與魔神仔傳說之間的關係，可藉此歸納兩者之間彼此指涉的關聯與意義：[54] saraw/caraw 與魔神仔都是在一種「特定的情境下」所共同指向的「未知對象」，導致「神智不清」，進而引發「失蹤」，最後又在「特定的情境下」結束；雖然saraw、caraw 與魔神仔三者之間的名稱有其差異，但是卻同樣都可視為「鬼怪」。於是 saraw/caraw 與魔神仔之間的語言結構便可定義為：

　　1.發生於荒郊野外或人煙罕至的偏僻地點（特定的情境）；

　　2.惡靈、鬼怪所引起（未知的對象）；

　　3.因前述對象導致當事人無法確切說明過程（神智不清）；

　　4.當事人失去知覺與辨識能力而被前述對象帶走（失蹤）；

　　5.與 1.相同，被發現在荒郊野外或人煙罕至的偏僻地點（特定的情境）。

54　伍軒宏、劉紀雯導讀：《結構主義與後結構主義‧後現代主義》（臺北：文建會，2010 年 1 月），頁 26-27。

　　因此得知，saraw/caraw 與魔神仔不僅僅是情節單元的相似，在語言結構的敘述情境中也是相同結構模式的事件，足可說明 saraw/caraw 與魔神仔儘管在阿美族與漢族之間有著不同的稱呼，或者在敘述內容上有所出入，但 saraw、caraw、魔神仔在語言結構來看，三者都是指所作所為相同的同一個對象。

（二）saraw/caraw 的比較定義

　　阿美族流傳的 saraw/caraw 與漢族所傳述的魔神仔是同樣情節、作為的同一個對象，而魔神仔在漢族的傳述中雖然可能指涉各種不同的內容，但是從日治時代以來的報章紀錄、口傳資料來看，應以山精水怪作為最精準適當的定義。[55]而 saraw/caraw 在阿美族的文化思維中又作為什麼樣的定義與定位？那便須要從語言背景中涉及的脈絡去作比較和追溯。

　　首先，從阿美族傳統宗教信仰中 kawas 的範疇比較來說，saraw/caraw 屬於單一對象的專稱，是 kawas 其中之一；kawas 是阿美族文化對於所有神靈、精靈、死靈等一切有靈者的泛稱，包括神祇、魔鬼、祖靈、動植物的精靈和人的靈魂等，雖然神靈名稱、祭典儀式、禁忌或是同名神靈的職能，會依地域、族群、部落不同而有其差異，但不變的是共通的 kawas 觀念，也代表阿美族泛靈崇拜（萬物有靈論）的核心思想。[56]其中的神祇包含天神 Malataw、掌管人類的生死之神 Dongi、太陽女神 Cidal、月亮男神 Fulad、陰晴風雨之神與海神 Kafid、穀物之神 Saka'orip 等等，

55　林美容、李家愷：《魔神仔的人類學想像》，頁 14。
56　林素珍、陳耀芳、林春治：《阿美族當代宗教研究》（南投：臺灣文獻館；臺北：原民會，2008 年 10 月），頁 28。

其他如護祐人類的祖靈 liteng，[57]而人的靈魂稱為 adingu，人死亡後變成的鬼魂稱為 puwu 等等，有時隨著各個部落不同的神話傳說與文化儀俗而在稱謂、屬性上略有差異；[58]而其他自然界中的靈、惡靈、鬼則有其他的稱呼，例如《蕃族調查報告書》中除了 saraw 之外的其他 kawas，有棲息山中、矮小如孩童的 karecrec，棲息河中、會致人溺斃的 pararuno，以及出沒於竹叢、旱田等處的人之亡靈 kalaha' 等等；[59]又如阮昌銳在大港口的調查報告中則提到 salo（saraw）之外尚有一種橫死者、生前作惡者化成的惡靈 kariax 等等，[60]都是和 saraw/caraw 區分開來的獨立稱謂。而從泛靈崇拜的角度來看，自然界中每一種具有生命的物體都有屬於自己的存在和名稱，也就是說，saraw/caraw 在 kawas 的體系之中與神靈、祖靈、人的靈魂的屬性不同，而且也和自然界中諸如 karacrec、pararuno、kariax 等各種靈的 kawas 是不同的存在，彼此互相獨立。

　　都蘭的報導人在述說 kawas 與魔神仔之間的比較觀念時，即是說明泛靈論作為理解 saraw、kawas 與魔神仔三者箇中意涵差

---

[57]　南勢阿美稱為 To'as，參見中央研究院民族學研究所編譯：《蕃族調查報告書第一冊》，頁 27；有時也稱為 matoasay（馬堵阿賽），其義為耆老、老人家。

[58]　例如掌管穀物之神在南勢阿美群中被稱為 Saka'orip，但在秀姑巒阿美群中則是月亮男神 Fulad 的職掌，參見〔日〕臺灣總督府臨時臺灣舊慣調查會原著，中央研究院民族學研究所編譯：《蕃族調查報告書第二冊：阿美族奇密社、太巴塱社、馬太鞍社、海岸蕃》（臺北：中央研究院民族學研究所，2009 年 6 月），頁 25。

[59]　中央研究院民族學研究所編譯：《蕃族調查報告書第一冊》，頁 162。

[60]　阮昌銳：《大港口的阿美族》下冊，頁 271。

異的重要性：

> 在你剛剛說的魔神仔故事中，其實已經提到了好幾個不同
> 的東西（kawas）。如果以你們說的魔神仔來稱呼，閩南
> 人所說的魔神仔並沒有細分，但是以阿美族人的傳說來
> 看，不同的魔神仔會做不同的事情。（Siki Sufin，2012
> 年4月3日）

　　在漢族常見的誘人迷失的魔神仔事件中，報導人說明誘人迷
失、餵人吃穢物甚至致人於死等種種不同作為，在阿美族的觀念
中會有各種不同的 kawas 所為，也就是說，在阿美族傳統信仰的
泛靈論中，每一個靈的存在都有其專屬的來源與意義，而精準對
應到每一件不同的人、事、物之上，因此每一種 kawas 的稱謂都
意謂著單一指涉的對象，而不像漢族所謂廣義的魔神仔，可能還
指稱了鬼、妖怪、鬼打牆、抓交替、紅衣小女孩、矮人等等各種
不同的事物，saraw 只會是單一的專稱，儘管有其他可能的引申
意義，但是在 kawas 的範疇內不會像魔神仔一般還有其他的指
涉。而前述各部落流傳的另一個稱謂 caraw，在阿美族語資料中
的背景脈絡與 saraw 實為同一辭彙。
　　漢族的魔神仔雖然有著各種不同的指稱和意涵，但較為精準
的定義為山精水怪；而阿美族傳說中的 saraw/caraw 是 kawas 中
一種獨立的存在，與魔神仔極為相近、又有共同的情節內容與特
色，那麼 saraw/caraw 在阿美族文化中的定義，是不是也與魔神
仔同樣屬於所謂的山精水怪？透過田調資料與文獻紀錄中提到的
其他 kawas 之間的比較，即可進一步瞭解 saraw/caraw 在實際的

文化、生活中的定義，例如在《蕃族調查報告書》與 saraw 同樣
被記載為妖怪的條目中，尚有 pararuno 與 Kalaha'：

> Pararuno：棲息河中，頭髮很長，常趁人游泳時，細綁其
> 手腳使之動彈不得以致溺斃。
> Kalaha'：此乃人的亡靈，猶如無人供養的餓鬼。經常出
> 沒在竹叢或旱田等處。[61]

其中的 Pararuno 據作者的訪查，分別在臺東縣東河鄉馬蘭阿
美群的泰源部落、[62]花蓮縣光復鄉秀姑巒阿美群的馬太鞍部落採
集得相關傳述，泰源部落報導人稱之為 faranunu，意思是「小水
鬼」：

> faranunu 長得矮矮小小的，跟一個小孩子差不多，皮膚是
> 深綠色，頭髮很長、幾乎可以蓋住全身，手腳似乎有蹼。
> 如果在溪邊發現水面平靜、但是卻呈現深綠色，大人們就
> 會說那處溪水一定很深，而且水裏會有 faranunu，水看起
> 來會變成深綠色，是因為 faranunu 的長髮在水裏漂散開來
> 的顏色；如果小孩子下到那處溪水裏，faranunu 就會將小
> 孩給拉下去，因為 faranunu 生性愛玩，看到小孩子跳到水
> 裡，牠也就希望小孩子可以陪牠玩而把他拉到水裡，但卻

---

[61]　中央研究院民族學研究所編譯：《蕃族調查報告書第一冊》，頁 162。

[62]　泰源部落（Alapawan，阿拉巴灣），現今人口約 1430 人，其中 62% 的
　　　人口比例為阿美族，36% 為非原住民，其他族群包括卑南族在內的人
　　　口佔 1%。參見林修澈：《部落事典》，頁 743。

不知道這樣會害死小孩子。[63]

而馬太鞍部落的報導人稱小水鬼為 ngnanunu，內容如下：

> 這像是「跟人一樣的魚」，牠會坐在溪邊、水邊的大石頭
> 上，垂著一頭幾能蔽體的長髮。以往老人家也曾告誡，如
> 果看見溪水顏色變得很深，就千萬不要下去，因為那就是
> ngnanunu 的長髮在水裏散開來的顏色，這時下水就會被
> 牠抓下去。ngnanunu 不太常見，在馬太鞍以吉利潭最常聽
> 到，但後來因為山坡地濫墾，已經很少再聽過 ngnanunu
> 的事情了。（Lalan Unak，2013 年 4 月 2 日）

　　小水鬼與 saraw/caraw 一般，同時流傳在不同的部落之間而
有稱謂上的歧異，在字首上有著唇齒擦音（f）和舌根鼻音
（ng）的差異，但兩者都是一樣的對象。而《蕃族調查報告書》
在馬蘭社採集到的 Kalaha'，據都蘭部落的報導人表示，這應該
就是指都蘭所流傳的 kalahahay，兩者之間是發音略有不同的同
一指稱對象，報導人說明：

> kalahahay 是我們在野外工作時，有時候會被一些不乾淨
> 的東西跟上，比如說鬼、惡靈，那你就會因此而生病。所
> 以以前聽老人家說，當你去外面（野外）工作時，要去山

---

[63] Mosi（身密），男性；Gingziang（潘金來），男性，皆為泰源部落族
人，2012 年 4 月 3 日下午訪問於都蘭部落希巨・蘇飛工作室。

上之前先做儀式，告知並祭拜這邊的 kawas，以免被 kalahahay 這樣的東西跟上。如果從山上或野外回來感覺頭暈、或是身體不舒服，就要找一棵樹用力踢它，然後一邊說「你給我留在這裡！你給我留在這裡！」然後對著樹吐口水，把 kalahahay 留在樹下，不要讓祂繼續跟著你。或者就要找巫師（cikawasay）幫你處理。（Siki Sufin，2012 年 4 月 3 日）

　　kalahahay 是一種在野外、山上出沒的鬼或是惡靈，被纏上的當事人將會因此致病，而須要透過特定的民俗儀式或是由巫師來處理。報導人則進一步說明：faranunu 是實際看得到的生物，比較像是山精、精怪，而 kalahahay 是一種看不到形體的靈，就跟 saraw 一樣，但是 kalahahay 和 saraw 做的事情不一樣，所以兩個是彼此不同的東西。（Siki Sufin，2012 年 4 月 3 日）

　　此外，在報導人的口述紀錄中另有一種稱為 kaliyah 的靈，與 saraw/caraw 也十分相似，烏卡蓋部落的報導人敘述 kaliyah 的內容為：

kaliyah 是一種高大如三、四層樓高的鬼，大概在 1930 年代，村內有一位青年遇上了 kaliyah 而被帶走了，村內的人發現這位青年失蹤了，在部落內一邊呼喊他的名字一邊尋找他，kaliyah 聽到了村人們尋找他的呼喚聲，原本要將這他帶往海邊的，只好將他改懸吊在村內高大的苦楝樹上。村人們發現這位青年掛在有三、四層樓那麼高的苦楝樹上，已經斷氣。傳說 kaliyah 會將拐走的人帶往海邊，

　　雖然大興村離海邊少說也有二十幾公里，對我們（人類）
來說很遙遠，但對高大的 kaliyah 來說根本不是難事。在
前幾天（2013 年 3 月下旬），就在大興村南方附近的富源
還傳出有人遇見 kaliyah 的消息。（Basa，2013 年 4 月 2
日）

　　另外在馬太鞍部落的報導人也提到 kaliyah 的特徵：「傳說
中的 kaliyah 不僅高大，而且還有一雙在黑夜中會炯炯發亮的雙
眼。」（Lalan Unak，2013 年 4 月 2 日）兩位報導人都提到
kaliyah 的高大特徵，也提到 kaliyah 會將人抓走、吊在樹上的行
為，都與 saraw/caraw 的部分情節內容非常相似，看似兩者所作
所為皆相同，但是在族語的稱謂脈絡中卻將兩者區分得相當清楚
而不相混淆。

　　原因可以從阮昌銳在大港口部落調查紀錄中發現其脈絡，阮
昌銳採集到當地流傳著一種名為 kariax 的惡靈：

　　　　kariax 是惡靈，凡是橫死者如被水淹死，被殺死，吊死或
　　　　其他不正常的死法者以及正常死中，其生前作惡者皆成為
　　　　惡靈，惡靈不能到天間 malataw 處去，只能遊浮山林間在
　　　　人間作祟，人們亦由于其為惡靈不加祭祀。因此，惡靈
　　　　kariax 往往令人生病或致死，巫師 tsikawasai 治病的方法
　　　　即為先給 kariax 饗以食物，繼之驅鬼 kariax，把牠趕走，
　　　　因此病就可治好。[64]

---

[64]　阮昌銳：《大港口的阿美族》下冊，頁 271。

kariax 在發音上即等同於現今阿美語拼音書寫系統所稱的 kaliyah，本條紀錄描述 kaliyah 是橫死之人死後的鬼所變成而遊盪在自然間的惡靈，並沒有提到「十分高大」的特徵。但是同時參照該條文獻紀錄與作者採集的口述紀錄來看，就可發現 kaliyah 是由人類遭遇橫死、不得善終或是生前作惡者在死後所變成的惡靈，而 saraw/caraw 則是本來就存在於自然之中的惡靈，與人類的靈沒有關係；而高大、將人帶走或吊在樹上、令人生病致死等特徵，則可能是各部落在傳述上的差異。

馬太鞍部落報導人又提到另外一種與 saraw/caraw 較接近的鬼怪：

> 馬太鞍濕地還有一種愛哭鬼 laluminan，據說 laluminan 的特徵就是臉上會有兩道特別明顯而深色的淚痕。此地傳說，晚上不能讓孕婦哭、或者一個人躲起來偷偷哭，否則 laluminan 會現身作伴，致人於死。caracaraw 就與 laluminan 一樣是自然界中的 kawas，也就是有生命、但平時看不見形體的惡靈。（Lalan Unak，2013 年 4 月 2 日）

報導人提及 laluminan 和 saraw/caraw 同樣都是存在於自然界中的惡靈，在 kawas 的體系中與前述人類死後變化而成的 kalahahay、kaliyah 有所區別。因此，在上述報導人解釋並還原 paranino/faranuno、kalahahay、kariax/kaliyah 與 laluminan 的語境下，不僅對於原來文獻記載的 fararuno 和 kalaha' 有更具體明確的形象敘述，也說明了雖然同樣是 kawas，但是 saraw/caraw 更為精準的定義是「看不見形體的、原本就存在與自然之中的誘人迷

失的靈」。

　　其次，從 kawas 以外的範疇來看 saraw/caraw 在阿美族的稱謂脈絡與定義，先前學者專家們關注臺灣民間流傳的魔神仔是否就是原住民族所稱的矮黑人（Negritoes）的問題，也可以從這個角度得到解答。林美容、李家愷採集到原住民部落也流傳著魔神仔的訪問紀錄，加上王家祥在小說創作《魔神仔》中率先提出魔神仔就是原住民傳說中的矮黑人的想法，發現在魔神仔的傳述中時常提到「矮矮小小、迅速敏捷、神出鬼沒、似有奇特能力」等與矮黑人十分接近的內容，因而推論「魔神仔就是台灣版的矮人」。[65]這一點若從阿美族在語言、文化中對於和魔神仔一樣的 saraw/caraw，以及對於矮黑人的稱謂與定義，就可發現問題的關鍵所在。都蘭部落的報導人對於矮黑人的稱謂和相關傳述如下：

　　　　小矮人我們稱為 kaladezay，以往部落裡的人到山上工作時，由於距離遙遠，為了能夠照顧小孩，便會將小孩一起帶到路途上的工寮，將小孩安置在此；父母離去前，必須將山刀擺在小孩的身邊，或是將山刀背在小孩身上，否則 kaladezay 會將小孩掐死。不僅僅是小孩，連大人也一樣。這是千真萬確的事，因為我自己也曾遇見過。
　　　　以前我們在田裡工作時，要在田邊或田埂上躺下來休息一下、閉上眼睛的時候，就會有 3、4 個 kaladezay 出現來吵鬧，長得矮矮小小又黑黑的，好幾個人一起壓著你、在你身上跳啊跳的不讓你睡著，氣得我們就會當下在田邊跟他

65　林美容、李家愷：《魔神仔的人類學想像》，頁 288。

們打起架來。他們都會好幾個一起出現，因為他們比較矮小，不這樣是打不贏我們的。部落裡跟我一樣（超過80歲）的長輩們，很多人都曾有被 kaladezay 騷擾過的經驗。[66]

報導人說明 kaladezay 具備攻擊性，尤其會殺害落單的孩童，所以必須讓孩童隨身攜帶山刀以嚇阻 kaladezay；而面對成年人，由於身形上的差距，kaladezay 總是會好幾個一起出現，捉弄甚至攻擊在田邊休息的族人。報導人 Panay 出生於1933年，從年齡來推算報導人所說曾被 kaladezay 捉弄吵鬧的經驗，可知至少是發生在日治時期的事件。

協助報導人 Panay 翻譯口述的 Siki，也轉述自其他耆老聽來的關於 kaladezay 的遭遇經歷：

當時他們（幼時的已故老頭目潘清文等人）的家在山上，從離部落最近的公學校（按：嘎嘮吧灣公學校）走回家的路途很遙遠，有時就會在回家的路上碰見（kaladezay）。一次，他們在返途中看見前方出現了一位小矮人，跳來跳去的、十分調皮地作勢向他們挑釁，但是小矮人看到他們成群結伴，所以也不敢輕舉妄動。那時（潘清文一行人）有人是學校的田徑隊員，一時興起，便衝上前去追逐那個小矮人；就在他快要追上、正要一把伸手抓住小矮人的時候，小矮人卻突然消失不見了！那個地方就在現今的水往上流，再往裡面一些的山坡上。很多老人家都說，他們以

---

[66] Panay（沈太木），男性，都蘭部落耆老暨前頭目，2012 年 4 月 3 日下午訪問於都蘭部落自宅。訪問過程 Panay 以阿美族語述說，由 Siki Sufin 在旁翻譯轉述，以下亦同。

前時常遇見小矮人，現在那裡已經看不到以前那樣荒蕪的原貌了。（Siki Sufin，2012 年 4 月 3 日）

報導人所說的離部落最近的公學校，是日治時期位於泰源部落、距離都蘭部落約 22 公里的嘎嘮吧灣公學校，也就是今日臺東縣東河鄉的泰源國小，而傳述中遭遇 kaladezay 的地點水往上流，位於現今都蘭部落南方外圍的水往上流遊憩區。據耆老們所說，kaladezay 神出鬼沒，會突然從眼前消失，提供了非常生動而明確的矮黑人 kaladezay 敘述情節。

同樣的矮黑人經歷，也可從馬太鞍部落的報導人口中得知，而稱之為 dovudovu：

> 矮黑人 douvudouvu 在晚上時出現，不僅在野外、戶外，也會跑到屋子裏面來，尤其竹林、有竹子的地方更容易出現。祂會在人睡覺時三、五個同時跑來吵鬧、捂住人臉、壓在人身上搗蛋之類的。外觀看來也是黑黑的、矮矮的、毛茸茸的，如果他們出現吵鬧時，只要不理他們，他們自然會覺得無趣而離開。（Unak，2013 年 4 月 2 日）

報導人所說的矮黑人習性與都蘭部落的傳述稍有不同，此處的矮黑人喜好在竹林與夜間出現，不似都蘭部落所說的矮黑人在白天也會頻繁出沒；而矮黑人 dovudovu 也和 kaladezay 的傳述一樣，會在族人睡覺時成群出沒吵鬧、捉弄。

從這兩個阿美族部落對於矮黑人的描述來看，雖然矮黑人會捉弄、甚至攻擊孩童，但是並沒有提到矮黑人傳說中也有著和魔

神仔一樣誘人迷失、餵食穢物等情節內容，而且在族語中對於等同魔神仔的 saraw/caraw、與矮黑人 kaladezay/dovudovu 是不同的稱謂，亦即在阿美族的語言和文化觀念中，saraw/caraw 和 kaladezay/dovudovu 是不同的兩種對象。此外，saraw/caraw 是屬於 kawas 當中的惡靈，而矮黑人 kaladezay/dovudovu 是實際存在的種族，反而與同樣也具備實體的精怪小水鬼 falanunu/ngnanunu 比較接近一些——如同中國占籍裡與魔神仔的描述相接近的山魈、山都木客，也可能是指山精水怪或是魑魅魍魎，繼而輾轉演變為魔神仔的形象。[67]也就是說，「魔神仔就是台灣版的矮人」的推論在阿美族當中並不成立。

綜合上述所論，阿美族中的山靈 saraw/caraw 是在自然界當中看不見形體的惡靈，屬於泛靈 kawas 的其中一種，但是與 kawas 當中人類死亡後的鬼魂、或是由鬼魂轉變成的鬼怪（例如 kalahahay、kaliyah）有所區別，同時也與具備實體的種族矮黑人，或是精怪（例如小水鬼 falanunu/ngnanunu）並不相關。

（三）saraw/caraw 的傳播現象

而在阿美族中流傳的山靈 saraw/caraw，雖然在族群當中因為內部存在的差異而有傳述上的出入——比如 saraw 與 caraw 的不同稱謂、白天是否出沒、高大與否的不同特徵等等，但是從 saraw/caraw 在阿美族與外族的接觸、交流和往來之間來看，也產生了值得注意的傳播現象，可能影響 saraw/caraw 的傳述內

---

[67] 參見林美容、李家愷：《魔神仔的人類學想像》，頁 14；陳依琳：《精怪之變——罔象文化研究》（臺中：國立中興大學中國文學研究所碩士論文，2017 年 1 月），頁 22。

容，更進一步反映族群之間的關係。

　　第一是來自漢族的影響，在本書採集的田調資料中，各個部落對於「是否聽過魔神仔」的傳播影響各有差異，而以旭海部落受到的影響最為顯著。旭海部落是來自屏東縣滿州鄉里德村的斯卡羅族後裔建立而成，並融入阿美族、排灣族、馬卡道族與客家人等族群，尚可見到相關文化的遺緒，是個多元族群共融的部落；其中阿美族人口比例達50%，是非原住民族群的兩倍以上，但是在山靈傳說的傳述上卻僅有漢族的魔神仔流傳於部落內，而沒有阿美族和其他族群的相關稱述。從此來看，旭海部落內不論是斯卡羅族、阿美族或排灣族，在山靈傳說的流傳上均已受到漢族魔神仔的涵化（acculturation）甚至是同化（assimilation）的影響，前者指的是兩個以上的文化群體持續進行第一手接觸的互動影響下，使得任何一方或雙方都因此而改變，而這些文化的某些部分會產生變遷，但每個群體仍然保有自己的獨特性，或是交換、混雜的現象；[68]涵化的接受過程有可能是單向的吸收與合併，也有可能是雙方都受到彼此影響、互相接受的雙向結果，甚至雙方互相融匯為一個新的文化群體，而後者所稱的同化則是指少數族群遷移到另一個文化所主控的國家時，被整合至主流文化之中、直到不再是一個獨立文化單位為止，或是兩個族群在相遇之後，一個族群逐漸變得與另一個族群相似的過程，[69]而同化便

---

[68]　〔美〕Conrad Phillip Kottak（康拉德・科塔克）著，徐雨村譯：《文化人類學：領會文化多樣性（*Cultural anthropology: appreciating cultural diversity, 15th ed.*）》（臺北：麥格羅希爾，2014年3月），頁56。

[69]　〔美〕Conrad Phillip Kottak 著，徐雨村譯：《文化人類學：領會文化多樣性》，頁193。

是涵化的可能結果。以旭海部落當地對於山靈的稱呼與傳述僅有魔神仔、而未見到最大人口群體的阿美族、或是其他族群的族語稱謂現象來看，便是反映山靈傳說在當地已然受到漢族魔神仔傳說涵化或同化的結果。

但是涵化或是同化不一定是強勢的群體吸收、合併弱勢的群體而已，有時也可能是強勢群體反過來受到弱勢群體的影響，旭海部落至今仍以阿美族的人口比例居多，而且旭海部落本身就是多族群陸續遷入的聚落，反而僅有漢族的魔神仔傳說與稱謂流傳下來，因此在山靈傳說的變化歷程上，可能早在阿美族或其他族群遷入旭海以前就已受到漢族魔神仔傳說的影響，遷徙後帶入旭海部落的山靈傳述也僅有魔神仔的紀錄。

第二個例子是，阿美族與漢族遭遇、來往甚至定居在同地之後，不見得只是阿美族的 saraw/caraw 單向的受到漢族的魔神仔傳述的影響，也可能並存而以不同的稱謂和詮釋流傳於當地，成為山靈傳說的多元面貌。例如在烏卡蓋部落，阿美族的人口比例（46%）與非原住民族的比例（52%）不相上下，在當地流傳的山靈傳說便同時保留雙方文化群體、稱謂與詮釋。前述烏卡蓋部落、也就是大興村的報導人提及：假日黃昏在溪邊抓魚時，聽到河床上傳來女子的哭聲，但是當事人當下並未在現場看到任何人影，哭聲卻未歇止，因而察覺可能是魔神仔一類的靈異事件。與這則傳述「不知從何而來、不知蹤影的女子」相同的女鬼傳聞，在當地另一位阿美族的報導人來看，就會成為不同的稱呼和詮釋：

某一天一位騎機車夜歸返家的部落青年，經過村口時，聽

到有一位女子的聲音傳來，果然前方就出現了一位女子，希望能夠搭他的便車。當時天色昏暗，青年也沒有看清楚這位女子的面貌，就照著這位女子的指示載她去目的地時，才發現竟然來到了一片墳墓葬區，此時也才發現坐在後座的這位女子已經不見蹤影了。部落的老人家便說，他是遇上了 kawas。人死後化身的惡靈稱為 kawas，但如化身為善靈，就稱為 malataw。平常人眼是看不見 kawas 或是 malataw 的，但如果用嘴巴含著酒、噴向 kawas 的所在處，就可以讓 kawas 現形。（Basa，2013 年 4 月 2 日）

報導人 Basa 以自身的文化認知描述相近的「不知從何而來、不知蹤影的女子」事件是 kawas 所為，而在漢族出身的另一位報導人劉村長口中則形容為魔神仔。而劉村長又另外述說一件在大興村當地的奇異傳聞：聽當地的原住民說，有人看過會飛的鬼火，而且村子裡也有其他人都曾經看過。（劉建榮，2013 年 4 月 2 日）而就在與大興村相鄰不遠的馬太鞍濕地也有相同的鬼火描述，來自馬太鞍部落的報導人 Lalan 如此敘述：

馬太鞍濕地有不少人看到，會有一團類似鬼火的亮光飄遊在此地，而且有時不只一個，會有好幾個一起出現、甚至有兩團鬼火會彼此纏在一起，人們便說那是 ling 在打架。ling 很喜歡魚，所以如果捕魚前看見 ling 出現，今天大概就捕不到魚了；但如果是捕完魚後遇見 ling，拉藍老師說：那你就要把抓到的最大尾的魚拿出來往上丟，然後趴在地上、把頭縮在草叢裏躲起來，把那隻魚送給 ling，然

後等祂離開。ling 從馬太鞍至大興村一帶都曾有人看過，
都叫祂為鬼火，上個月（2013 年 3 月）也才在濕地這一帶
看到。（Lalan Unak，2013 年 4 月 2 日）

馬太鞍部落將大興村漢族所說的鬼火稱之為 ling，也屬於
kawas 的一種，然而大興村的漢族則將「鬼火」理解為人死亡後
的鬼魂變化而成，與馬太鞍的阿美族人將其視為存在於自然之間
的 kawas 之一的定義不同。

如同上述的女鬼、鬼火的傳聞內容，在同一個地區的不同族
群透過不同的文化理解、角度與思維，因而造就同樣一則對象、
卻有著不同面貌的傳說面貌。此一現象也明顯反映在當地誘人迷
失的山靈 caraw、魔神仔各自陳述的傳說之中，然而從烏卡蓋部
落與馬太鞍部落的報導人陳述來看，漢族對「魔神仔」、「女
鬼」或「鬼火」一類的稱謂與理解，都是單向式地影響阿美族對
相關傳聞的說法，但同時也保留阿美族語和文化當中對於
caraw、kawas 與 ling 的稱謂與理解，而 caraw、kawas 與 ling 並
沒有傳入至當地漢族的傳說之中，亦即在當地所見的山靈傳說與
其他相關傳述，都可發現漢族對於阿美族單向式的涵化現象，卻
沒有阿美族傳說反過來影響漢族的稱謂與思維的狀況。這似乎也
部分反映了迄今為止臺灣主流社會上族群文化強勢弱勢之間的關
係。

第三是阿美族傳說的擴散影響，承上所述，阿美族對於
saraw/caraw 或其他的相關傳述並未影響漢族對於魔神仔傳說的
內容與稱謂，而常常是阿美族受到漢族魔神仔傳播的影響，構成
單向式的涵化；在臺灣至今的主流社會來說，畢竟包含福佬、客

家、外省等族群在內的漢族佔人口比例的絕大多數，儘管阿美族是臺灣原住民族中最多的人口群體，但卻不及臺灣總人口數的百分之一，[70]加上長期以來歷史發展與社會變遷的關係，包含阿美族在內的原住民族在居住地、傳統領域、生活資源上都屬於弱勢，因此在整體的語言、文化影響上往往是漢族單方面的影響，少有反向輸入的情況。

　　但是在原住民族群之間，或是部落與部落之間，卻也能發現透過山靈傳說的傳播，影響彼此之間在語言稱述和文化認知上的差異，進而發現涵化的現象。例如收錄於《番族慣習調查報告書》臺東廳卑南族的紀錄中，提到與阿美族一樣的saraw（sarau），記載為：saraw 在每年三月期間出現，在路上從行人背後像是以衣服包裹似的，讓那個行人迷失方向不知自己該去的地方，到處徬徨數日，或爬到樹上，或坐在池邊，於時即有pinaski社（現今下賓朗部落）的老婦人在行路途中被 saraw 迷失，爬到長滿尖刺的竹子頂端，而saraw 會在海岸邊群聚焚火，跳進火堆裡頭玩鬧。[71]

70　據行政院內政部、客家委員會與原住民族委員會的 110 年底統計資料，
　　臺灣總人口為 2 千 3 百 37 萬 5 千 3 百 14 人，其中包含河洛族群、客家
　　族群與戰後移民的漢民族佔 96.42%，而阿美族總人口有 21 萬 6 千 6 百
　　14 人，仍是原住民族中第一大人口群體，經推算後佔臺灣總人口比例
　　0.93%。相關數據參見行政院：〈族群（國情簡介－人民）〉，https://
　　www.ey.gov.tw/state/99B2E89521FC31E1/2820610c-e97f-4d33-aa1e-e7b15
　　222e45a；內政部：〈民國 110 年 12 月戶口統計資料分析〉，https://ww
　　w.moi.gov.tw/News_Content.aspx?n=9&s=257231。均瀏覽於 2022 年 8 月
　　12 日。

71　〔日〕臺灣總督府臨時臺灣舊慣調查會原著，中央研究院民族學研究所
　　編譯：《番族慣習調查報告書第二卷：阿美族・卑南族》（臺北：中央
　　研究院民族學研究所，2000 年 11 月），頁 313。《番族慣習調查報告

據其描述內容來看，這與阿美族所提到的令人迷失知覺、數日後被發現在樹上或懸崖邊等危險地點的 saraw 相關情節非常相像，若從當時卑南族與阿美族之間的族群關係來看，很可能是從阿美族傳入卑南族的傳播結果，如同位於現今臺東市一帶的馬蘭部落，以及鄰近周遭的馬蘭阿美群，由於和卑南族位置接近而有過密切的交相往來；但是就作者採集自卑南族報導人的山靈傳說紀錄中，並沒有提及 saraw 的名謂和傳述，而是其他卑南族語固有的稱呼，亦即 saraw 在當時記錄的卑南族而言屬於外來的語言辭彙。因此，在參照比較文獻紀錄與作者採集的口述資料之下，《蕃族調查報告書》中提及當時臺東廳卑南族對於 saraw 的傳述與名稱，便可能是傳自於馬蘭阿美群的部落說法，在兩個族群的接觸互動下，成為卑南族在語言、文化上的涵化現象之一，反映阿美族山靈傳說向外傳播的現象與影響。

七、小結

本章節以採集阿美族的田野調查口述資料為主要傳說文本，配合參照《蕃族調查報告書》等相關文獻著作，與漢族魔神仔傳說的情節單元暨語言結構參照比對，得到阿美族的山靈 saraw/caraw 傳說的形象內容、定義內涵與流傳概況等析論結果，進一步證實並釐清學者專家對於魔神仔與小矮人之間的關

書》原書略晚於《蕃族調查報告書》出版，前者內容偏重於社會組織和親屬關係之資料，後者偏重於物質文化和生活習慣，章節分類亦有不同。詳見中央研究院民族學研究所編譯：《蕃族調查報告書第一冊》引述陳奇祿語，頁 iv-v。

係。在上述阿美族的 saraw/caraw 傳說的整理與分析後，大致可得到以下概括要點：

第一，saraw/caraw 是阿美族當中與漢族魔神仔相對應且高度相似的指稱對象，而在整理報導人口述資料、並進行兩者的情節單元暨其語言結構的比較後，可證明 saraw/caraw 就是漢族口中的魔神仔，初步證實學者專家曾經推測的「魔神仔是一個跨族群的傳說」之例證，但應該精確地定論為「各種神靈鬼怪造成與魔神仔相似的誘人迷失事件是一個跨族群的傳說」。

第二，saraw/caraw 的本質、亦即在阿美族文化中的定義，與所謂狹義的魔神仔定義之「山精水怪」略有不同，在阿美族傳統信仰的泛靈文化認知當中，saraw/caraw 屬於泛靈 kawas 的一種，其本質為不具形體、存在於自然之間的惡靈，與人死後所化成的鬼魂或亡靈——例如 kalahahay、kaliyah 並不同；也與阿美族流傳的山精水怪——例如小水鬼falanunu/ngnanunu不一樣，小水鬼是擁有實際形體的生物，與 kawas 提到的沒有形體而不可見的神、靈、鬼不同，更與 saraw/caraw 不相關。

第三，學者專家曾經提出「魔神仔就是原住民傳說中的小矮人」，此說在阿美族的語言和文化脈絡之中並不成立。從前述口述資料中各種kawas與精怪的比較析論來看，saraw/caraw 既與漢族的魔神仔相同，也與 kawas 之中的 ling、larumingnam 較為接近，都是存在於自然界中不具實際形體的靈，並不是人死後所化成的 kalahahay 和 kaliyah；而矮黑人 kaladezay 並不是 kawas，是實際存在的一支種族，和身為人眼不可見、不具實際形體的靈的 saraw/caraw 本質相異，反而與同樣具備實體的生物 falanunu/ngnanunu 較接近。因此在阿美族的說法來看，saraw/caraw 與魔

神仔相同，但並不是矮黑人，本質上也和矮黑人不相關。

　　阿美族是本書調查範圍最廣、也是掌握最為熟悉的族群，本章節所闡述分析的阿美族山靈傳說，也是後續觸及其他族群山靈傳說的先行研究，並確立研究方法的可行性。跨族群故事傳說的比較研究除了從敘述文本與表面現象進行外部觀點的闡釋，更須要從各個族群內部的文化脈絡、認知思維做為推論與演繹上的依據，始能真正觸及故事傳說在文化、社會與族群之中的實際內涵，進而發掘傳播上的真正影響與意義。因此，為了探查魔神仔在臺灣是否為跨族群的傳說、又是否為原住民神話傳說中的矮黑人，作者嘗試向各個部落的報導人請益，提供族群內部的陳述觀點與見解，也因而意識到族群內部之間、甚至是部落與部落之間都有可能存在著差異，而有助於進一步建構更全面的分析與論點。山靈 saraw/caraw 的傳說在阿美族有明確的專名稱謂，在田野調查的結果中也可見到 saraw/caraw 與漢族魔神仔之間存在著清晰而明確的對應、影響的關係，下一章節將觸及其他族群之中同樣也有著明確脈絡可供與魔神仔比較、推論而辨析的山靈傳說探究。

第參章　galang、hicu、balaz：排灣族、鄒族與卑南族的山靈傳說

一、引言

　　在前一章節的阿美族山靈傳說訪談調查和闡述析論之後，大致上已可掌握其中與魔神仔相似的山靈 saraw/caraw 在傳統信仰與流傳背景中的概況和定義，同時也透過和阿美族部落對於矮黑人傳述的比較，得知在阿美族的語言暨文化脈絡中與魔神仔相近的山靈與矮黑人是不同的存在，並無「魔神仔/saraw/caraw 就是矮黑人」的說法。

　　那麼，在其他的臺灣原住民族群之中，是否也擁有與魔神仔類似、甚至雷同的山靈傳說流傳？定義與描述是不是也如同阿美族的山靈一般，和漢族的魔神仔傳說極為類似？不同的族群之間為何會存在著相同的傳說？本章節將引述排灣族、鄒族和卑南族中的山靈傳說事件，從中比較與分析山靈傳說的流傳內容、稱謂和定義，並以排灣族、鄒族和卑南族的口述傳說文本為論，探究其山靈傳說的形式、現象與影響等意涵，並思考跨族群傳說的成因。本章節所引述與討論的口述傳說文本來源與訪查範圍，茲此說明如下：

（一）排灣族（Paiwan）訪查範圍

排灣族分布於臺灣南部，北起大武山、南迄恆春，西起隘寮溪至枋寮，東達卑南鄉以南地區，大致為行政區域上的屏東縣三地、瑪家、泰武、來義、春日、獅子、牡丹等鄉，臺東縣的金峰、達仁、太麻里、大武、卑南等地。傳統社會組織以領導家系 mamazangiljan（即外界俗稱之頭目）為核心、旁及貴族士族平民的階級制度為特色。從學理研究來看，排灣族可大略劃分為下列群屬：

1. 拉瓦爾（Raval）亞族：部落的家系起源可追溯為達瓦蘭的所屬部落，如賽嘉、口社、安坡、達來、大社、馬兒等部落，大致位於現今屏東縣三地門鄉內，也就是所謂的北排灣群屬。若以傳統祭儀為區分表徵，該群屬不舉行五年祭（Maljeveq，人神盟約祭）。

2. 布曹爾（Butsul）亞族：部落的家系起源可追溯至南北大武山，以及鄰近的高燕、筏灣、佳平、佳興、古樓、來義等地，並且舉行五年祭的所屬部落。此群屬大抵包含了大部分的排灣族人口與分布地區，就布曹爾亞族群屬之間的遷移路線與所屬的頭目系統，還可再分為巴武馬（Pa-uma-umaq）、查布爾（Chabolbol）、沙貝克（Sabbek）、巴利道（Parlilarilau）、斯卡洛（Skaro）、巴卡羅（Parkarokaro）等群屬。

除了上述兩大亞族體系之外，尚有難以歸類群屬的「排灣化的魯凱族」德文、上排灣兩個部落，以及保留「箕模人」認知的

來義、望嘉等地。[1]

　　現行對於排灣族的群屬分類，也有從地域、語言作為主要區分方式，分別是北排灣、中排灣、南排灣、東排灣，其中北排灣主要是位於屏東縣三地門鄉的部落；中排灣包括屏東縣瑪家、泰武、來義、春日等地，也就是舉辦五年祭祭儀的主要範圍；南排灣為屏東縣牡丹、滿洲兩地的部落；東排灣大致為分布於臺東境內的部落，包含太麻里、金峰、大武、達仁、卑南。此種分類方式較為簡便而易於進行討論，但是四個群屬之間也仍有因為遷徙、姻親等人口移動因素，彼此相融混居而難以明確劃分，僅是作為本書討論使用的方便依據。[2]本章節採集自排灣族報導人的口述紀錄，來自南排灣的東源部落、七佳部落與牡丹部落，東排灣的大麻里部落與嘉蘭村，北排灣的馬兒部落，中排灣的文樂部落。此處所使用的排灣族語拼音書寫，依據行政院原住民族委員會於 2015 年 12 月 15 日公布之〈排灣語書寫系統〉為準。[3]

（二）鄒族（Tsou）訪查範圍

　　鄒族主要分布於嘉義縣阿里山鄉區域，過往學理上將鄒族分為北鄒與南鄒，其中原屬南鄒的拉阿魯阿群（Saarua）與堪卡那

---

[1]　以上參考徐雨村：《臺灣南島民族的社會與文化》（臺東：國立臺灣史前文化博物館，2006 年 7 月），頁 57-61。

[2]　例如：五年祭是中排灣群屬的重要文化表徵，但是劃分於東排灣群屬的土坂部落，也有舉辦五年祭的習慣。而太麻里地區的東排灣部落有許多已受到阿美族、卑南族的文化影響，呈現多元文化的融合面貌。

[3]　參見〔日〕臺灣總督府臨時臺灣舊慣調查會原著，中央研究院民族學研究所編譯：《蕃族調查報告書第八冊：排灣族‧賽夏族》（臺北：中央研究院民族學研究所，2015 年 12 月），頁 viii-ix。

福群（Kanakanavu），因為語言、儀俗、神話傳說等文化面向各自獨立有別，於 2014 年 6 月正名為臺灣第 15、16 支原住民族群的拉阿魯哇族（Hla'alua）和卡那卡那富族（Kanakanavu），原來的北鄒與少部分居住於南投縣信義鄉的鄒族部落，即是現今鄒族的主要群體。鄒族可分為特富野（Tfuya）、達邦（Dabangu）、鹿都（Luhtu）三個群屬，傳統社會組織以大社擁有的會所 Kuba 為其核心，向外輻射延展數個小社為階序結構，說明如下：

1. 特富野群：以特富野大社為中心，包括來吉、樂野兩個部落。

2. 達邦群：以達邦大社為中心，包括里佳、山美、新美、茶山四個部落。

3. 鹿都群：分佈於南投縣信義鄉望美村之久美部落。[4]

而大社會所也是舉行鄒族重要祭儀 Mayasiv（戰祭）的地點，亦只有大社可舉辦，可說是鄒族社會組織中最重要的精神象徵所在。本章節採集自鄒族報導人的口述紀錄，來自特富野群的來吉部落，以及達邦群的山美部落。此處使用的鄒族語拼音書寫法，參考自林曜同依據《原住民族語言書寫系統》所修訂的〈鄒族族語書寫系統表〉。[5]

（三）卑南族（Pinuyumayan）訪查範圍

卑南族主要分佈於臺東市周邊地區，亦即臺東平原北部、臺

4　參考徐雨村：《臺灣南島民族的社會與文化》，頁 125。

5　〔日〕臺灣總督府臨時臺灣舊慣調查會原著，中央研究院民族學研究所編譯：《蕃族調查報告書第三冊：鄒族、阿里山蕃、四社蕃、簡仔霧蕃》（臺北：中央研究院民族學研究所，2015 年 1 月），頁 xi-xiii。

東縱谷南部沿中央山脈東側，包含知本、建和、利嘉、泰安、初鹿、龍過脈、阿里擺、下賓朗、南王、寶桑等十個聚落，在日治時期初期有「八社蕃」、亦即卑南八社的說法。依據各部落的起源神話內容，卑南族可分為兩個系統：

1. 石生系統：傳說中祖先自石塊中迸裂而生，以知本為主，再從中分出建和、利嘉、泰安、初鹿、阿里擺諸社。
2. 竹生系統：傳說中祖先自竹杖中迸裂而出，以南王為主，另外又分出下賓朗社。

　　卑南族的傳統社會組織與阿美族類似，依年齡與性別分為不同的階層和分工；而男子階級組織中又以少年會所 Takuvan、青年會所 Palakuan 為核心，男子大約在 12 至 17 歲進入少年會所、18-54 歲進入青年會所接受集中訓練和徵召調度，待成年結婚後才離開青年會所而建立家庭。[6]本章節採集自卑南族報導人的口述紀錄，來自知本系的建和部落與泰安部落。此處使用的卑南族語拼音書寫法，以教育部及原住民族委員會於 2005 年 12 月 15 日公布卑南語語音符號為主的〈現行卑南語語音符號〉、〈現行卑南語書寫系統〉為依據。[7]

---

[6]　參考徐雨村：《臺灣南島民族的社會與文化》，頁 83-88。

[7]　〔日〕臺灣總督府臨時臺灣舊慣調查會原著，中央研究院民族學研究所編譯：《蕃族調查報告書第一冊：阿美族南勢蕃・阿美族馬蘭社・卑南族卑南社》（臺北：中央研究院民族學研究所，2017 年 7 月），頁 xix-xxii。

二、排灣族的山靈傳說

（一）南排灣東源（Maljipa）部落、七佳部落（Tjuvecekadan）、牡丹（Sinavaudjan）部落

位於屏東縣牡丹鄉南排灣群屬的東源部落，原來稱為麻里巴。昭和十四年（1939）由原住地「高雄州潮州郡外麻里巴社」、亦即現今屏東縣枋寮溪上游山區，遷往屏東縣獅子鄉與臺東縣達仁鄉，之後再往屏東縣牡丹鄉牡丹村附近開墾並定居於現址，民國四十五年（1956）始改稱為東源。現今部落人口總數約490 人，超過 9 成人口比例為排灣族人。[8]

東源部落的報導人在作者詢問是否知道漢族所說的魔神仔、並說明魔神仔的相關傳述後，提供以下說明：

> （因為宗教信仰的關係）我不知道什麼叫魔神仔，但是知道有惡靈會做跟你說的魔神仔類似的事：這是發生在上山工作、採集山產的人身上，走在熟悉的山路上卻突然失神、迷失在山裏，部落的人知道事發後，便會動員村內的人去找，多半經過三至五天才會尋獲失蹤的人。失蹤回來的人會說「我好像在走路、卻又好像不是，意識不清」、「有人帶著我走，而那個人似乎對我很和善很好」、「途中曾經睡在石頭上」、「會給我吃東西（實際上並沒有進食）」像這樣子。我們就說這是「被惡靈帶走」，而且受

---

[8]　林修澈：《部落事典》（新北：原住民族委員會，2018 年 5 月），頁359。

到幻想的控制以致意識不清，稱為 wuyawuya cemas。這
樣的事情在東源、牡丹一帶都曾發生。但是 wuyawuya
cemas 似乎已是很久遠的語彙。而惡靈是一個統稱，並不
是說專門指什麼東西、或一定就是什麼東西。[9]

　　報導人首先表示，由於自身擔任教會牧師神職的宗教信仰之
故，不曾接觸、聽聞魔神仔的傳述，但是在部落中流傳的
wuyawuya cemas 則跟作者述說的魔神仔非常接近。在《蕃族調
查報告書》對於排灣族傳統宗教的調查紀錄中，將神靈、善神、
人死後一部分的靈魂之類都歸列於 cemas 之中，動物與山河也都
有 cemas；[10]而報導人對於 cemas 的認知即是對於神、靈、鬼、
魂的泛稱，並在 cemas 前面標注 wuyawuya 表示汙穢不潔的性
質，也就是特別指涉 cemas 中的惡靈，但是並沒有明確指涉是人
死後變成的鬼魂，或是存在於自然界中的靈體。
　　而報導人描述 wuyawuya cemas 的情節，確實與漢族所稱述
誘人迷失的魔神仔非常接近。報導人又提供兩則具體的事例：

這是 2011 年發生的事，當事人是牡丹一位 70 歲的老人
家，但在 2013 年過世了。他與另一位年齡相近的朋友時
常結伴到山上採集靈芝等山產，對山路十分熟悉。但是那
一次出發上山後，朋友在第二天安然返回，老人家卻沒有

9　佐諾克・嘉百，男性，基督教退休牧師，2013 年 7 月 30 日下午訪問於
　　東源部落石頭屋民宿。
10　〔日〕臺灣總督府臨時臺灣舊慣調查會原著，中央研究院民族學研究所
　　編譯：《蕃族調查報告書第八冊：排灣族・賽夏族》，頁 99-117。

回來，部落也派人上山尋找。事發第五天，老人才被尋獲。當時對這件事的解釋是：他們在山上時，這位老人家看見了惡靈，但是依族中禁忌所誡，看見惡靈的人不能向同行的人說惡靈的出現，否則同行的人也會跟著看見惡靈；而看見惡靈的老人家就因此受到惡靈的影響而被帶走了，另一位同行但沒看見惡靈的朋友便不受影響而安然下山。另外這是 2010 年發生在東源部落的事，當時部落有一對夫妻從部落出發到山上工作，然而妻子卻失蹤了；三天後，妻子在牡丹水庫一帶被發現，牡丹水庫距東源部落有 14 公里，而且一位女性兩手空空、沒有攜帶糧食飲水、單獨在山中渡過三天，被發現時看來完好如初、不像是有受傷或是度過三天的疲憊的經歷。妻子說：「有人帶著我一直走一直走，我也只能跟著『祂』走」。部落的人便說，因為「祂」放她走了，所以她也才清醒了過來。

（佐諾克・嘉百，2013 年 7 月 30 日）

　　報導人在此述說 2011 年發生在牡丹部落 70 歲老人身上的山靈誘失事件，與前一章節引述屏東縣牡丹鄉阿美族旭海部落的報導人提及的：在牡丹一帶發生過魔神仔將上山採靈芝的老人帶走的傳聞，兩位報導人所說的是同一則事件，此處報導人從另一個族群的角度提供其他的相關敘述：看見惡靈的人才會遭致誘失，只要看不見惡靈、或是沒有意識到惡靈的存在，就不會被惡靈所影響，所以「看見惡靈的人不能向同行的人提到惡靈的存在」。而 2010 年發生在東源部落的事例，也與魔神仔誘人迷失的情節內容吻合：當事人獨自前往危險偏僻、或是不可能抵達的地點，

一位沒有攜帶相關裝備與物資的女性，不可能獨自在山裡渡過三天而沒有任何損傷髒污、甚至走到十幾公里之外的地點，而自身沒有這段期間的明確記憶，只能意識到「前方有人帶領著」。

報導人對於山靈的認知與陳述反映了一則流傳現象：報導人本身沒聽過魔神仔，但是可以從族群文化中對應相近乃至於相同的稱述對象，便可知道部落裡流傳的山靈傳說並不是來自漢族魔神仔的傳播影響，而是本來就存在於部落自身文化的脈絡之中。而且報導人即便在聽聞作者講述漢族的魔神仔傳說之後，也仍舊以惡靈稱述自己聽聞過的誘失事件，可以明顯辨別自身（惡靈/wuyawuya cemas）與他者（魔神仔）文化的差異。

另一個同屬南排灣群的屏東縣牡丹鄉牡丹部落，日治時期由於牡丹社事件之故，部落遭日本政府強制遷徙原居地數次，並陸續有三地門德文社、獅子鄉麻里巴社、馬拉地社等族人遷入定居；民國三十四年（1945）開始，除了獅子鄉內文社、獅子頭社的少數族人短暫遷入外，部落族人一部分遷至石門村，人口變化頻繁。現今人口總數約 600 人，排灣族人同樣佔人口比例達 9 成以上。[11]作者於屏東縣三地門鄉馬兒部落詢問來自牡丹部落、同樣也擔任教會牧師神職的報導人，是否知道魔神仔是什麼，而牡丹部落是否也曾發生過類似魔神仔的事件、又如何稱呼，報導人說明如下：

> 我聽過漢人說的魔神仔，以前我還住在牡丹村時也曾聽說
> 過有類似這樣的事件發生。這個我們（牡丹村）叫做

11　林修澈：《部落事典》，頁 358。

> galjl，不過不只小孩或老人，連大人也會遇到。小時候聽
> 部落的人說過有這樣的事，但是好像有地理分布的因素在
> 內，在南排灣的地區較常聽到，至於北排灣這一帶我還不
> 曾聽過有這樣的事情發生。我們也會說跟東源一樣的稱
> 呼，不過他們是稱 wuyawuya，我們是稱 guyaguya。[12]

　　報導人對漢族所說的魔神仔與曾發生在牡丹當地的相關事件有所認知，並且提出族語中對於相同的山靈稱作 galjl，也有和前述東源部落所說的泛稱存在，並且指出兩地的族語名稱的差別在於雙唇半元音（w）與舌根塞音（g），反映同為南排灣群的部落之間也仍然可能存在的語言差異。

　　另一處位於屏東縣春日鄉的南排灣群屬七佳部落，其名稱意為「中央」，原指老七佳部落位於古樓社和力里社中間、並且位居周圍山川河谷最中間的位置。部落起源於排灣族重要起源地高燕（Padain），之後經過幾度遷徙，傳說中祖先在打獵時獵犬行經老七佳處便不願離去，祖先因而決定安居在老七佳；民國五十年（1961），政府推動原住民住屋改善計畫而將部落遷移至舊七佳 Tjukarangan，民國六十一年（1972）因颱風災害，連同歸崇、力里部落的部分族人遷往現址七佳社區。現今部落人口總數約 1100 人，排灣族人口比例有 9 成以上。[13]七佳部落的報導人表示自身並不曾聽過漢族所說的魔神仔，但是部落裡曾經發生過類似的事件，並且說明部落裡對於山靈誘失事件的理解：

12　Tjukar（許松），男性，時任馬兒長老教會牧師，2014 年 5 月 24 日上
　　午訪問於馬兒部落小米田。
13　林修澈：《部落事典》，頁 329。

這個（魔神仔）我們會說這是神靈、也就是 cemas 的引導，而使人迷茫、不知其過程發生了什麼事，但是很難說究竟是哪一類的神靈或是哪一個靈所為。2014 年在我們部落有一位老媽媽，曾經擔任靈媒，某一天她自己不曉得走去哪裡失蹤了，我們找了好幾天，才在墳墓區那兒找到她。她說，她是走到墳墓區那兒的峭壁才突然清醒過來然後被我們找到，中間過程她迷迷糊糊的完全記不得到底發生什麼事，我們就說，那妳是怎麼閃過路上的東西（阻礙），她說「好像是有神靈在指引我避開」；我們就覺得很奇怪，因為老媽媽上了年紀，不良於行，而且她家門戶有一道生鏽了的手動鐵捲門，連她壯年的兒子要打開鐵捲門都要花費力氣，而老媽媽別說要自己從家裡走到部落外的墳墓那兒，就連要打開鐵捲門出門都不可能，一位七十幾歲的老媽媽怎麼可能搬開手動鐵捲門而出門呢？[14]

報導人說明這樣的事件是受到 cemas 的引誘，並且當事人會因此做出超乎自身能力所及或是不尋常的作為，例如事件中的當事人已年逾七旬、雙腳也不良於行，但是卻能自己拉開家門前落下的鐵捲門，又自己走到部落外墳墓區的峭壁上，當事人也無法說明清楚究竟發生什麼事。報導人提供的當地事例也都與漢族魔神仔的誘失情節相當類似，但並沒有提到餵食穢物的情節。

---

[14] 鄭超，男性，2015 年 3 月 1 日早上訪問於屏東縣春日鄉老七佳部落查理法特家屋。而訪談人此處所說的七佳部落，指的是位於屏東縣枋寮鄉七佳社區的部落現址。

（二）東排灣大麻里（Tjavualji）部落、嘉蘭 （Bulibolisan）村

位於臺東縣太麻里鄉的大麻里部落，大王村由大麻里、利力武、加拉邦三個聚落共同組成，部落祖先從發源地Ravua'an [15]開始，陸續遷經 Alawayan、Kazekaljan、Sinapayan、Kalulung 等地，之後定居於現今的大王村。部落歷史可上溯至明崇禎十一年（1638）荷蘭探金隊攻擊太麻里社的紀錄，而部落亦經歷阿美族、卑南族的遷入與影響，使得大麻里部落呈現多元文化融合的樣貌。現今部落人口總數約 2112 人，而排灣族佔人口比例約34%，有將近 6 成的非原住民人口。[16]

大麻里部落報導人親炙部落傳統宗教信仰的祭儀習俗，對於傳統文化有相當的認知，對於部落流傳的山靈傳述說明如下：

> 我聽過漢人說的魔神仔，也知道這會做什麼事，在大王村
> 是聽老人家說過人會被帶走，像是非常高的巨人，跟電線
> 桿一樣高，祂會抓人，都有聽過；尤其在狩獵的時候，山
> 神會讓人產生幻覺，被帶走而發生意外，在部落裡面倒是
> 少。但在青年會的教義裡提到，只要狩獵，山神一定要尊
> 重，祂有非常多你不知道的東西。這可以稱為 cemas，通
> 常都是通稱，因為 cemas 就是廣泛的稱為好的 cemas 和壞
> 的 cemas（靈），不會稱祂為鬼，然後稱祂 wuyawuya

---

[15] 亦即阿美族、卑南族所說的 Arapanay 或 Arapanapanay，同樣位於現今臺東縣太麻里鄉三和村、華源村一帶的臺灣原住民祖先發祥地。

[16] 林修澈：《部落事典》，頁 604。

cemas 就是不好的東西。而巨人從民國五十幾年次出生那
一輩的老大哥都說還有看過，跟電線桿一樣高，會鬧人，
會追小朋友，有的是不會動，而這巨人一樣稱為 cemas，
應該就是 wuyawuya cemas 的一種，不過也沒看過這個巨
人會把人弄死過，只是喜歡玩、鬧你的 cemas。如果發生
被 wuyawuya cemas 帶走的事，就會來找巫師 pulingaw 幫
忙，人還沒找到之前，他會先用竹籤卦（按：竹占）找位
置，確認被帶走的人在哪裡，再找青年會或是部落的壯丁
先去找到人，找到以後，生死是一回事，先把人帶回來，
活著帶回來後就會為他定神、把魂招回來，用檳榔施法把
魂招回來，下檳榔咒擋煞，看是要把他關在家裡一陣子擋
煞或是怎樣。[17]

　　報導人提及部落裡流傳的山靈形象長得十分高大，和電線桿
一樣高，屬於自然界中泛稱的 cemas，亦即靈的存在；並且與南
排灣群的東源部落一般、以標注惡靈性質的泛稱 wuyawuya
cemas 來稱呼此類誘人迷失的山靈。由於報導人本身即為傳統宗
教信仰的重要神職者，也提出傳統宗教信仰在遭遇山靈之後的處
理措施：請巫師 pulingaw 使用竹占尋找當事人的下落，[18]找到當

---

[17]　Mulangen Luljaljeng（卓新明），男性，時任大王部落儲備祭司長
　　（Rahan），2021 年 4 月 13 日訪問於高雄大寮自宅。

[18]　同樣也流傳竹占的阿美族和卑南族部落中，阿美族傳承竹占的竹占師多
　　為男性，然而在卑南族知本部落與大王部的竹占流傳上，則是男性的
　　祭司長 rahan、祭司 pajlakajlai，或是女性的巫師 pulingaw 皆可使用，但
　　若是專職的竹占師則仍限定為男性。整理自余明旂：《台東縣太麻里鄉

事人並帶回來之後，以傳統的巫醫儀式為當事人安定心神。

　　位於臺東縣金峰鄉的嘉蘭村，由7個東排灣部落 Madaljalu、Maledep、Valjulu、Tjuletevetevek、Kaaluan、Tjuluuai、Maljivel 與 1 個魯凱族部落新富社區（Ngudra-drekai）共同構成，重要的遷徙時間點有民國 37 年至民國 39 年間，以及 2009 年八八風災之後，各個部落的成員陸續遷入現址而成為現今的嘉蘭村。[19]來自嘉蘭村的報導人則指出另一種類似魔神仔的惡靈的說法：

> （你剛剛說的魔神仔）在我們部落與太麻里這一帶曾聽過類似的東西，以前跟著獵人他們上山時，他們說這種東西最容易在稜線上出現，所以在稜線上不能睡覺。因為稜線上很容易看到一些「不是人走出來的路」，路很明顯，但那不是人走出來的，如果在稜線上這樣的路上睡覺，隔天醒來的時候就會發現自己怎麼睡在山壁上；這是比較好的狀況，如果是遇到惡靈，就可能會直接被推下山。這種東西我們說是 galay，也就是對鬼、惡靈的泛稱。[20]

　　報導人所說的與魔神仔類似的 galay，同樣是發生在山上而

Tjavualji（大麻里）部落一位竹占兼祭司之研究：Vuvu i Gaitjang（卓良光先生）的生命歷程》（國立政治大學民族學系碩士論文，2016年），頁 74-75；汪憲治：《卑南族知本部落傳統信仰與祭儀之探究》（國立臺南大學台灣文化研究所碩士論文，2000 年 7 月），頁 80；以及 Mulangen Luljaljeng 的口述說明。

[19]　林修澈：《部落事典》，頁 617-619。

[20]　冉秋勇，男性，出身於臺東縣金峰鄉東排灣嘉蘭村，2021 年 3 月 13 日下午訪問於臺東縣太麻里鄉大麻里部落自宅。

遭致捉弄、移動至危險地點的情境，但也和前述大麻里部落的山靈傳述一樣，雖有跟魔神仔傳說一樣「誘人迷失、令人失神、在危險地點被發現」的情節，但是並沒有「餵食穢物」的敘述內容，而且 galay 同樣也被視為是惡靈或是鬼一類的泛稱。

（三）北排灣馬兒（Valjulu）部落

位於屏東縣三地門鄉的北排灣群屬馬兒部落，其名稱Valjulu（瓦酪露）意為「咬人樹」，意即該地原本長滿咬人狗等蕁麻科植物。部落居民最初由排灣族重要起源地高燕（Padain）與筏灣（Paiwan）分出，居住於隘寮南溪處山區的 Ka-Valjuluan，民國五十八年（1969）發現舊馬兒部落基地地層出現嚴重裂痕，因此經政府輔導移往現地建立部落。現今部落人口總數約 400人，排灣族佔人口比例約 9 成。[21]

馬兒部落的報導人將誘人迷失的魔神仔事件情節稱之為galang，並說明部落族人曾經發生過的相關事例與認知：

> 大約在 2011、2012 年左右，有一位在南投林班工作的族人，一天晚上與同事們喝酒，隔天身體不適，同事勸他休息一天，但他仍執意要跟著同事上山工作，而尾隨上山。走到半途，他便因為身體不舒服而自己又折返下山，但就這樣不見了。過了幾天，他被發現在不是平常工作會經過的地方，已經死亡，裸身趴在草叢當中。我們老人家會認為，他是在回程時遇到了 galang（嘎浪）發生了意外，也

21　林修澈：《部落事典》，頁 286。

就是人死後化成的魔鬼，而多半是死不瞑目、會針對某些
人，比如可能先前有嫌隙、關係不好而來鬧事。民國五十
七年馬兒部落剛搬遷來這裡時也曾聽過，當時在南投工
作的族人也曾在山上遇到過 galang。有時我們也會把這種
狀況說是被撒旦附身了，因為現在宗教信仰的關係，耶穌
基督就是所謂的 cemas，而撒旦就是不好的 cemas，但這
還是有差別，因為 galang 不會致人於死，撒旦會讓你致
命。[22]

　　報導人提到誘人迷失的山靈 galang 傳說中，一則實際的事例
可能因為事發地不在部落之內、而是旅外族人的旅居地，導致傳
述內容不甚明確，然而在部落的傳統文化認知下，則認為這是人
死後所化成的鬼、靈所致；但是除了 galang 之外，有時也會以基
督教信仰中的撒旦、也就是魔鬼這樣的「不好的 cemas」來指稱
山靈誘失事件的主因。從報導人的陳述中即可發現馬兒部落的山
靈傳說受到外來宗教信仰傳入的影響，將傳統宗教信仰中的
galang、cemas 與基督教中的耶穌和撒旦彼此類比詮釋。

（四）中排灣文樂部落（Pucunug）

　　另一處位於屏東縣來義鄉的中排灣群屬文樂部落，部落據傳
曾經歷五次遷徙，日治時期在各聚落的策劃下遷往新文樂部落，

---

[22] 葉美花，女性，2014 年 3 月 26 日下午訪問於馬兒部落社區文健站。訪
　　談人述及馬兒部落遷往現地的年代為民國五十七年，與林修澈《部落事
　　典》引述的民國五十八年有所出入，訪談人所述應指開始準備而陸續完
　　成遷徙的期間，而正式完成遷入當為民國五十八年。

後因走山、道路下陷等問題，再遷移至現址。現今人口總數約
1033 人，排灣族佔人口比例亦超過 9 成。[23]

　　出身文樂部落的報導人在作者詢問後如此回應：

> 我聽過你們平地人說的魔神仔，這個在我們部落稱為
> guluma，而我知道在東排灣、南排灣應該也都有這樣的稱
> 呼。這個就是我們在山上工作時有時會遇到，走著走著人
> 就突然不見了，就是被 guluma 抓走了；要去找他時，要
> 在山裡到處喊他的名字，有時他被找到的時候神智不太清
> 醒，就要找 pulingaw 幫忙讓他清醒過來。[24]

　　報導人本身亦是傳統宗教信仰的相關神職人員，在報導人對
傳統文化和族語的認知裡，提及山靈的名稱為 guluma，也能與
漢族傳說中的魔神仔作出對應；而 guluma 的稱謂，與前述排灣
族部落中的 galjl、galang 差異更為明顯，也與 wuyawuya cemas、
guyaguya cemas 不同，可見山靈的稱呼在排灣族部落之間有多種
不同的異稱。

---

[23]　林修澈：《部落事典》，頁 320。

[24]　Rangarang（禳阿讓），男性，執行 Maljeveq 人神盟約祭（五年祭）刺
　　　球儀式的祭司，2017 年 9 月 9 日晚上訪問於來義鄉原住民文物館。

三、鄒族的山靈傳說

（一）來吉（Pnguu）部落

　　位於嘉義縣阿里山鄉的特富野群來吉部落，其名稱意義為「山豬」，意指特富野的祖先因打獵追逐山豬所發現的適合開墾居住的肥沃土地，也就是來吉部落現址。據傳約在十七世紀末期，特富野鄭氏（tiaki'ana）族人在狩獵時發現此處土地肥沃，而遷居至此地，爾後陸續有梁氏（niahosa）、陳氏（'akuyayana）、朱氏（tuthusana）、石氏（boyuana）、汪氏（yapsuyongana）、杜氏（tosku）等家族遷入成為現今的來吉部落。部落人口總數約 350 人，鄒族佔人口比例 9 成以上。[25]

　　作者訪問在來吉社區發展協會服務的報導人，是否聽過漢族傳聞中的魔神仔，並且敘述相關故事，報導人回應說明如下：

> 我沒有聽過魔神仔是什麼，我們是有 hicu no he，是會搗蛋的靈，祂會讓你迷路、一整個晚上都繞來繞去找不到出路；而 hicu no body 則是會害人死於非命的靈。hicu 是我們鄒族對於眼睛看不到的、一切靈的統稱。hicu no he 在我小時候曾發生過，聽老人家說，以前在教會信仰還沒有進來的時候常有所聞，但是前提是你有喝醉酒、在精神狀態不好時祂才有機會作弄你，如果你精神好時祂就無法作弄你。（遇到 hicu no he 時）就好像有人在帶你走，可是走著走著卻又像永遠走不到目的地一樣，以前我小時候常

25　林修澈：《部落事典》，頁 232。

有，應該是在我爸爸或是更早以前常有這種事，後來教會進來以後這種事就比較少了。[26]

　　報導人所說的 hicu，在《蕃族調查報告書》記錄為對神靈之統稱，或是稱呼惡靈、妖怪之類，[27]也就是鄒族中對於超自然存在的神祇、魂、靈的概稱，[28]而在 hicu 之後附加 no 與名詞，指的便是 hicu 其中的一種，例如 hicu no emoikejengi 即指招引各種獸類的獵神、hicu no pamumutu 是安置於大樹前阻止惡疾與惡靈的社神、hicu no emo 是保護家中成員不受惡疾災害侵襲的家神等等；[29]而 hicu no he 在報導人所說的情節內容上來看，比較接近於魔神仔傳聞中的鬼打（擋）牆，同時也提及兩個值得注意的說法：首先報導人說明 hicu 指的便是眼睛看不見的靈的統稱，若是有形體可見的對象便不屬於 hicu 的範疇，其次報導人說明「教會信仰未傳進來以前還時有所聞，教會信仰傳入後這種事就比較少了」，可見外來宗教信仰的傳入對於山靈傳說的流傳觀察來說，實有削弱的影響。

　　作者再向報導人進一步詢問 hicu no he 的相關事蹟時，報導人陳述如下：

26　鄭秀琴，女性，2015 年 8 月 3 日上午訪問於來吉社區發展協會。

27　〔日〕臺灣總督府臨時臺灣舊慣調查會原著，中央研究院民族學研究所編譯：《蕃族調查報告書第三冊》，頁 34。

28　巴蘇亞‧博伊哲努（浦忠成）：《台灣鄒族的風土神話》（臺北：臺原出版社，1993 年 6 月），頁 38。

29　巴蘇亞‧博伊哲努（浦忠成）：《台灣鄒族的風土神話》，頁 40-41。

> hicu no he 已經好久沒有聽過了，大概民國四、五十年左右還有吧，都是聽老人家講的。在我們的認知中，鬼（hicu）有分好、壞，而這類似搗蛋鬼那樣，把你弄得什麼都不知道而團團轉。你去山裡面或是在一個不熟悉的環境下就容易被祂捉弄。以前從部落裡的一個鄰到另一個鄰都要走上很久，這一帶又都是森林，甚至人也很難碰到，所以（在不熟悉的環境、又人煙罕至的地方）比較容易遇到（hicu no he）。
>
> 以前我們族人會在部落的各出入口請 yoifo（巫師）設置 pamomuding，就是「關卡」，在每一個對外的出入口都有，我們現在也還會有這種儀式，不過現在的儀式多是為了因應觀光，如果以前我們真的知道這裡有所謂的關卡的話，族人會過去帶一點東西（在關卡）給祂（hicu no he）吃，這樣祂就不會搗蛋，或是有人從外頭進來部落時在這裡祛除穢氣。[30]

　　報導人再次說明，hicu no he 的傳說大多聽自長者的傳述，至少也是五十幾年前的傳聞，所以僅知道是類似搗蛋鬼一般的存在。另外，在傳統宗教信仰中應對 hicu no he 的方法，便是 yoifo 傳統祭儀中的 pamomuding，將 hicu no he 阻擋在部落之外，並予以食物祭拜。而報導人也再次強調包括 hicu no he 在內的 hicu 的定義：

---

[30]　鄭秀琴，女性，2015 年 8 月 4 日上午訪問於來吉社區發展協會。

hicu 也不一定是人死後變成的，我們稱人死後的靈魂為
nomiya mamamioni，mamame 就是長輩，所以意思就是
「過往的人」、「以前的長輩」，我們很少說人死後變成
「鬼」，hicu 指的是眼睛看不到的那些東西，跟人死後的
靈不太一樣，也跟漢語的翻譯不太一樣。（鄭秀琴，2015
年 8 月 4 日）

　　在來吉部落稱呼人死後所變成的靈體為 nomiya
mamamioni，與類似魔神仔一般的 hicu 是不同的本質，只要是存
在於自然之中、看不見形體的靈都屬於 hicu，人死後的靈魂則另
有所指。因此，hicu no he 與人死後化成的鬼沒有關連。

（二）山美（Saviki）部落

　　位於嘉義縣阿里山鄉的達邦群山美部落，據部落遷移史所
述，清朝末年山美部落遭逢天花疫情，由大部落急遽衰減為三、
五戶人家倖存，民國初年（約 1912）由特富野、達邦、里佳等
部分居民遷移至本部落定居。現今人口總數約 577 人，鄒族佔人
口比例有 95%。[31]
　　作者在嘉義市區尋訪長年研究鄒族巫祀文化的報導人，報導
人說明：依山美部落資深巫師 yoifo 的說法，鄒族傳統宗教信仰
中有天神 hamo、造人神 nivnu、火神 taeyungai、土地神
ak'emameoi 等十餘種具有專稱而各司其職的神靈，特定的神靈
必須在特定的時空領域中才能發揮特定的功用；而 hicu 指的是沒

---

[31]　林修澈：《部落事典》，頁 237。

有專屬稱謂的神靈或鬼魂，包括如家神 hicu no aemana、狩獵神 hicu no tvofsuya、社倉糧神 hicu no hiehifia 等等，並以 hicu no 作為稱謂之前的冠詞。而與電影《紅衣小女孩》中描述的魔神仔一樣、會捉弄人又會誘人失蹤並且餵食泥巴等穢物的靈，稱之為 hicu no moloungu，意思是「讓人迷失方向的鬼或神」，這種 hicu 是存在於自然界中的惡靈，與人死亡後的鬼魂沒有關連。如果像是在野外死亡、或是不得善終之人的野鬼，則稱為 hicu no t'ee。[32] 在《蕃族調查報告書》中提及達邦社的「惡靈之統稱」hicunot'e，[33] 即是報導人所提及的 hicu no t'ee，而 hicu no moloungu 與前述來吉部落報導人所說的 hicu no he 也極為相似，同樣都是和人類亡靈無關、存在於自然中的 hicu，[34]只是在不同的部落之間有不同的稱呼。

四、卑南族的山靈傳說

（一）建和（Kasavakan）部落

　　位於臺東市的知本系建和部落，據口傳歷史，建和部落祖先

---

[32] Mo'etapangx（方敏全），男性，山美社區發展協會專案經理，2022 年 6 月 11 日下午訪問於嘉義市勇氣書房。

[33] 〔日〕臺灣總督府臨時臺灣舊慣調查會原著，中央研究院民族學研究所編譯：《蕃族調查報告書第三冊》，頁 34。

[34] 人類死後的鬼魂也有成為 hicu 而作祟的可能，並非與人類的靈魂完全無關，參見王嵩山：《阿里山鄒族的社會與宗教》（台北縣：稻鄉出版社，1995 年 2 月），頁 145；而此處訪談人所說的 hicu no he 與 hicu no moloungu 則是 hicu 之中和人類鬼魂無關的存在。

源出於知本部落，部落亦位於知本內側，之後先後遷至位於建東的舊社與現今位址後方的山區，日治時期昭和元年（1926）再遷徙至位於南迴公路旁的現址。建和部落亦因族群組成多元、更有超過半數的非原住民，在宗教信仰上受到漢人民間信仰非常大的影響。現今部落人口總數約 1637 人，而卑南族佔人口比例不到4 成，非原住民人口則有 5 成。[35]

　　擔任建和部落 temaramaw，亦即外界俗稱巫師的報導人依自身經驗述說：

> 以前老人家說，魔神仔會銃治（捉弄）人，咱要回去會嚥知迲人（迷糊失神），就會靜靜得一直走一直走，但魔神仔長得什麼樣子我也不曾見過。大概民國四十七、四十八年，我 19 歲時，有一位本部落的歐巴桑，在大南仔（大南）那邊種田，突然人就不見了，大家找了三天都找不到，然後請一位長輩作向（作法），跟我們說那位歐巴桑現在人在橋下，往那裡找就有了；大家往大南橋下一找，果然她就坐在那裡，靜靜的不出聲，三天都沒吃東西。卑南話稱這個為 viruwa，viruwa 就是魔神仔，鬼啦，人死後變成的鬼啦，但長什麼樣子我不知道。被 viruwa 纏上的人，走路起來憨神憨神，跌坐在地上都不講話，老人家稱這個為 viruwa yaw，意思就是遇到 viruwa。遇到這種事情，也有人會來我這裡請我作法，用檳榔、陶珠（inasi）、鐵鍋片（ila）去作。以前才有聽說，現在這裡比較沒有了

35　林修澈：《部落事典》，頁 587。

啦。[36]

報導人所說的 viruwa，在《蕃族調查報告書》中記載為「妖怪」，而且更有河中妖怪、被砍頭和自殺者靈魂變成的妖怪、割稻期間出現並致人生病的妖怪、山神等種類；[37]而在卑南族巫覡文化研究的見解中，viruwa（或記為 biruwa）則是非陽間的神、仙、佛、道、祖靈、鬼、魅、精、魍、魎等等，包括漢人民間信仰中各種具備神格或鬼格之物，或是巫師作法驅使之物，均屬於 viruwa 的範疇，[38]也就是對所有神靈鬼怪的泛稱。因此報導人認為漢族所傳述的魔神仔也就是 viruwa 的一種，也有可能是人死後所變成的鬼；而在報導人所述說的 viruwa 誘人迷失的事件中，也幾乎與魔神仔事件如出一轍，但是也沒有提及「餵食穢物」的情節內容。而若是遇上了 viruwa 導致當事人失神、難以清醒，前來向報導人求助時，就須要以傳統的檳榔、陶珠、鐵鍋片等祭器進行 taramaw（巫術），醫治當事人令其清醒過來。

另一位建和部落的報導人 Miyoko（洪金蓮），同樣也是資深的 temaramaw，曾經接觸漢族民間宗教信仰的儀俗，除了傳統的 taramaw 巫祀儀式，也能藉由起乩向觀音菩薩、南北斗星君等

---

36 Kingah（謝運妹），女性，2017 年 9 月 1 日下午訪問於建和部落自宅。

37 〔日〕臺灣總督府臨時臺灣舊慣調查會原著，中央研究院民族學研究所編譯：《蕃族調查報告書第一冊：阿美族南勢蕃、阿美族馬蘭社、卑南族卑南社》（臺北：中央研究院民族學研究所，2007 年 6 月），頁257。

38 巴代（Badai）：《Daramaw：卑南族大巴六九部落的巫覡文化》（新北：耶魯國際文化事業公司，2009 年），頁 31。

神靈獲得神力「辦事」，[39]可說是融合漢族乩身的卑南族
temaramaw，這是因為建和部落很早就受到漢人民間信仰興盛的
影響，[40]許多 temaramaw 都和部落中的廟宇有關，[41]也是建和部
落巫覡文化中的特別面向。作者向報導人詢問部落裡是否曾經有
過類似魔神仔的傳聞、族語中又如何稱呼時，報導人說明為：

> 我聽過魔神仔，在卑南族的觀念中那個就是不好的靈，也
> 可能是人死後變成的，大概就是稱為 viruwa。我以前曾經
> 幫人家處理過被魔神仔帶走的事情，大概 1970 年代左
> 右，建和部落周遭還種有很多竹子，當竹子發出像是被風
> 吹動如咻咻咻的聲音時，我們就會說不要靠近，那表示鬼
> 魂很多，如果人走進去裡面就會出不來，或是走出來時、
> 或是被找到的時候，人的精神就會變得神經神經的，像失
> 魂落魄一樣。巫師可以讓這樣子的人不要（做出）傷害自
> 己（的舉動），可是不見得能夠將他的意識找回來恢復正
> 常，需要長期進行治病，或者是有很多原因發生，而得一

39　林賢美，Miyoko 之女，具備乩童的體質，2019 年 8 月 26 日訪問於建和
　　部落自宅。

40　參見林和君：〈卑南族巫師的當代跨族群經驗——以建和
　　（Kasavakan）部落為中心〉，《卑南學資料彙編第四輯：換個姿勢再
　　來一次　解構你的卑南族，建構我的卑南族》（新北：耶魯國際文化事
　　業公司，2020 年 11 月），頁 177-198。

41　巴代（Badai）：《Daramaw：卑南族大巴六九部落的巫覡文化》，頁
　　45：「依據作者觀察，建和部落早期的巫師，因受當地漢人民間信仰之
　　影響，許多女巫出現成巫徵兆時，有部分是與社區北邊最大廟宇『敬山
　　宮』所奉祀的太陽星君有關。」

件一件的處理才可以。[42]

在報導人對魔神仔有所認知的情況下，將魔神仔一類的山靈以 viruwa 比擬解釋，大致為不好的靈、亦即存在於自然間的惡靈的泛稱，但也有可能是人死後的鬼魂引發誘失事件，因此將所謂的鬼也與魔神仔、viruwa 一同比擬並稱。報導人也提及，巫師 temaramaw 可以協助治療遭遇 viruwa 而失魂落魄的當事人，但是必須透過 taramaw 找出詳細的原因，並且逐一根治才有痊癒的可能。

（二）大巴六九（Tamalakaw）部落

位於臺東縣卑南鄉的知本系大巴六九部落，據部落歷史傳述，大巴六九部落源自知本社、大南社遷移而出的家族，曾定居於舊部落 Gandadas 與現今 Duladulaw 所在的太平營區周邊，至民國六十三年（1974）因社區南側溪床山麓崩塌，而遷居於現址。現今部落人口總數約 1352 人，卑南族佔人口總數比例 36%，非原住民人口則約有 5 成。[43]

作者拜訪並請教擔任部落資深巫師的報導人，是否聽過有類似漢族傳述的魔神仔那樣的鬼怪存在，報導人述說了自身的經歷

[42] Miyoko（洪金蓮），女性，建和部落資深巫師，2019 年 8 月 26 日下午訪問於建和部落自宅。訪談人在訪問過程中以福佬語、卑南語交雜回應，由林賢美在旁協助翻譯卑南語內容。

[43] 參見林修澈：《部落事典》，頁 594；巴代（Badai）：《Daramaw：卑南族大巴六九部落的巫覡文化》（新北：耶魯國際文化事業公司，2009 年 12 月），頁 1-5。

與瞭解：

> （部落在說的魔神仔是）balaz（巴辣日）指小小的、很
> 像小孩子的那種不好的魂。在我們很小的時候都聽過傳
> 說，後來就沒再聽說了。以前大人會說，下午、傍晚以後
> 天色變暗的時候不要外出，山上什麼的地方都不要去，否
> 則會遇到balaz而被帶走。假如balaz出現，經過你身邊的
> 時候，就會神智不清，這時就要請巫師用（taramaw）芒
> 草撥拂你，讓你回神。碰到那個的時候，那個balaz會抓
> 你，把你掛到刺蔥樹（按：食茱萸）上面，刺蔥有很多
> 刺，等你醒過來、爬下來的時候就會全身被刺到。balaz
> 冬天比較多、冬天時會出來，我小時候有被抓過、親身體
> 驗過，是我的祖母用儀式（taramaw）給我帶回來（清
> 醒），因為小時候調皮嘛，才會在外面玩而被抓走。如果
> 被balaz抓走而人還沒找到，他就會一直神智不清，等你
> 掛在上頭慢慢恢復時就會自己下來，然後傻傻地自己走回
> 家，但是如果沒有巫師為你拜拜（作法），就是會一直傻
> 傻的，一樣會神智不清。[44]

　　報導人說明，在部落裡和漢族說的魔神仔一樣的對象，稱之
為balaz，傳說中長得矮矮小小、與小孩子身高很接近的惡靈，
會在天色轉為昏暗的時候，誘失在山上或是經過野外的人，令當

---

[44] Anuw（林丁貴），女性，2017年8月12日上午訪問於泰安村自宅。訪
　　談人採訪時以卑南語述說，經其外甥女馬玉珠在旁翻譯轉述。

事人神智不清，並且將當事人掛在高大的刺蔥樹上；報導人本身也曾遭遇 balaz，此時就必須要請部落的巫師以 taramaw 的儀式讓當事人清醒過來。此則描述與《蕃族調查報告書》中記載 pasikaw 社（現今臺東縣卑南鄉初鹿部落）的妖怪 paral 引起的「冬季，常有小孩迷路入山；夜裡，於路上見到長得像狗的人」[45]行徑接近，發音上也有相近之處。

作者向報導人詢問 balaz 的本質為何時，報導人回答：

> 不知道 balaz 是什麼變的，死掉的人我們說是 mirdai，但 balaz 跟這個不一樣。balaz 夏天不知道都躲在哪裡，冬天才出現，可能都躲在冷的地方。被抓走時，用漢人的香跟神拜拜是沒有用的，一定要巫師用檳榔、酒啊拜卑南族的儀式才有效，只是拜香沒有用，祂不會接受，一定要巫婆（temaramaw）才趕得走。小時候聽老人家講，晚上不要亂跑，傍晚就要回來，因為那個（balaz）很多。而且這個（balaz）不只我們這邊而已，到處都有，我小時候也聽說很多人都被抓過，亂跑亂跑就亂抓亂抓，光我知道的就有 5、6 個。（Anuw，2017 年 8 月 12 日）

在報導人自身對部落傳統文化與宗教信仰的認知中，balaz 不知從何而來，而人死後的靈魂所化成稱為 mirdal，也與 balaz 無關，balaz 在語言指涉上本身就與人類的鬼魂不同，而歸入包

---

[45] 〔日〕臺灣總督府臨時臺灣舊慣調查會原著，中央研究院民族學研究所編譯：《蕃族調查報告書第八冊：排灣族‧賽夏族》，頁 99。

含自然泛靈的 viruwa 範疇之中。而報導人提到 balaz 的一個特徵：balaz 出沒於冬天，特別是入夜之後便是 balaz 現身的時候，同時也提到自己曾聽說很多地方都有人被 balaz 誘失的事例；但是在夏天幾乎不曾聽聞 balaz，所以 balaz 似乎喜好寒冷的地方與天氣，而且被 balaz 誘失之後，只能請卑南族的巫師 temaramaw 處理，而無法透過其他宗教信仰儀式治療。

另外一位來自人巴六九部落的報導人，長期接觸並研究部落的巫覡文化，作者向報導人請益關於部落的魔神仔傳聞時，報導人回答如下：

> 部落曾有一位嫁進來的布農族婦人，當時她剛嫁過來，不會講卑南語，不太能與人交往、也無法做什麼事情，讓她很沮喪，於是一邊學習卑南語時，也一邊幫忙帶別人家的小孩。但有一日，她被囑託看帶的小孩子不見了，在村人的幫忙下找了兩天也找不到；直到第三天，小孩子才在部落後方的懸崖下方處被發現。這種事情，你們漢人稱為魔神（仔），我們稱為 balaz。祂可能是生魂死靈、或是被附身的動物山魈（生魂死靈附在動物上）、鬼魅等等都有可能是。
>
> 我的親人就曾經遇過 balaz，這個例子被我寫到小說裡頭。某一日傍晚，我的親人在山上的工作結束，沿著大巴六九溪下山，途中遇到兩個小孩、就是小鬼跟她搭訕：「小姐跟我們一起玩嘛～～」但是那兩人身形矮小，只有成年人的一半高，而且輪廓、身體都是透明又模糊的，加上天色已暗，親人心想一定是遇到不乾淨的東西，馬上拿

起隨身工作攜帶的掃刀往那兩個小孩一砍，兩個小孩卻都
突然都消失了。但就在親人過了溪水之後，兩個小孩又出
現了，親人心想不對勁，馬上轉身跑回林務局工作站。[46]

　　報導人提及部落曾發生的一起魔神仔事件，其中的誘失情節
即與狹義的魔神仔傳說如出一轍，而報導人明確指出這在大巴六
九部落稱為 balaz，同時也說明 balaz 可能包含了自然界中的靈、
鬼魅，或是被靈所附身變化而成的山魈，也就是精怪，和前述擔
任 temaramaw 的報導人所說的「不知從哪而來的魂」相比，進一
步釐清了 balaz 的本質與範疇，同時包含無形的靈與有形的精
怪。而報導人提供的親人遭遇 balaz 的經歷，則指出 balaz「身形
矮小、只有成年人的一半高」以及「透明而模糊」的形象，也與
漢族所說的魔神仔「矮矮小小、善於變幻」的描述接近。

五、山靈傳說之情節傳述比較

　　在上述對於排灣族（東、南、中、北群）、鄒族（特富野
群、達邦群）與卑南族（知本系）部落的山靈傳說調查，並且與
漢族魔神仔做一初步比較的闡釋後，茲此提列在三個族群山靈傳
說的比較中值得注意的特點進行析論：

46　Badai（巴代、林二郎），卑南族大巴六九部落文史學者暨作家，2014
　　年 6 月 11 日晚上訪問於臺北魚木人文咖啡廚房。

（一）語言稱謂的差異現象

在本章節引述的三個族群中，對於和魔神仔相近的山靈稱謂的語言現象，存在著四種情況：

第一種是人口族群比例與山靈傳述的現象關係，在原住民人口比例越高的部落如排灣族的東源、牡丹、七佳、馬兒、文樂，以及鄒族的來吉、山美等族人比例達到 9 成的部落，報導人幾乎都表示在部落裡不曾聽過魔神仔的名稱，即便聽過也是在外地聽平地人（漢人）提過魔神仔，而在排灣族的大麻里、卑南族的建和以及大巴六九等族人比例不及 4 成的部落，報導人則都曾在部落裡聽過魔神仔。由此可知，魔神仔對於各個族群部落確實屬於外來文化語彙，而報導人則多半表示「你/漢人/平地人說的魔神仔，我們稱為 cemas/galay/galang/guluam/hicu no moloungu/viruwa/balaz」、或是「比較像是我們的 galjl/hicu no he」，大多能夠明確地區分漢族傳述的魔神仔與各個族群部落自身傳述的山靈之差別。

第二種是對於山靈的名諱同時存在著專稱與泛稱，排灣族既有 wuyawuya（guyaguya）　cemas 的泛稱，也有 galjl、galang 和 guluma 的專稱差異；[47]鄒族既稱為 hicu、也有專指誘人迷失的

---

[47]　《蕃族調查報告書》中記錄：vuculj 蕃 masilidj 社（現今屏東縣瑪家鄉北葉部落）有一種叫做 galalj 的妖怪，描述為「像人一樣，會發出 hu-呻吟聲，聽其聲者必死」、「化身成熊、豹」等特徵，在發音上與此處引述的山靈諸名稱亦有相近之處，但情節敘述不完整，無法判定是否為本書所說的近似於魔神仔的山靈。參見〔日〕臺灣總督府臨時臺灣舊慣調查會原著，中央研究院民族學研究所編譯：《蕃族調查報告書第八冊：排灣族・賽夏族》，頁 102-103。

hicu no he 和 hicu no moloungu 的專稱；而卑南族中也有泛稱
viruwa 和專稱 balaz 並行的現象。臺灣原住民族各族群的傳統宗
教信仰多以泛靈論為主，視大自然間的萬物皆擁有生命的靈性而
予以概括稱呼、也為每一個靈專屬的特色或職責賦予專稱，如同
阿美族的 kawas 與 saraw/caraw 之間的關係一般，實際上正是泛
靈論反映在命名上的思維。

　　第三種是只保留泛稱而沒有專稱、或是失卻專稱的情形，例
如排灣族的東源部落（wuyawuya cemas）與大麻里部落
（guyaguya cemas）、卑南族的建和部落（viruwa），據作者所
見僅有廣義的泛稱保留下來，或是在泛稱之前以冠詞標注描述這
些靈的特性。例如排灣族部落所稱的 wuyawuya/guyaguya
cemas，cemas 為靈的泛稱，而冠以表示汙穢、不潔性質的
wuyawuya/guyaguya，說明此種 cemas 的特性；又如鄒族部落間
所稱的 hicu 雖是對於沒有名諱的神靈泛稱，但是在指稱山靈的
hicu no he、hicu no moloungu 時，在山靈名稱前方冠上 hicu no 作
為泛稱之中的指涉專名，已等同於指涉單一種類對象的專稱。

　　第四種是具有明確的專稱，但是在同族群的部落之間又有不
同的名稱，例如在排灣族部落之間流傳的山靈稱謂，就有牡丹部
落的 galjl、馬兒部落的 galang、文樂部落的 guluma 與嘉蘭村的
galay 等差別，其中差異最大的詞彙是中排灣群文樂部落採集得
的 guluma，其他的 galjl、galang、galay 在語首字音皆相同，差
別僅在於語尾舌音的發音方式，差異不如 guluma 來得顯著。而
這些名稱的差異，也反映了各部落間的方言差異：上述採集山靈
名稱的各個部落正好分屬排灣族中不同的方言群，如牡丹部落屬
於排灣族南部方言牡丹型，馬兒部落屬於北部方言三地（按：三

地門）型，文樂部落屬於南部方言來義型西支、嘉蘭村屬於北部方言東支，而東源部落和太麻里部落同屬於南部方言來義型之中的西支與南支，其中東源部落的 wuyawuya cemas 更反映了南部方言來義型西支中缺乏 k 的軟顎塞音的現象，[48]以上各部落對於山靈名稱的差異，恰好反映了族群之間的語言差異因素。而在鄒族部落中等同於專稱的 hicu no he、hicu no moloungu，在分屬特富野群與達邦群的兩個部落間的稱呼差異也非常人，從此可見族群部落之間的背景差異，也影響了方言脈絡下的山靈傳說的稱謂。

　　影響族群內部的語彙形式或流傳的因素既多元且複雜，不見得可以從中推溯出造成族群部落之間產生差異的關鍵因素，但可以視為族群、部落之間比較差異和溯源的一種參考，特別是在民間文學的角度而言，傳說、故事的口述差異，或是反映在其中的語言特色也可以被視為族群、部落或群體之間的差異指標。

（二）族群特色的差異反映

　　傳說、故事等民間文學承載著族群的文化記憶和語言特色，在比較不同族群之間的山靈傳說類型情節內容的過程中，可以藉此發現各個族群間獨特的山靈傳說特徵，成為族群文化特色的反映現象。在本章節引述的排灣族、鄒族、卑南族山靈傳說之中，

---

[48]　參見鄭仲樺：〈方言地理和語言學視角下的排灣族群分類〉，《台灣原住民族研究季刊》第 9 卷第 2 期（2016 年夏季號），頁 55-89。而鄭仲樺的排灣族語言分類延續自《蕃族調查報告書》的劃分，以今日行政區的泰武鄉、來義鄉作為南北方言的分界，不另外分出中排灣的區域概念。

以漢族魔神仔的傳述內容作為一個基準進行比較後，可以發現下
列山靈傳說在各個族群中的特色：

第一，當事人遭山靈誘失、或是精神無法恢復時，必須交由
原住民族傳統宗教信仰的神職人員處理。本章節引述的報導人中
有來自各個部落的巫師、祭司，報導人都提及：遭遇山靈時須請
傳統宗教信仰中的巫師協助處理，而每個族群、部落的巫師也都
有屬於自身獨特文化脈絡的祭儀儀式，如排灣族的 pulingaw 使用
竹占與檳榔，卑南族的 temaramaw 使用陶珠、檳榔與鐵鍋碎片，
鄒族的 yoifo 則有相應的 pamomuding 阻隔儀式等等，不同族群
的祭儀形式即是不同的自然、神靈、宇宙等觀念的反映，也是如
何建構神聖空間秩序的形式呈現；然而卑南族的 temaramaw 則特
別強調：遇見 viruwa 或是 balaz 時，無法藉由其他宗教如漢人民
間信仰的儀式治療，必須尋求卑南族傳統宗教信仰的巫師、祭師
的幫忙才能妥善處理。其中一位擔任 temaramaw 的報導人述說自
己為他人治療的經驗：

> 大概 2011 年的時候，臺北有一個賣蚵仔麵線的兒子，曾
> 經被（魔神仔、viruwa）帶到溪邊，被找到時嘴巴都是爛
> 泥巴，之後就憨神憨神的，不講話也不會玩、不讀書，到
> 了要上大學一年級時還是這樣。他們去問臺北的廟，說這
> 孩子體內有東西，如果東西拿走，這孩子就會正常了，但
> 是找宮廟拜拜也沒有用，他們說必須要去找原住民的（巫
> 師），然後就找到我這裡來。我幫他作法，第二天他們家
> 人打電話來，說他有精神了、清醒過來了，要去讀書了，
> 到他大學畢業後也曾來跟我道謝。（Kingah，2017 年 9 月

1 日）

　　報導人提及，當時當事人家屬即被告知「必須要去找原住民的巫師才有用」，因此對方才循線找到自己而尋求幫助，在報導人的協助下才令當事人康復。而另一位同樣擔任卑南族 temaramaw 的報導人亦說明：

> 如果沒有巫師給他拜（為當事人作法），他就會一直神智不清；被抓走時當事人不會死，會神智不清呆呆傻傻的亂走亂走，稍微清醒點時也會自己走回家，但是會一直恍惚傻傻的，抓他走的 balaz 離開他以後，就會慢慢清醒，就會回來；但是回來後沒有拜他他還是一樣會神智不清，因為 balaz 還是在他旁邊牽著他，讓他失智的亂走亂走。你們要小心一點，不要遇到（balaz），不然只能找我或是其他的 temaramaw 幫你們處理。（Anuw，2017 年 8 月 12 日）

　　相傳卑南族的巫術極為高強，在口述歷史中即有卑南族與其他族群交戰時使用 taramaw 劈開海水、降下旱災的相關紀錄，[49]

---

[49] 宋龍生：《臺灣原住民史。卑南族史篇》（南投：臺灣省文獻會，1998年 12 月），頁 197 提及：知本人失卻了與卑南社競爭的勢力和獵場之後，向附近的排灣族要求獵場，並以巫術召喚野獸破壞排灣人的田地、招致乾旱令排灣人斷絕飲水和食物，令排灣人不得不同意分出獵場給知本人，也從此與知本人有所通婚往來；頁 207 述及：知本人分出的 Suqaro（即斯卡羅人）在沿虷仔崙（現今的臺東縣金崙鄉）海岸南下遷徙

歷來便是周遭各族群忌憚卑南族的一個原因；而報導人強調「只有卑南族的巫師才能趕走 viruwa/balaz」的說法，可能也帶有宣稱「卑南族巫術的強大」的意味和背景因素。

　　第二是對於山靈形象的描述，漢族的山靈魔神仔較為精準的敘述和定義為「矮矮小小、會幻化且捉弄人的山精水怪」，[50]在本章節引述的口述紀錄中與這項定義最接近的便是卑南族 balaz，同樣也被描述為「長得矮矮小小的」，與漢族魔神仔形象相吻合；然而 balaz 的來源則是「不好的魂，不知道從哪來的，屬於 viruwa 的一種」，而在 viruwa 的範疇中除了神、靈、鬼、魂之外，也包含魑魅魍魎與精怪，也和魔神仔的廣義定義「單一出現的鬼類」接近。[51]而在排灣族部落中流傳的 galjl、galang、guluma、galay、wuyawuya cemas，以及鄒族部落所流傳的 hicu no he 和 hicu no molouŋu，在情節內容上也與魔神仔相近，但在定義上屬於「沒有形體的惡靈」，和有實際形象可見的山精水怪略有不同，對於祂們的形象、樣貌則沒有詳細的描述，也沒有魔神仔傳說中「餵食穢物」的情節內容；其中大麻里部落所描述的 guyaguya cemas 則與矮小的魔神仔、balaz 相反，具有

時，遭到 Qutsurin（加津林社，即現今臺東縣大武鄉大竹村）的阻礙，Su-qaro 的先祖逃到附近海中的岩石上避難，並以咒術避開他們的箭矢。而作者曾在都歷部落訪問一位從卑南族南王部落婚入當地的婦女，表示「我們（卑南族）的巫婆很厲害，以前阿美族跟排灣族都很怕我們的巫婆。」2019 年 8 月 25 日上午訪問於臺東縣成功鎮都歷部落都歷商號。

50　林美容、李家愷：《魔神仔的人類學想像》（臺北：五南圖書出版公司，2014 年 2 月），頁 14。

51　林美容、李家愷：《魔神仔的人類學想像》，頁 14。

如同電線桿一般高大的身形，反而與阿美族流傳的山靈 saraw/caraw 較為相像。

　　此外，卑南族的 balaz 尚有「怕熱」與「刺蔥樹」這兩項關連特徵，漢族魔神仔也有「經常出沒在芒草（管芒）、竹林、林投、甘蔗叢生處」的植物關連特徵，[52]阿美族的 saraw/caraw 也有喜好棲息於苦楝處、或是將人掛在苦楝樹上的習性特色，[53]但是 balaz 則是將人掛在刺蔥樹上，與喜好出沒於冬天的特點都是屬於卑南族獨有的描述特色。亦即同樣皆屬於誘人迷失的山靈，但是在各個族群間的外觀、特徵、習性等特色則各有差異與獨特之處。

（三）宗教信仰的傳入影響

　　本章節的報導人大多具備宗教神職背景──傳統宗教信仰的祭師或巫師，漢族民間宗教信仰的乩童，或是基督教教會牧師等等，或是具有非常明確的宗教信仰背景，從報導人對於魔神仔一類的山靈的認知與詮釋，便能得知不同宗教信仰對於山靈傳說的解釋與定義，以及是否影響山靈傳說的流傳現象。

　　對擔任傳統宗教信仰的祭師與巫師而言，大多將山靈歸納為泛靈論認知中的「存在於自然間、不具備實際形體、不一定與人死後變成的鬼有關的惡靈」，而對於擔任基督教牧師、或是信仰基督教的報導人來說，則可能會將山靈解釋為「撒旦一類的魔

52　林美容、李家愷：《魔神仔的人類學想像》，頁 214-218。

53　參見第貳章中的報導人 Lalan Unak（蔡義昌），男性，馬太鞍部落文史工作者，2013 年 4 月 2 日晚上訪問於自宅；吉優喜，男性，東河部落族人，2014 年 2 月 12 日下午訪問於金樽漁港。

鬼」，以基督教中的耶穌、撒旦與魔鬼來比擬善靈與惡靈的概念，例如馬兒部落的報導人即以魔鬼、撒旦來形容 galjl 的性質，使得山靈的意義出現了分歧；而曾經接觸漢人民間宗教信仰、魔神仔有所瞭解的報導人，則沿用漢族民間宗教信仰的認知，以魔神仔的定義比擬部落內的山靈。例如前述卑南族建和部落的兩位報導人都對漢族民間宗教信仰有所接觸，因此知道什麼是漢族所說的魔神仔，但是比起看不見的惡靈、山精水怪的定義，報導人又以人死後變成的「鬼」、也就是魔神仔的廣泛定義「單一出現的鬼類」來解釋山靈 viruwa/balaz 的本質，不同於其他族群所說的存在於自然間的惡靈，這可能是來自於漢族民間宗教信仰思維的影響，進而改變了山靈傳說的定義與描述。

（四）矮人與山靈的比較

　　自王家祥在小說《魔神仔》中將臺灣原住民傳說中的矮黑人，與漢族傳聞中的魔神仔形象結合為一之後，便影響了大眾對於魔神仔的看法和理解，學者也進而提出「魔神仔即台灣版的矮人」的說法，[54]認為在臺灣原住民族群間流傳的矮黑人正是誘人迷失的魔神仔。茲此引述作者在排灣族、鄒族、卑南族訪查所知，探究這一說法的可能性：

1.排灣族東源部落矮人故事

　　位於屏東縣牡丹鄉的排灣族東源部落即有流傳許久的矮人傳說，報導人說明：

---

[54]　林美容、李家愷：《魔神仔的人類學想像》，頁 288。

（東源部落的第一個矮人故事是）在靠近阿塱壹古道的地方，有一個古名 Buguza'an 的地方，意思是「蝦上岸的地方」，過山蝦從此上岸並爬到矮人的住處時，被矮人烤食，因而引發過山蝦的報復，引發蝦災，無數的過山蝦就從布古 Buguza'an 爬到矮人的住處，淹沒並噬咬矮人，導致矮人滅族。其中一對兄弟倖免於難，兩兄弟拄著竹竿作拐杖，因為口渴而想到水邊喝水，卻不小心陷入沼澤溺死，矮人就全數滅族了。兩人拿著的竹竿就這麼插在地上，後來成為一片茂密的竹林。排灣族人稱該地為 Baguolaguo，意為「無數隻的青蛙叫聲」，在雨季的時候族人就會來這裡抓青蛙。

第二個矮人故事是說，以前本地有一對夫妻，白天在山上工作時途經矮人部落，看見有一對身材有如孩童的男女在田裡舂小米，以為他們是小孩，就上前詢問他們的父母在哪裡，兩人回答：「我們就是爸爸跟媽媽。」意思就是他們不是小孩、就是成年人，排灣族人自此才知道有矮人的存在。我們稱矮人為 Shengere，意思就是矮小的人類，沒有說他們黑的意思，可能是我們（排灣族人）的膚色也與他們相近，不覺得他們有特別黑。聽說矮人剽悍又聰明，在這裡也跟其他部落常常有紛爭、甚至還會出草，所以排灣族遠離他們不相往來。但是也有傳說就是他們教排灣族怎麼蓋石板屋。這樣的地方在東源、高士、還有中科院在九鵬的徵收地都有矮人石屋遺址，特別是中科院那裡最多，就是牡丹鄉靠海岸線這一帶最多矮人石屋，往深山裡

面找反而沒有。（佐諾克・嘉百，2013 年 7 月 30 日。）[55]

　　報導人提及當地並不強調矮黑人外觀上的黝黑膚色而只形容為矮人，稱為 Shengere，並且述說東源部落流傳的兩則矮人故事，一則是敘述矮人為何在當地消失滅亡的蝦災，另一則是排灣族人如何發現矮人的存在；同時也提到矮人教導排灣族人建造石板屋，以及矮人石屋遺址的所在地點，也提及在牡丹鄉海岸一帶擁有數量最多的矮人石板屋，正與楊南郡推論矮人起源地位於恆春半島東岸觀音山臨海處的觀音鼻說法相符。[56]

　　另一位東源部落的報導人亦述說自己所知的矮黑人故事：

> 我們家小時候從德文那裡遷到旭海這一帶居住，我後來又嫁入東源這裡。小時候我曾跟著母親經過矮人聚落的遺址，矮人聚落周圍用石塊堆成圍地，然後種很多的檳榔、荖葉；聚落正中間有一株非常大的榕樹，裡面每間石板屋大約佔地 5～6 坪，差不多一百五十公分高。可是牡丹鄉這裡不產石板，不知道那些（蓋石板屋的）石板是從何而來，當地人以前會去石板屋那裡取石材當作家屋的建材，或是用來蓋工寮。那個遺址的石板屋看起來跟東源這裡的

---

[55] 其中矮人傳說所稱的蝦災，亦有一說是龍蝦，與訪談人所說的過山蝦有出入。

[56] 參見楊南郡：〈踏查半世紀——台灣矮黑人的傳說與調查〉，《第八屆通俗文學與雅正文學國際學術研討會論文集》（臺中：國立中興大學中國文學系，2010 年 12 月），頁 9。其中楊南郡所說「恆春半島東岸的觀音山（位於牡丹灣之北），遺址面臨太平洋」，即指觀音鼻。

（矮人遺址）一樣，而且東源的更完整，但是跟高士那兒
的不同。那個地方現在已經被中科院（中山科學研究院）
徵收當軍事基地了，但我小時候在那裡看到的還很多。小
時候聽老人家講過旭海這裡的矮人跟遺址，但矮人不知為
什麼突然消失了，只剩下一對母女；上山的獵人發現了這
對母女，看她們長得矮小而以為是一般的小孩，就問她們
的爸爸媽媽在哪裡？其中一位回答：「我就是媽媽。」才
知道原來她們正是矮人。[57]

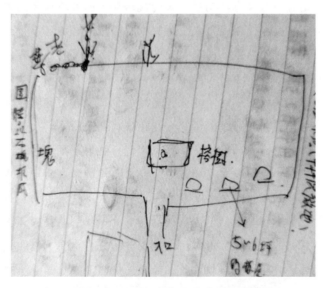

圖三：報導人手繪牡丹鄉矮人聚落遺址簡圖

---

[57] 施奔娜，女性，出身屏東縣三地門鄉德文部落，現居東源部落，2013
年7月30日下午訪問於東源部落石頭屋民宿。

　　報導人來自屏東縣三地門鄉德文部落，表示自己曾經見過矮人石屋遺址，並且以手繪圖像簡略的說明石屋聚落格局和樣貌，也能指出當地矮人石屋遺址之間存在的差別。而報導人提及旭海當地流傳的矮人故事，與東源部落流傳的第二則故事情節相同，但是人物則從矮人的父母變化為矮人的母女。

　　東源部落當地的族人如何看待矮人石板屋、以及矮人故事流傳至今的意義為何，可從報導人的這則說明紀錄得知：

　　　　我們這裡的族人視進入矮人的石板屋為禁忌，傳說黃昏時
　　　　進入石板屋會聽到很多人的說話聲，而且石板屋上方長滿
　　　　了鴨腱藤。因為矮人在傳說中遭遇蝦災滅族、不得好死，
　　　　而被視為惡靈，所以（進入矮人的石板屋）才被我們當作
　　　　禁忌。青少年時，我跟母親到旭海探望她的結拜姐妹，我
　　　　們沿溪而下，途中就會經過矮人聚落，我們就會在那裡作
　　　　一個（祈靈分享）儀式，這種儀式是源於「與大自然和諧
　　　　共存共享」的觀念，以往族人們，特別是獵人的老人家，
　　　　若在山中途經禁忌的地方、惡靈出沒的陰森的地方或是令
　　　　人感到不適的地方，就要先進行儀式：拿出用切成對半的
　　　　竹節壓模製成的 qaleve（豬油膏），抹一些在額頭上，再
　　　　將豬油膏分撒四方，祈求祖靈庇佑此行平安，讓我們不受
　　　　惡靈侵擾，所以以前上山的獵人總會多帶豬油膏，或者攜
　　　　帶其他酒肉、飛魚乾、檳榔等等，手邊有什麼就帶什麼，
　　　　才能在途經這些不吉利的地方時進行儀式。如果經過這裏
　　　　還是感到不舒服，回到部落後就要請巫師幫忙祈禱去邪。
　　　　我們經過矮人聚落地時也會如此，一定要進行（祈靈分

享）儀式才能離開。[58]

在東源部落流傳的矮人故事中，由於矮人屬於遭遇蝦災滅亡的非善終死亡，在傳統宗教信仰的觀念中被定義為惡靈，因此東源部落的族人傳統上在行經矮人石板屋時，必須遵守相關的禁忌誡令，或是必須進行祈靈分享儀式，也就是傳統祭儀 palisi，以隨身攜帶的食物向四周神靈、祖靈祈求平安而不受惡靈的侵襲。從矮人非善終死亡而被定義為惡靈的觀念來看，東源部落確實有可能將矮人的惡靈列入 wuyawuya cemas 的定義之中，在某種程度上接近「魔神仔就是小矮人」的說法，但正確的敘述應當是「矮人的惡靈也可能是誘人迷失的山靈／魔神仔」。

2.鄒族來吉部落矮人故事

來吉部落的報導人說明部落裡流傳的矮人故事與其名稱如下：

> 我們這裡也有小矮人，我們叫做 me fucu，我也聽過我們老人家在講說，他會專門抓小孩子，me fucu 會背著一個袋子像是要抓小孩子，把小孩帶走。我們後來的人還在講說，（me fucu）長得很像排灣族那種比較矮小的人。我們都說不要去那個（危險的）地方，不然你會被 me fucu 抓，因為以前山裡的鬼魅傳說很多，我們不喜歡小孩子單

---

[58] 佐諾克・嘉百，2013 年 7 月 30 日。此外，訪談人亦詳細說明該地矮黑人石板屋與排灣族傳統家屋的差異，比如矮黑人石板屋用整塊石頭堆砌而成、並不是方整的石板，而矮黑人石板屋內的石牆上遺留有裝設屋樑用的楔孔，但排灣族家屋並無此種洞孔設計等等。

> 獨跑出去，至少希望他結伴，所以才會這樣跟小孩說不要
> 到處亂跑。me fucu 以前和我們的祖先之間沒有什麼關
> 聯，就是會背著麻袋抓小孩子，fucu 就是指袋子，me
> fucu 就是「背著袋子的人」，老人家就是說 me fucu 長得
> 很小，會背著袋子抓小孩，要小孩子不要亂走。[59]

在報導人述說的矮人 me fucu 故事中，除了身材矮小之外，另一個特色就是「背著袋子」，而且有時被長者引述以告誡孩童不可獨自亂走，以免被 me fucu 抓走。此外，在鄒族特富野社亦流傳有同樣的「箋弗諸人」的矮人故事，[60]而在其他文獻中則有 saiuts（撒油族）的別稱紀錄。[61]在鄒族口述資料中的矮黑人 me fucu 與山靈 hicu no he 的定義與指涉並不一樣，me fucu 是一支曾經存在的種族，而包含 hicu no he 在內的 hicu 則是鬼魅、惡靈的泛稱。

3.卑南族大巴六九部落的矮靈形象

在伊能嘉矩《台灣踏查日記》的紀錄中，曾經提到排灣族的 cemas 與矮人的形象相當接近的例子，伊能嘉矩轉述三地門伊拉社的女巫失神發作的情況時，女巫自稱：

> 突然間，不像作夢，也不像在虛幻中，心中有形象映出來
> 一般，成千上百的 cemas 從天上下降，發出 wōwō 聲，蜶

---

[59] 鄭秀琴，女性，2015 年 8 月 4 日。

[60] 巴蘇亞・博伊哲努（浦忠成）：《台灣鄒族的風土神話》，頁 220。

[61] 達西烏拉彎・畢馬（田哲益）：《鄒族神話與傳說》（臺中：晨星出版公司，2003 年 7 月），頁 116。

集在我的身邊，這些 cemas 身軀矮小，幾乎是人身的一半高度，而且只有半面身軀。瞬間我就陷入睡眠中，以後發生什麼事都沒有知覺，也不知道我說了什麼話。最後恢復知覺，回到我平時的狀態。[62]

　　卑南族的女巫 temaramaw 在經歷成巫徵兆中的過程中也可能出現類似的情形：卑南族女巫 demaramaw（按：即 temaramaw）在成巫的過程中必定有過與眾不同的通靈經驗，而經由為其治療的執業巫師 na demaramaw 確認通靈的對象、也就是病患，是否可能成巫、成為詮釋與運用通靈現象的治療者，而這些通靈經驗就是徵兆或神擇。[63]大巴六九部落的女巫 Senden 在經歷成巫徵兆過程的 madiadih（作夢）之中，出現了看見矮黑人的例子：

　　我生病的情形……我沒有跟人家講，自己也不知道那是怎麼回事，一直到有一天突然出現一群小矮人，黑黑的小矮人，在我面前跳舞，我就突然昏了過去，後來 na demaramaw 來給我 daramaw（施法）後我就好了起來，沒有再看見那些東西了。從那個時候我就有 lavat（巫師袋、隨身袋）了。[64]

　　而在另一位部落女巫 Anuw 的成巫徵兆中也曾出現：在家中、庭院的柱子上攀爬著許多矮小的人。（巴代，2014 年 6 月

---

[62] 〔日〕伊能嘉矩著，楊南郡譯：《台灣踏查日記（下）》，頁 408。
[63] 巴代：《Daramaw：卑南族大巴六九部落的巫覡文化》，頁 145。
[64] 巴代：《Daramaw：卑南族大巴六九部落的巫覡文化》，頁 148。

11 日）卑南族並沒有矮黑人故事的流傳，但是在 temaramaw 成
巫夢兆的經驗中，發生如同伊能嘉矩記錄的排灣族女巫 pulingaw
一般，看見了矮人形象的靈（cemas）顯現。因此，可能在某些
族群的特殊宗教情境下會看見狀似矮人的靈，看似與所謂「魔神
仔就是台灣版的矮人」語境產生部分的呼應。但嚴格說來，矮人
是在神話、故事與傳說中曾經實際存在的種族，而阿美族與本書
引述的排灣族、鄒族與卑南族都流傳著與漢族魔神仔極為相像的
山靈，兩者之間在本質、定義和語境敘述上有著根本差異，即便
山靈或是特定宗教情境下顯現的靈具備與矮人同樣的形象，但是
族群內部並不存在魔神仔／山靈就是矮人的說法與證據。

六、小結

　　本章節從排灣族、鄒族與卑南族的山靈傳說與其敘述為口述
資料，輔以相關的文獻紀錄，探究山靈傳說在這些族群之間的定
義、流傳現象與特色差異，並進一步驗證山靈傳說與矮黑人故事
之間的關係。綜合上述闡釋與推論，大致可作下列總結：

　　第一，本章節引述的山靈名稱與其流傳，都是專名與泛稱並
存，而在泛稱中特別指涉誘人迷失的山靈時，像排灣族語會在
cemas 的廣義泛稱前標注形容其惡靈、污穢不潔性質的說明，如
wuyawuya cemas 或是 guyaguay cemas，但是也存在著 galjl、
galang、guluma、galay 等專稱的情形，而在卑南族中則有泛稱的
viruwa 與專稱的 balaz 並存於不同的部落之間；鄒族則與排灣族
在廣義泛稱中標注說明指涉對象的情形接近，以 hicu no 作為沒
有專名的神靈稱謂的冠詞，而有 hicu no he 和 hicu no moloungu

特別指涉山靈的稱謂現象。前一章節所說的阿美族則有明確的saraw/caraw 專稱和指涉，然而都與漢族的魔神仔稱謂中包含著狹義、廣義如鬼打牆、山精水怪、抓交替、紅衣小女孩等種種不同的對象指涉有所出入。

　　第二，為什麼不同的族群會流傳著同樣情節、定義相近的山靈傳說？巴蘇亞・博伊哲努曾經就臺灣原住民族與漢族、中國少數民族間相似而並行互見的民間文學作品觀察，提出民族文化同源、文化接觸實證、環境思維相似的三個論見來解釋，[65]就本章節引述的口述傳說文本來看，似可從中印證山靈傳說是在族群、部落的居住環境相似的思維發展下所生成的相近傳說類型，情節結構相似、內容大同小異又略有出入；有時則在跨族群的文化接觸影響之下——特別是漢族的魔神仔，影響了族群內部對於山靈的傳述和定義；而如果從臺灣南島語的分布與發展來看，也不排除臺灣原住民族之間存在著文化同源的可能性，[66]進而反映在各族群流傳著相近的山靈傳說之上。此項論見在此先作勾勒，將於後續章節再提出並深入分析與闡釋。

---

[65] 巴蘇亞・博伊哲努（浦忠成）：《台灣原住民的口傳文學》，頁 145-148。

[66] 李壬癸根據臺灣南島語中的語言學證據為依據，認為今日的臺灣原住民族可能有一共同的祖先古南島語族，在遷入臺灣以後才開始在島內分化為不同的各個族群，這支古南島語從 5000 年前開始分化、每隔五百年即為一階段，第二階段開始分出卑南、魯凱、鄒等幾個分支，第三階段分出布農、排灣與東臺灣群，第四階段中東臺灣群再進一步分化為巴賽、噶瑪蘭、阿美、西拉雅，而這一古南島語的可能起源位於嘉南平原。參見李壬癸：《台灣南島民族的族群與遷徙（增訂新版）》（臺北：前衛出版社，2011 年 1 月），頁 97-100。

　　第三，同樣情節的山靈傳說，會隨著不同族群的傳述、或是再次被傳述而產生不同的變異，也因為族群文化的不同背景而產生不同的詮釋和情節內容，例如在本章節引述的排灣族、鄒族、卑南族的山靈誘失傳說中，和漢族魔神仔同樣有「誘人迷失、失去意識、被發現於危險地點」的情節描述，但是都沒有魔神仔傳說中的「餵食穢物」的內容；而且在卑南族的山靈傳說中則強調，當事人被尋回之後仍然會處於失神狀態，而必須藉由巫師 temaramaw 的 taramaw 進行巫醫治療，才能讓當事人真正擺脫山靈的影響而清醒痊癒。然而因為外來宗教傳入的關係，如基督教、道教傳入部落後影響了部落原來的傳統宗教信仰，也讓傳統宗教信仰脈絡下的山靈傳說逐漸不再被傳述，有的報導人便指出「基督教進來後就比較沒有再聽到」，使得傳述日益減少；或是因而對山靈的定義產生改變，例如以撒旦、魔鬼來指稱山靈一類的會作祟的惡靈，或者以魔神仔、孤魂野鬼來稱呼山靈，擴充了原本族語中專指誘人迷失、存在於自然界中、與人類死後變成的鬼魂沒有明顯關連的山靈定義，漸漸地產生涵化的現象。這種現象也發生在日治時期的調查紀錄中，例如《蕃族調查報告書》常將部落傳統宗教裡對於靈的泛稱解釋為「妖怪」，但是在語言、文化隔閡下將靈的泛稱轉譯為妖怪並不精確，來自日本文化背景的所謂妖怪同時包含著有形的精怪、無形的鬼魂，而原住民族傳統宗教信仰中的靈多指稱自然界中看不見形體而具備生命之物，甚至包括神祇、祖靈、善靈與惡靈，與妖怪的定義並不相容。如同外來宗教與文化的傳入一般，調查記錄者對族群語言和文化的認知與詮釋也會影響山靈傳說的定義與傳述。

　　第四，跟漢族魔神仔一樣的山靈並不是族群中流傳的矮人，

從口述歷史中消失的矮人在死後可能被歸列於惡靈，而被視為山
靈的可能來源之一，或是在傳統宗教信仰神職者的經驗中，矮人
可能是在特定的宗教情境之下顯現的靈的形象之一，看似與「魔
神仔就是台灣版的矮人」相呼應，但是山靈／魔神仔和矮人之間
在定義、本質、文化脈絡和語境敘述上都有明顯的區隔，前者屬
於宗教信仰中的靈，後者則是口述紀錄中曾經存在的種族，在族
群內部的認知裡並沒有將兩者等同視之。

第肆章　habon、anito、utux：賽夏族、達悟族、泰雅族的山靈傳說

一、引言

　　前述章節引述了阿美、排灣、鄒、卑南等族群對於近似魔神仔的山靈傳說口述資料，以及相關的文獻紀錄之後，證實了其他臺灣原住民族群中也存在著與漢族魔神仔相同的山靈傳說，而且這些生動又詳實的傳述或經歷在漢族魔神仔的說法傳入以前，原本就誕生、流傳在自身族群與部落之中，在定義和詮釋上也與魔神仔有所差異，同時也都保有各自指涉山靈的各種明確專稱，或是在泛稱之中標注指稱、說明具備特定性質的山靈；而這些被傳述的山靈也存在著不同的形象，有高大如電線桿、有模糊而透明、或是矮小如孩童，看似與學者曾經提出「魔神仔就是臺灣版的矮人」的說法相呼應，但從文化脈絡和語境敘述中細究便可得知：實際上在當代的族群、部落之中，並沒有魔神仔／山靈就是傳說中曾經存在的矮黑人的說法，有時是在某些傳統宗教特定情境下的靈的顯現模樣也如同孩童一般矮小。然而，在其他的原住

民族群中的流傳現象以及稱謂、定義，是否都相同而保有指涉
「誘人迷失的山靈」的名字？又是否與魔神仔、矮黑人之間存在
著相近的連結？

　　本章節所引述的口述資料，即是在阿美、排灣、鄒、卑南族
群之外的部落間對於誘人迷失的山靈的相關傳述、稱謂與詮釋，
包含賽夏族、達悟族與泰雅族，藉此進一步探究且落實「臺灣各
族群都存在的山靈傳說」的查證，以及各族群山靈傳說的多元面
貌與內涵蘊義。本章節所引述與討論的口述傳說文本來源與訪查
範圍，茲此說明如下：

（一）賽夏族（Saysiyat）訪查範圍

　　賽夏族分佈於臺灣西北部，以鵝公髻山和橫屏背山為界，分
為北賽夏（Sai-kipara）與南賽夏（Sai-nason）兩群，其聚落分
佈如下：

1. 北賽夏：新竹縣五峰鄉大隘村的上大隘、高峰、十八兒、
   茅圃，以及新竹縣五峰鄉花園村的比來。
2. 南賽夏：苗栗縣南庄鄉東河村的東河、大竹園、鵝公髻、
   向天湖、加拉灣、中加拉灣、三角湖、大窩山、小東河，
   以及苗栗縣南庄鄉蓬萊村的大坪、二坪、大湳、八卦力，
   與苗栗縣獅潭鄉百壽村的紙湖。

　　由於地緣環境的關係，北賽夏在泰雅族部落環繞之下，語
言、生活和物質文化表現明顯受到泰雅族的影響；而南賽夏多與
獅潭、南庄的客家人混居，生活方式也呈現較為強烈的客家傾
向。大抵而言，賽夏族歷來一直受到泰雅族、漢人、道卡斯族、

日本人與傳說中的矮人的影響。[1]

　　本章節採集自賽夏族報導人的口述紀錄，來自南賽夏群蓬萊部落與向天湖部落。此處所使用的賽夏族語拼音書寫，依據行政院原住民族委員會於 2015 年 12 月 15 日公布之〈賽夏語書寫系統〉為準。[2]

（二）達悟族（Tao）訪查範圍

　　達悟族位於臺東東南方海上的蘭嶼，是臺灣唯一不在本島的原住民族；據神話傳說描述，達悟族的祖先應是由菲律賓北端的巴丹島遷居蘭嶼，之後兩地也仍頻繁往來，大約至十七、十八世紀時才因故中斷，而臺東的阿美族與卑南族也流傳有祖先經過蘭嶼來到臺灣、或是自蘭嶼帶回小米的傳說。由於蘭嶼孤懸海上，加上蘭嶼的熱帶植物相以及獨特的文化根源，達悟族的文化明顯不同於臺灣本島原住民，在日治時期被官方劃定為民族學研究區維持當地的生活文化面貌，直至民國政府時期以前島上幾乎都仍維持著原有的生活方式與文化傳統；1897 年日本學者鳥居龍藏至蘭嶼進行研究後，依據當地族人自稱而以「雅美（Yami）」一詞稱呼蘭嶼的原住民，後來亦有一說支持以「達悟（Tao，「人」之意）」作為族名，目前為兩者通用、而官方以雅美為用詞。現行島上有六個部落，從北而南、從東至西依序是朗島、東

---

[1]　徐雨村：《臺灣南島民族的社會與文化》（臺東：國立臺灣史前文化博物館，2006 年 7 月），頁 117-120。

[2]　參見〔日〕臺灣總督府臨時臺灣舊慣調查會原著，中央研究院民族學研究所編譯：《蕃族調查報告書第八冊：排灣族‧賽夏族》（臺北：中央研究院民族學研究所，2015 年 12 月），頁 iii。

清、野銀、紅頭、漁人、椰油。[3]達悟族的歲時祭儀中以飛魚祭最為著名，也是影響達悟族季節作息最重要的文化慣習，族群的神話傳說、自然生態乃至於物質工具等傳統文化的知識都圍繞著飛魚祭運作。

本章節採集自達悟族報導人的口述紀錄來自野銀部落，內容又涉及東清部落。此處所使用的達悟族語拼音書寫，依據行政院原住民族委員會於 2015 年 12 月 15 日公布之〈雅美語書寫系統〉為準。[4]

（三）泰雅族（Atayal）訪查範圍

泰雅族原來指的是花蓮、南投以北的 8 個縣市與 13 個原住民鄉鎮市區的紋面原住民族群，亦即所謂的泛泰雅或泛紋面族群，其中太魯閣族與賽德克族分別在 2004 年與 2008 年申請通過正名而獨立於泰雅族之外。泰雅族大致可分為兩大群屬，其中又可細分為數個語言群屬，詳列如下：

1.賽考列克群（Seqoleq）：此群稱「人」為 Seqoleq，以位於今日南投縣仁愛鄉發祥村瑞岩部落的 Pinsebukan 為發源地，其中又可細分為下列部落群屬：

（1）馬卡那奇系統的福骨群（仁愛鄉發祥村）、石加路群（泰安區錦水村、南庄鄉南江村、五峰鄉桃山村）、金那基群（尖石鄉秀巒村、錦屏村、義興村，五峰鄉花園村、南庄鄉東河村）、大嵙崁群（復興鄉長興村、澤仁村、三民村、羅浮村、霞

3　徐雨村：《臺灣南島民族的社會與文化》，頁 97-98。

4　參見《原住民族語言書寫系統》（http://ilrdc.tw/research/rwview/rwsystem.php），頁 17。

雲村、奎輝村）、南澳群（南澳鄉南澳村、澳花村、金洋村，大
同鄉寒溪村）；

　　（2）馬立巴系統的屈尺群（烏來區忠治村、烏來村、信賢
村、福山村）、大嵙崁群（復興鄉澤仁村、霞雲村、義盛村、奎
輝村）、卡奧灣群（合歡群，含復興鄉高義村、三光村、華陵村
與大同鄉寒溪村）、溪頭群（大同鄉南山村、四季村、樂水村、
英士村）、司加耶武群（含沙拉茂群，有和平區梨山村、平等
村）；

　　（3）馬里闊丸系統的馬里闊丸群（仁愛鄉力行村，尖石鄉
玉峰村、新樂村、錦屏村）、馬武督群（關西鎮錦山里）。

　　2.澤敖列族群：此群稱「人」為 Tesole，以大霸尖山為其發
源地，其中又可細分為下列群屬：

　　（1）馬巴阿拉系統的南澳群（南澳鄉碧侯村、武塔村、東
澳村）、馬巴阿拉群（仁愛鄉新生村）、萬大群（仁愛鄉親愛
村）；

　　（2）馬巴諾系統的汶水群（泰安區八卦村、錦水村、清安
村）、北勢群（泰安區梅園村、象鼻村、士林村、和平村，和平
區達觀村、自由村）、南勢群（和平區南勢村、博愛村）；

　　（3）莫拿玻系統的南澳群（大同鄉寒溪村）；

　　（4）莫里拉系統的加拉排群（五峰鄉桃山村、竹林村、花
園村、大隘村，尖石鄉梅花村、錦屏村、嘉樂村）。[5]

　　泰雅族除了以成年男女紋面的習俗為顯著的文化表徵外，還
有以 gaga（或稱 gaya、gaza、gaya、gagarux 等）作為維繫宗

---

[5]　徐雨村：《臺灣南島民族的社會與文化》，頁 46-48。

族、社會組織秩序的重要傳統規範，亦可理解為祖先遺訓、社會律法、道德標準等等。本章節採集自泰雅族報導人的口述紀錄，來自馬巴阿拉群的眉原部落，與北勢群的達觀部落、麻必浩部落，內容又涉及同屬北勢群的雙崎部落。此處所使用的泰雅語拼音書寫，依據行政院原住民族委員會於 2015 年 12 月 15 日公布之〈泰雅語書寫系統〉為準。[6]

二、賽夏族的山靈傳說

（一）蓬萊部落（Ray'in）

位於苗栗縣南庄鄉南賽夏群屬的蓬萊部落，因為英國人曾經在此地居住而舊名「紅毛館」，原屬北獅里興社的一部分，明治三十五年（1902）發生南庄事件，使得原本居住於 Amis 社的根、樟、潘三姓氏的賽夏人族人遷入蓬萊，到民國時期政府將此地的平地人聚落與臨近部落合併為蓬萊村，亦即現今的蓬萊部落。現今人口總數約 352 人，賽夏族人佔總人口比例為 37%，非原住民人口為 59%。[7]

來自蓬萊部落的報導人是部落的獵人，以自身的經驗述說部落裡所說的魔神仔、山靈如下：

6　參見〔日〕臺灣總督府臨時臺灣舊慣調查會原著，中央研究院民族學研究所編譯：《蕃族調查報告書第五冊：泰雅族‧前篇》（臺北：中央研究院民族學研究所，2012 年 10 月），〈泰雅語復原說明〉，頁 ix。

7　林修澈：《部落事典》（新北：原住民族委員會，2018 年 5 月），頁143。

我們族語稱（魔神仔這樣的東西）為 habon，這兩個應該
是差不多的東西。山上很多這種事，有時候可能到山上去
工作，突然有人就不見了，然後到處找到處找，才發現他
竟然在懸崖邊那兒，可是問他怎麼會自己跑來這裡，他就
說他是跟著認識的人帶著他一起走到這裡來的。

我經歷過的是，2013 年我跟著朋友一起去村子裡的溪邊
抓蝦，沿路走到很累了我們就決定回頭，但是回來的路上
才發現，怎麼有一個人不見了？但是後來回到我們停車的
地方，才發現他已經超前我們在那兒等著了，可是他並沒
有跟我們走在同一條路上，那可是要繞路繞過大半座山才
能回到我們停車的地方，時間上不可能啊！我們問他他怎
麼沒跟我們一起走，他說他是一路跟著我們的燈光一起走
的呀，不知道為什麼就走到這樣的地方來了。有時在山上
habon 會撥弄竹子弄出聲響，那就是 habon 在討食了，所
以我們上山都會隨身帶著一些食物或酒，就隨地拜拜祈求
保佑。這種東西在我們看來，大概就是孤魂野鬼吧，意外
過世啦或是以前戰死的人，到處遊走而沒有被招魂或供奉
的。[8]

　　報導人所說的 habon，就是與漢族傳說中的魔神仔「差不多
的東西」的稱呼，並且也提到時常發生在山上的迷失傳聞：原本
結伴走在山路間的時候，發現其中一位同伴竟然途中消失、並且

---

[8] Wumaya Dapun Tatayshi，男性，2015 年 7 月 25 日下午訪問於石壁部
落。

出現在「繞過隊伍走過大半座山再走回來、在時間上不可能」的隊伍前方，而當事人聲稱「一路跟著隊伍的燈光一起走」，但不知為何竟然會發生繞過隊伍的情況。這兩種傳述內容，前者與誘人迷失的山靈／魔神仔事件高度相似，但是並沒有「餵食穢物」的情節；後者則與魔神仔事件中讓人穿越險阻的情節接近，當事人遭到引誘而不知為何地走到意想不到、不可能在短時間內抵達的地點。[9]

　　報導人提及的 habon，在《蕃族調查報告書》中為各種神靈、祖靈、人死之幽靈的泛稱，如神靈、祖靈稱為 tatini habon，善神之靈為 imakayzeh habon，為惡或橫死者之惡靈為 ima'aewhay habon，被砍頭者、在夜間向路人丟石頭作祟的幽靈稱為 Saehpoy habon 等等；[10]而在當代的賽夏族宗教調查紀錄中，天神（Boong）、雷神（Biiwa'）、水神（Katetel）等神祇稱為 thamiyam，善神 tatini 即指祖先、長老等等，同時涵蓋過世的祖先與在世的長者，而惡靈 habon 就是俗稱的鬼，也就是意外兇死者的靈變化而成，[11]與報導人認為 habon 大概就是意外身亡、死後沒有被供奉的孤魂野鬼一致，此點與廣義的魔神仔「單一的鬼類」範疇相同。[12]此外，報導人又提到 habon 會撥弄竹子

9　林美容、李家愷：《魔神仔的人類學想像》（臺北：五南圖書出版公司，2014 年 2 月），頁 126-127。

10　〔日〕臺灣總督府臨時臺灣舊慣調查會原著，中央研究院民族學研究所編譯：《蕃族調查報告書第八冊：排灣族・賽夏族》，頁 15-16。

11　簡鴻模：《矮靈，龍神與基督：賽夏族當代宗教研究》（南投：國史館臺灣文獻館，2007 年），頁 28-29。

12　林美容、李家愷：《魔神仔的人類學想像》，頁 14。

發出聲響，則與魔神仔傳說中特定相關植物的竹林、或是竹篙鬼有接近的共通特徵。[13]

（二）向天湖部落（Rareme:an）

　　位於苗栗縣南庄鄉南賽夏群屬的向天湖部落，現址為向天湖盆地底部，相傳幾百年前原為湖泊，後因大東河支流向源頭侵蝕，切穿湖岸使湖水流瀉，賽夏族人便移入當地開墾。清光緒二年（1876）客家人黃南球率眾入墾獅潭，族人也陸續從向天湖遷出至南庄、紅毛館（蓬萊）、八卦力等地。現今人口總數約 155 人，賽夏族佔總人口比例為 91%，非原住民人口為 2%。[14]

　　報導人為向天湖部落中的耆老，也是傳統文化祭儀的重要指導者，作者向報導人詢問關於魔神仔和 habon 的傳聞時，報導人敘述如下：

> 我以前在平地工作時聽過（魔神仔），這個就是 habon，在民國五、六十幾年左右還時常聽到（habon 的傳聞）。我聽過有一、兩個，其中一個人是一直反覆來回的搭公車，一直在車上搭一整天也不下車，公車司機也沒有趕他，事後問他為什麼這樣一直搭公車，他說他看到好多認識的親人朋友跟著他一起搭公車，但公車司機卻只看到他一個人搭車而已，可能那個人當下被 habon 矇住了眼，公車司機也是（被 habon 矇住眼睛）而沒有看到（habon）。

13　林美容、李家愷：《魔神仔的人類學想像》，頁 215-217。

14　林修澈：《部落事典》，頁 149。

> 在山上有時會聽到 habon 躲在竹林裡，像風吹竹子發出的
> 聲音一樣，那個就是 habon 在跟你討食物，如果遇到
> （habon 撥弄竹子討食）就祭拜一點東西給祂就好了。不
> 過有時候（habon）會進入你的夢中，要帶你的小孩或是
> 誰，那就要在早上醒來時弄一點飯菜到外面祭拜
> （habon）。其他像是在山上郊遊烤肉什麼的來到陌生的
> 地方，不要看空空曠曠沒有人的，如果不尊重的話祂會作
> 弄你的，第一餐在吃之前先分一點東西出來作為供祭，表
> 示尊重拜碼頭。這是我們賽夏族的習慣。[15]

　　報導人也從自身經驗認定 habon 就是魔神仔的說法，並舉述
一則曾經發生在公車上類似鬼遮眼的情境事例，也就是讓人困在
同一地點、呆著或重複同樣動作的魔神仔傳聞。[16]而報導人也提
到 habon 與山上竹林的關連，會撥弄竹子、發出像是風吹動竹子
一般的聲響，以及在族群文化中該如何應對的民俗習慣。

　　在相關的文獻紀錄中如《蕃族調查報告書》記錄 habon 的定
義和解釋，也是人死後變化成的祖靈、善靈、惡靈、鬼魂等泛
稱；而在朱仁貴的《賽夏族異聞錄》中記載了數則賽夏族部落裡
流傳且生動詳實的 habon 傳說，在撇除轉述這些傳說的過程中可
能發生的情節渲染、文學手法等影響因素後，從中提取相關的描
述特點說明 habon 的定義與性質如下：

15　Omau Saluo Babai（風健福），男性，2015 年 7 月 26 日上午訪問於鵝公
　　髻部落煤工步道入口。

16　林美容、李家愷：《魔神仔的人類學想像》（臺北：五南圖書出版公
　　司，2014 年 2 月），頁 131-134。

1. habon 就是漢人所說的魔鬼或是妖精、精靈，而且在部落裡流傳已久，包含善靈、惡靈與神靈等超自然現象。

2. habon 沒有具體的形體，有的是發光的霧狀體而外形看來像動物（猴子），有的像是青色或白色的鬼火一般，有的會變化成當事人熟悉的親人，或是變成與當事人一模一樣的長相。

3. 獨自一人在山上、尤其是夜晚的樹林很容易遇到伺機攻擊人類的惡靈 habon，會將當事人抓走而不知去向，或是用各種手法讓當事人迷失方向，比如丟石子或蜂巢、從背後呼喊當事人的名字、或是走在前頭引誘當事人前往危險的地方等等，但是遇到善靈的 habon 則會指引當事人方向與去路。[17]

　　在這些 habon 的相關描述中，可以發現 habon 的定義被擴充為精怪與超自然現象，不只是與人類靈魂相關的範疇，並且也列舉 habon 誘失當事人的各種方式，也包含了前述《蕃族調查報告書》與報導人曾提及的丟石子、走在前頭引誘當事人穿越險阻等等。這些與 habon 相關的描述特點，也大致符合漢族魔神仔的山精水怪、或是單一鬼類的各種定義和情節傳述。另外值得注意的是，在這些關於 habon 的紀錄與傳述中，都沒有提到 habon 與賽夏族矮靈祭祭祀的矮靈有所關聯，而報導人提到 habon 就是不得善終、未得供奉的孤魂野鬼的觀點，除了來自漢族文化的接觸影

---

[17]　朱仁貴：《賽夏族異聞錄》（苗栗：苗栗縣政府，2011 年 11 月），頁 53-87。原書中記載其拼音書寫為 hab:un，此處統一更改為 habon。

響，也可能與當地曾發生大量傷亡的歷史事件背景有關。[18]

三、達悟族的山靈傳說

（一）野銀部落（Ivalino）

位於臺東縣蘭嶼鄉東清村的野銀部落，祖先原居於名為 Doto 的地點，陸續經過數次遷徙，至日治時期初期部落始由開元港口上方遷至現址。現今總人口約 891 人，達悟族佔總人口比例為 89%，非原住民人口為 7%。[19]

來自野銀部落的報導人在聽聞作者述說的山靈／魔神仔與相關情節之後，回應說明：

> 我沒有聽過魔神仔，因為我信基督教。（聽過魔神仔的事蹟後說）anito 會做這種（讓人迷失的）事，也就是人死

---

[18] 明治三十三年（1900）日本政府在臺灣實施樟腦專賣制度，以特許方式核准南庄賽夏族的日阿拐、絲大尾、張有准製作樟腦，但僅同意其使用權，不承認原來清領時期官府核准予南庄原住民開墾土地的所有權，加上承租、催工之間積欠酬銀的衝突催化，明治三十五年（1902）日阿拐聯合賽夏族、泰雅族、客家人襲擊南庄支廳與軍營，史稱南庄事件、亦稱日阿拐事件。後來日阿拐一眾遭日軍擊潰並勸降，日本官方稱日阿拐等人在歸順式上突發暴行，日軍因而槍殺與會的泰雅族頭目薛大老等人，日阿拐雖倖免於難，但也遭日本政府沒收墾地。參見林修澈：《原住民重大歷史事件系列叢書（四）——南庄事件》（新北：原住民族委員會，2020 年 12 月）。而在 1902 年歸順式上遭槍殺的反抗者遺骸遷葬於現今南庄國中校區司令台後方之萬善爺義塚。

[19] 林修澈：《部落事典》，頁 652。

後變成的鬼，惡靈。在野銀部落就有很多這樣的事，不論是以前、或是我個人遇過以後都還有，而且其他村子也有。民國 97 年，我曾經失蹤了兩天，直到第三天才被尋獲，我們稱為 "ma anito"，意思就是被阿尼度抓走了。在那兩天中，整個過程我意識模糊、不知道發生了什麼事。以前就聽說常發生這種事，而且在我之後也還是常聽說，如果我沒有基督庇佑，恐怕我也回不來。[20]

　　報導人表示，因為宗教信仰的關係，並不曾聽聞魔神仔這樣的稱呼，但是部落裡流傳的 anito，也就是人死後變成的鬼、惡靈會做出同樣誘人迷失的事，並且引述自身遭遇 antio 誘失的經驗，而稱之為 ma anito；同時也提醒作者，像這樣被 anito 誘失抓走的事情在蘭嶼時常有所耳聞。anito 在日治時期鳥居龍藏的《紅頭嶼土俗調查報告》記載中，說明為死者的靈魂，[21]與報導人所述定義相同，也和漢族魔神仔被解釋為孤魂野鬼、單一鬼類的廣義定義相同。

　　同樣出身野銀部落的另一位報導人，曾經到臺灣本島工作，所以熟知漢族的社會文化、也知道所謂的魔神仔是什麼，提供作者更為詳細的說明：

　　依照雅美人的三層世界觀，人身上的靈魂也分為三種，人死了以後留下來的靈魂即稱為 anito，有好的也有壞的，

---

[20]　Shaman Inuna（李良炎），2014 年 4 月 1 日下午訪問於野銀部落自宅。

[21]　〔日〕鳥居龍藏原著，林琦翻譯，余光弘校訂：《紅頭嶼土俗調查報告》（臺北：唐山出版社，2016 年 5 月〔1902〕），頁 95-97。

但卻是無形而看不見。我因為以前工作的關係，在臺灣時常跟漢人接觸，發現漢人和我們的文化之間其實都有一些相似的地方或者模式。像是你們說的魔神仔，跟我們說的鬼也很像，鬼打牆啦、紅衣老婆婆（按：應指紅衣小女孩）啦這些我都聽過。

像有一次在東清那兒的早餐店，一位小朋友吃早餐吃著吃著，突然起身就往前走去，差點要摔下去；我趕緊一把拉住他，搖晃他的身體把他搖醒，問他知不知道自己剛剛在做什麼，他回說不曉得到底是怎麼一回事，只是聽到有一道聲音在叫他、感覺有「人」要帶著他走。另一個大約是在 2009 年，有一位來到東清遊玩的遊客，他想要去島上的大天池走走，當時部落的人就勸他不要在晚上的時候自己一個人跑去那兒，他就在白天時離開獨自出發，但是到了晚上還沒回到民宿，就這樣失蹤了 3 天以後，他終於在島上的一棵大樹下被人找到，全身上下只剩下一條內褲，族人問他到底發生了什麼事，但他不清不楚、說不出來自己到底在做什麼。我們會說這個就是 anito，這個就和你說的魔神仔很像。[22]

　　報導人先向作者說明 anito 反映的靈魂觀與其呼應的宇宙觀，並且強調 anito 即是人死後留下來的靈魂、也就是鬼，所以anito 與人密切相關，而不是自然界中所有無形靈體的泛稱；而

22　夏曼・尼飛浪，男性，2014 年 9 月 11 日上午訪問於野銀部落元景民宿。

報導人透過自己對於漢族社會文化的接觸與認知，認為魔神仔就與 anito 一樣屬於所謂的鬼，同時也提到了魔神仔傳聞中時常提及的鬼打牆、紅衣小女孩等各種指涉對象。報導人繼續提出發生在東清部落的兩則例子，一則是孩童突然遭到 anito 的引誘而迷失意識、「感覺有『人』要帶他走」，另一則是外來的旅客獨自前往島上的偏僻地點大天池，[23]音訊全無而失蹤了 3 天才被發現仕一棵大樹下，而且衣衫不整，也疑似意識迷失、無法說明自己失蹤期間的經歷。撇除第一則傳述可能與突然發作的身心健康不佳的症狀有關，報導人所說的第二則傳述在情節內容上都與誘人迷失的魔神仔／山靈高度相似。

（二）其他文獻紀錄

在達悟族（雅美族）的各種傳說故事紀錄中，時常出現魔鬼這樣的稱呼，包含了與人的靈魂變成的 anito，或是其他自然界中各種動植物形體的精怪。[24]其中與 anito 較為接近的例子，有紅頭部落流傳的向五孔洞的 anito 學習用火知識的傳說，大意為：在久遠以前失去兩個太陽的其中一個、無法得到熟食的年代，來自朗島的一對兄弟外出四處尋找食物，直至深夜，兩兄弟走到了

---

[23]　大天池位於蘭嶼島東南方山區海拔 340 公尺處，當地稱為 Dotataw 或 Dowawa，意思是高山上的海、或是禁忌之地，參見林和君：〈【原民說故事】高山上的海（下）〉，《人間福報》（https://www.merit-times.com/NewsPage.aspx?unid=803191），2022 年 7 月 27 日。瀏覽於 2022 年 8 月 31 日。

[24]　例如〈貪吃的魚魂〉中的魚精，以及〈救母歷險記〉中有生命的人形山芋，參見夏曼·藍波安《八代灣的神話》（臺北：聯經出版事業公司，2011 年 9 月），頁 12-15、30-37。

五孔洞的岸邊休息，赫然發現五孔洞中傳來微光，走進洞內一看，發現了正在燃燒的火，以及圍著火光和各種熟食的眾多的鬼；兩兄弟徵得鬼的同意，將火帶走、讓他們返家後也得以煮熟食物供養雙親，但是火卻在兩兄弟返家的途中就熄滅了；鬼便教導兩兄弟如何生火，傳授了用火的知識給達悟族人。[25]這則故事中的「鬼」，在族語的認知中便是所謂的 anito。[26]

有的 anito 被描述為各種奇異的形體，例如「有的眼睛鼻子在背後」、「有的嘴巴在屁股部位」、「有的無頭，有的無手無腳」、「有頭無身體」、「眼睛特別大」、「耳朵特別大」、「身體像小腳」等等。[27]而其他保留在達悟族人自身生命經驗之中的魔鬼或是 anito 的傳述，也有像是在山裡任何地方千萬不可大吼大叫，以免惹怒山鬼帶走人的靈魂等傳聞。[28]大抵而言，anito 的定義仍以人類死後變化成的靈體為主。

---

[25] 參見紅頭部落版本的〈五孔洞學到的知識〉，董森永編著：《董牧師說故事：部落傳說與記實敘事》（新竹：交通大學出版社，2014 年 1月），頁 6-8；〈火的故事〉，夏曼·藍波安：《八代灣的神話》，頁86-91。

[26] 例如《達悟族傳說故事　五孔洞借火　13-雅美語版》（https://www.youtube.com/watch?v=5BZXTM1XTMQ），即稱其為 anito，2019 年 10 月 8日，瀏覽於 2022 年 7 月 30 日。

[27] 〈達悟（雅美）漁夫〉，董森永編著：《董牧師說故事：部落傳說與記實敘事》，頁 107-109。

[28] 〈一位達悟（雅美）男子的故事〉，董森永編著：《董牧師說故事：部落傳說與記實敘事》，頁 161。

四、泰雅族的山靈傳說

（一）眉原部落（Qalang mb'ale）

位於南投縣仁愛鄉新生村的眉原部落，由 7 個社群 mkgong、mklius、mlepa、mksya、mslamaw、peituwan、peitazi 形成，日治時期因水源問題而遷徙至現址。現今部落人口約 449 人，泰雅族人佔比例為 77%，非原住民人口為 14%。[29]

眉原部落的報導人述說了一則與魔神仔一模一樣的事蹟：

> 這是以前我那一百歲的伯父年輕時發生的事，有一次他外出去山上工作時，突然就消失掉，午餐也沒有回來吃、晚餐也沒有回來吃，大家就開始懷疑他是不是出事了，發動全部落的壯丁去找；找了大約 4、5 天，才在部落外山下的小溪邊突然找到他，看起來瘦巴巴的，在那邊喝水。部落的人把他帶回來，大家問他你是怎麼來到這裡的，他說，我想回去，但就是有東西不讓我回去，一直走啊或是一直坐著，一直把我留在這裡。這是發生在日治時代的事情了，我們稱這為 wayan haluyun na tninun nya，意思是「他自己的生命拉他去」，也就是 utux 造成的。[30]

此則事例發生在日治時期，敘說報導人的伯父在山上突然失蹤，數日後在偏僻的溪邊被尋獲，但伯父不知為何無法明確講述

---

[29]　林修澈：《部落事典》，頁 207。

[30]　劉金威，眉原部落耆老，2016 年 2 月 4 日早上訪問於眉原部落自宅。

數日以來的遭遇，並回應「有東西不讓我回去，一直走啊一直坐著一直把我留在這裡」，而報導人也轉述了族語中的說法，並且說明 utux 就是誘失事件的主因。

《蕃族調查報告書》中記述 utux 為神靈、祖靈，而無法成為神靈之亡靈也稱為 utux，人體內的生靈與人死後的靈魂也稱為 utux，此為《蕃族調查報告書》中大料崁蕃、合歡蕃、白狗蕃、司加耶武蕃、沙拉茅蕃、溪頭蕃、巴司誇蘭蕃、奇拿餌蕃的共通認知，溪頭蕃則強調 utux 皆以人的形象出現。[31]而少部分如合歡蕃則稱其他萬物如豬、鹿、猴、熊、山羊等野獸也具有 utux，但是家畜和草木、鳥類則沒有 utux 的存在。[32]也就是說，utux 大多是以人為主的靈，而這種以人為主的自然觀、神靈觀，並不完全吻合萬物有靈的泛靈思想與稱謂。

（二）達觀部落（L'olu）

位於臺中市和平區達觀里的達觀部落，起源自 Mt'ung（老屋峨社），後來輾轉遷徙於大霸尖山、后里、牛欄坑、大坪林、烏石坑、摩天嶺等地，昭和十七年（1942）因痲疹肆瘧，族人陸續往 Kling（竹林）、L'olu（達觀）等地避居，民國三十五年（1946）編為村里劃歸台中縣和平鄉自由村，民國五十五年（1966）成立達觀村，亦即現今的達觀部落。現今部落人口約

31　〔日〕臺灣總督府臨時臺灣舊慣調查會原著，中央研究院民族學研究所編譯：《蕃族調查報告書第五冊》，頁99。

32　〔日〕臺灣總督府臨時臺灣舊慣調查會原著，中央研究院民族學研究所編譯：《蕃族調查報告書第五冊》，頁75。

385 人，泰雅族人佔比例為 54%，非原住民人口為 43%。[33]

　　達觀部落的口述人都曾聽聞過漢人所說的魔神仔，而且類似魔神仔的山靈事件在此地時有流傳，口述人稱：

> 2016 年 6 月隔壁的雙崎部落才有一個人失蹤，已經一個月了還找不到，這樣的事我們就會懷疑是 lyutux 帶走了。從民國八十幾年來這樣的事情很多，我的岳父聽說好像也是這樣，只是沒辦法證實，也被 lyutux 帶走，跟他一起工作的人說，他說好像是他的兒子在叫他，一出去就沒有回來；但是晚上時他兒子、也就是我小舅子，說那時他在家裡，不可能叫他出去。就這樣被 lyutux 帶走了 4 天還 7 天才在山上被找到吧，其實我們在山上有的人，就是所謂的八字輕，或身體狀況比較差的，也會看到。
>
> 被帶走的人回來後，他都會說「那個人」有給他吃東西、吃得很好，但是回來之後才發現他吃的是青蛙啦、或是一些山上的東西。而且被帶走的那個人就在旁邊啊，他說他知道找他的人經過他身邊，還能說出誰誰誰曾經找過他，但是他沒辦法叫住那些人，而去尋找的人也看不到他。應該可以說是這樣，lyutux 是靈，也就是我們的祖先轉換成的，也就是祖靈。lyutux 是鬼，是比較不好的。好的 lyutux 會帶你出來，壞的 lyutux 就是失蹤，或是找到時已經沒命了。[34]

33　林修澈：《部落事典》，頁 183。
34　羅清文，男性，2016 年 7 月 19 日晚上訪問於達觀部落自宅。

在訪問當下，報導人提到近期在鄰近的雙崎部落才發生過類似的誘失事件，並其述說一則自身親人遭遇稱為 lyutux 的山靈誘失經歷，從偽裝親人以引誘當事人、失蹤數日才被尋獲，以及結合相關經驗後發現的餵食穢物、與外界不可思議的斷絕接觸感知等現象，與魔神仔的誘失、鬼遮眼情節幾乎相同。報導人又解釋，所謂的 lyutux 是由過世的先人轉變而來的靈，而有善靈的祖靈、惡靈的鬼的分別，誘失事件就是惡靈的鬼所為。

《蕃族調查報告書》當中記載的 lyutux 為神靈，也包含人死後化成的亡靈，並且因生前為善人或惡人而有善靈、惡靈之分，此為北勢蕃、眉原蕃、南澳蕃、加拉歹蕃、舍加路蕃、汶水蕃的說法，而汶水蕃則又認為善神即是祖靈，惡神則是無通婚關係的其他部落之靈；有的紀錄如南澳蕃提到 lyutux 與人的外貌極為相像，若是在山中看見人影、走近一看卻不見其蹤，就是 lyutux 所為，而且除了人死後變化而成的 lyutux 在自然間四處遊走之外，並沒有其他神靈。[35]從上述報導人與《蕃族調查報告書》的闡釋來看，lyutux 與 utux 同樣也是以人為主的靈，僅是少部分地區在定義上和語音稱謂上有所差異。

達觀部落的另一位報導人也證實鄰近地區發生的 lyutux 誘失事件，而且直指 lyutux 就是漢族所說的魔神仔：

> 你說的魔神仔，我們最近才有一起，失蹤一個月到現在還沒找到（按：發生於 2016 年 6 月雙崎部落）要找的話，

---

[35] 〔日〕臺灣總督府臨時臺灣舊慣調查會原著，中央研究院民族學研究所編譯：《蕃族調查報告書第五冊》，頁 96-97。

就是固定要一個特定的人、跟他有緣的人去，才能讓你找到（失蹤的人）。這樣的事情聽過很多，我們是說被鬼拉走、被 lyutux 拉走；這是一種靈界的、超自然的、我們平常看不見的，有時候一些奇怪的事情我們不知道為什麼，我們會說是不是 lyutux。我認識的人就有兩個曾經被拉走，現在（2016 年 6 月的雙崎部落）這是第三個。[36]

　　除了前一位報導人提到的鄰近誘失事件外，報導人還提及當地時常聽聞 lyutux 誘人迷失的傳聞，而且 lyutux、亦即誘人迷失的惡靈就是漢族所說的魔神仔；同時，報導人也談到如果發生難以解釋、無法被看見而不知原理的事情時，在部落的認知中就會聯想到是 lyutux 所為。此一認知也和魔神仔與難以理解、不知如何解釋的奇異現象常常被連結關係的現象相同。

　　而前述報導人又提到部落的傳統宗教信仰如何看待 lyutux 的誘失事件：

　　我們有一個觀念，平地人的神靈與我們的神靈不一樣，所以彼此之間發生的事情是插不了手的，像你們的童乩或什麼壞事，我們就不怕，你們的神是你們的神，我們的神是我們的神，你也沒辦法搞我，因為我們的神會說「不行！我們又沒有瓜葛」，所以番仔的事情漢人管不到，只有番仔可以。（林梅雄，2016 年 7 月 19 日）

---

[36] 林梅雄，男性，2016 年 7 月 19 日晚上訪問於達觀部落自宅。

　　報導人稱在不同族群的不同宗教信仰背景下，雙方族群各自發生的山靈誘失事件、也就是 lyutux 和魔神仔，只能由族群各自的傳統宗教神職人員處理，也就是俗稱的巫師，漢人（亦即平地人）的魔神仔與神祇不會影響到泰雅族人，而泰雅族人的 lyutux 也不能請漢人的乩童、神祇協助處理，族群之間的區別也代表了宗教神靈觀之間的區隔。

　　另一位報導人提到詳細的巫師如何應對遭 lyutux 誘失的方法，以及雙崎部落事件的後續結果：

> 要找回來（被 lyutux 帶走的人），就要去找 phgup（瑪霧），就是巫師。泰雅族裡有兩種，一種 phgupi（瑪荷匿）是施法，另一種 phgup 是解咒，就一個是負責下咒的、壞的，一個是負責解咒的、好的。phgup 就用兩根竹管（竹占），向鬼神詢問下落，然後看竹子的反應，比如說把竹子交叉疊上去，看竹子會不會掉下來、會不會跳，或是就黏在上面，來看鬼神給的答案是什麼。
> 雙崎部落那件事，從 2016 年 5 月 30 日失蹤到 6 月底都找不到，後來就是他們家族自己去找，我就建議他們，去找巫師 phgup 問看看；那時（phgup 竹占用的）竹子就一直掉下來、一直問不出來，這有可能是鬼神覺得生氣、問得不對或是責怪的意思。後來 phgup 就請家屬把當事人的衣服帶給她，看當事人會不會託夢給她。第二天晚上 phgup 就夢到了當事人，在夢中跟她說他在山上快來找他；第三天，他的家人就又上山去找，但也是沒找到。我們試著用泰雅族的傳統方式來處理，因為這是發生在泰雅族的領

域，而他們家也都是泰雅人，所以要用泰雅族的方法來找，但是至今就是找不到，沒有解答。[37]

　　報導人說明，如果在泰雅族的領域裡發生被 lyutux 帶走的事件，就要請泰雅族的傳統宗教信仰中負責為人解咒、治病或是處理疑難雜症的 phgup，而 phgup 會以竹占的方式向神靈卜問當事人的下落。[38]但是在雙崎部落的事件中，透過 phgup 的竹占尋找當事人的過程並不順利，至作者訪問期間仍未找到當事人。而報導人也提及，由於該則誘失事件發生在泰雅族的領域之內，當事人亦為泰雅族人，所以應該要借助泰雅族的傳統宗教信仰儀式處理，也就是 phgup 的竹占，呼應了前一位報導人所說的「遇到 lyutux 不能找漢人的宮廟、乩童，而要找泰雅族的神」以族群區分信仰祭儀的說法。

（三）麻必浩部落（Mabanan）

　　位於苗栗縣泰安鄉的麻必浩部落，今稱永安部落，起源於大霸尖山 Papak wa'a，再輾轉遷徙至麻必浩溪源頭 ulay suwan，之後再遷居大安溪上游的麻必浩溪口。現今部落總人口約 235 人，

---

[37]　Pilin Yapu（比令・亞布），麻必浩部落出身，時任達觀部落達觀國小（現稱博屋瑪國小）校長，2016 年 7 月 20 日上午訪問於達觀國小。

[38]　據《蕃族調查報告書》所述，北勢蕃的竹占為：兩腿併攏，膝間夾著竹管，並在竹管上端放置粟玉（陶珠），如果粟玉靜止不掉落，即表示獲得神諭。參見〔日〕臺灣總督府臨時臺灣舊慣調查會原著，中央研究院民族學研究所編譯：《蕃族調查報告書第五冊》，頁 84。訪談人此處所述則是以竹管交疊，若置於上端的竹管靜止不動而不會掉落，即表示獲得神靈給予的回覆。

泰雅族人口比例為 92%，非原住民人口為 6%。[39]

　　出身麻必浩部落的報導人表示：漢族所說會誘人迷失的魔神仔，也就是泰雅族所說的 lyutux，並且作了一番解釋：

> 我們泰雅（對於魔神仔）的說法是 lyutux，lyutux 是怎麼產生的，我們說像是車禍、死在外面、沒有善終的，他的靈就會回不來，在山上變成 lyutux；如果是善終、或是在家裡過世的，他的靈就會好好的留在家裡，變成善靈、好的 lyutux。這個就是在山上，會搞怪。我爸爸也常常有這個遇見 lyutux 的經驗，可以看到 lyutux，以前他去山上採山產，他上去（看見）的時候，會說是 ya'an lyutux，但在我們一般的講法就是統稱為 lyutux，知道這個就是壞的會作怪的 lyutux。lyutux 出現時會伴隨一陣強風，而且是很冷的風，通常都在傍晚；他回來的時候也常常告訴我祖父。我祖父就說，如果在山上遇到這個，你就把刀放在你身邊睡覺，就不會來。但有一次從山上下來的時候，他也被嚇到，那股冷風一來的時候，吹得他全身雞皮疙瘩、頭髮豎起來；遇到時第一個你就是逃開，或者就站在現場跟祂講道理。麻必浩之前就發生過一次，人去山上就不見了，大家去找了兩、三天，後來在傍晚時找到他在一棵樹的最頂端，他也不是說不會爬樹，但我們爬樹是不會像那樣子爬到樹的最尾端去，然後叫他也不下來。後來將他帶下來以後，問他怎麼會在這裡，他回答說就有人帶他這樣

39　林修澈：《部落事典》，頁 167。

走上去，而且他不是說爬上去，是「走」上去。（Pilin
Yapu，2016 年 7 月 20 日）

報導人提及：泰雅族對於漢族傳說的魔神仔，就是所謂的
lyutux，也就是不得善終、在外橫死而沒有返回家中的死者靈
魂，留在山上、野外成為作祟的 lyutux。而 lyutux 多在傍晚的山
上伴隨著強勁寒冷的風現身，有時則會特定稱為 ya'an lyutux，
但一般多以 lyutux 為慣用稱呼。如果隨身攜帶著山刀即可驅逐
lyutux。而報導人提供的麻必浩部落的山靈誘失事例中，則是當
事人在山上失蹤數日後，被人發現在一棵樹的頂端上，而當事人
則說「有人帶他走上去」，也與魔神仔誘人迷失的事件情節一
致。

而被 lyutux 誘失的人又會有下述特徵：

> 這個故事很多，常有人說碰到 lyutux、會有一陣風吹過來
> 的經驗，感覺到山上似乎有什麼力量，會把人牽著走。這
> 樣的事情在山上不時就會發生，但像我也常常去山上打
> 獵，就不曾遇過，我們泰雅的說法是指這個人的生命、生
> 氣比較弱，就像你們平地說的八字輕。如果有找回來的，
> （當事人）都說就是有人帶，而且肚子也不會餓，感覺不
> 像是自己在山上過了好幾天那樣，可是就是精神恍惚；帶
> 回來以後也不會馬上好，要一段時間才會恢復，你問他問
> 題他沒辦法馬上回答你，反應不好。（Pilin Yapu，2016
> 年 7 月 20 日）

報導人在此指出 lyutux「會把人牽著走」的特徵，以及被
lyutux 牽走後尋獲的當事人，都聲稱有「人」在前帶領，而且雖
然在山上失蹤數日、又沒有攜帶飲食，可是尋獲時卻不覺得飢
餓，從外觀看來也不像是在山上獨自渡過長時間的骯髒不整模
樣，但是精神恍惚、沒辦法回答問題，必須過一段時間才會漸漸
恢復，這些描述也和漢族魔神仔的相關傳述極為接近，但是沒有
提到餵食穢物的情節。而報導人認為被 lyutux 誘失的人是因為當
下身體狀態、也就是生命力較為虛弱，才被 lyutux 趁虛而入，就
類似漢族民間所說的八字輕一般。

　　綜合上述報導人與文獻紀錄中對於山靈 utux、lyutux 的稱呼
差異，在《蕃族調查報告書》中尚有其他的異稱，[40]而穿插於賽
考利克（新北市烏來、桃園縣復興、新竹縣尖石、臺中市和平、
南投縣仁愛）、四季（宜蘭縣大同鄉四季、樂水）、澤敖利（新
竹縣五峰與尖石、苗栗縣泰安、臺中市和平、宜蘭縣南澳）、汶
水（新竹縣五峰、苗栗縣南庄、泰安）、萬大（南投縣仁愛親愛
部落）等五個方言群之間，[41]而這些不同的名稱在地理分佈上並
沒有與哪些特定地區存在特定關連的現象，此外方言群的分類又
與前引泰雅族的群屬分類沒有絕對的關係，從此可知泰雅族群的

---

[40] 萬大蕃稱為 amutux，參見〔日〕臺灣總督府臨時臺灣舊慣調查會原
著，中央研究院民族學研究所編譯：《蕃族調查報告書第五冊》，頁
93；鹿場蕃稱為 alyutux，參見〔日〕臺灣總督府臨時臺灣舊慣調查會
原著，中央研究院民族學研究所編譯：《蕃族調查報告書第七冊：泰雅
族——後篇》（臺北：中央研究院民族學研究所，2010 年 12 月），頁
45。

[41] 參見〔日〕臺灣總督府臨時臺灣舊慣調查會原著，中央研究院民族學研
究所編譯：《蕃族調查報告書第五冊》，〈泰雅語復原說明〉，頁 ix。

移動與遷徙相當複雜，不同群屬與方言群之間的分佈區域沒有直接關連，此種語言與族群內部紛呈的歧異性也反映在各個部落對山靈的稱呼和認知之上。

五、山靈的定義與差異

　　整理上述對於賽夏族、達悟族與泰雅族部落中對於誘人迷失、與漢族魔神仔情節相像的山靈傳述，以及文獻紀錄中對於靈的定義與描述，可以從中提出三點山靈傳說的現象討論：

（一）從人而來的靈

　　在賽夏族、達悟族與泰雅族中流傳的誘人迷失之山靈傳說，所謂的山靈本質大多是人死後的鬼魂所變化而來。賽夏族的 habon、達悟族的 antio 與泰雅族的 utux/lyutux，在口述人的詮釋中都是人死後的孤魂野鬼、魔鬼或是不得善終的亡靈，雖然在賽夏族部分對於 habon 的文字傳述中也被稱為「精靈」、看似與自然中的生靈相關，達悟族在 anito 的相關傳說中也有魚精、人形山芋等動植物的形態，也有各種奇異形體的樣貌，但是對於誘人迷失、與漢族魔神仔相近的山靈而言，在口述人的認知中仍是「人死掉以後變成的」、大多指為人的鬼魂所致。而在泰雅族的 utux/lyutux 範疇裡，也強調是人死後所化成的善靈或惡靈，《蕃族調查報告書》中更有「只有人與部分動物才具備 utux」的說法，而會誘人迷失的 utux/lyutux 自然也屬於人的鬼魂、兇死者之靈體。

　　因此，在賽夏族、達悟族、泰雅族認知中的誘人迷失的山

靈，與漢族魔神仔的孤魂野鬼定義最為接近，不同於前述章節其他族群所稱的自然之間存在的生靈或精怪。此一認知差異也反映：原住民族群的自然觀和宗教觀不見得全是純然的萬物有靈論，部分族群的文化母體認為只有人或是部分的動物才具備所謂的靈。

（二）族群文化的特殊性

關於山靈的傳述情節內容，各個族群大多擁有各自的特徵，綜合口述人與文獻記載來看，賽夏族的 habon 會撥弄竹子、發出像是風吹動竹子的聲響一般，或是會對著人丟石頭；達悟族的 anito；泰雅族的 utux/lyutux 則伴隨著強勁的冷風現身，如果人正處於精神、生命力較為虛弱的狀態，就容易遭到 utux/lyutux 趁虛而入，但是可藉由攜帶山刀來驅逐 utux/lyutux 的作祟。而達悟族的 anito 在口述人的傳述中僅有誘失的情節，或是「就和魔神仔一樣」，較無突出而獨特的情節描述。

而從當代的宗教信仰來看山靈的傳述與影響，也可發現傳統宗教信仰在當代文化的影響與存續：達悟族由於受外來宗教傳入影響已久，其中的巫師至今雖然尚存相關的近代撰述紀錄，[42]但是以山靈誘人迷失而言，在口述人的認知中認為信仰基督教就能庇佑自己不受 anito 的作祟傷害，即可反映巫師在當代達悟族的社會生活中已少有影響力。

---

[42] 例如：〈夏本麻娜烏趕惡靈〉、〈通靈的夏本馬你芬〉，林建成：《後山原住民之歌》（臺北：玉山社，1996 年 10 月），頁 75-76、77-79；〈Siamanmazasing 巫師〉，董森永編著：《董牧師說故事：部落傳說與記實敘事》，頁 189-191。

　　賽夏族受外來宗教傳入影響的時間極早，在清領時期（1683-1895）即因為漢人進入新竹、苗栗淺山地區拓墾，逐漸替換當地賽夏族的主流族群地位時，宗教與文化就開始受到漢族涵化的影響；[43]而基督教對賽夏族的影響，最早可推溯至1873年加拿大海外宣道會的馬偕（Dr. George L. Mackay）進入獅潭地區、為當地原住民施洗並興建教堂的紀錄，只是紀錄中並未提及當地原住民指的究竟是泰雅人或賽夏人；而明確可考的紀錄則是在 1945 年前後的基督教長老教會、以及 1955 年天主教會的傳入，對賽夏族影響最大。[44]而賽夏族傳統的巫醫稱為「烏萬」，迄今雖然尚存傳承者，但在外來宗教傳入的長期影響下，傳統巫醫的影響力在現代社會中看似已經式微，而視為文化的根源與傳承保存下來，[45]但是在傳統信仰的重大公共事務中例如祭典的主祭人選等等，仍以傳統巫術如竹占的指示作為決策的依據。[46]

　　泰雅族的報導人則認為：屬於泰雅族傳統宗教信仰的 utux/lyutux 的作祟，必須尋求同屬於泰雅族傳統宗教信仰的巫醫 phgup 協助，才能尋回並治療當事人，無法透過其他宗教如漢族民間信仰的宮廟、乩童處理。從此便可發現泰雅族的傳統巫醫在當代部落的日常生活中仍有相當的影響力與其存續，而巫師同時也可說是族群傳統文化與知識的重要傳承者，作者即有許多與山

43　簡鴻模：《矮靈，龍神與基督：賽夏族當代宗教研究》，頁 85。

44　簡鴻模：《矮靈，龍神與基督：賽夏族當代宗教研究》，頁 143-144。

45　高有智、陳惠芳：〈原民巫醫跨界　身心靈統統醫〉，《中國時報》，2010 年 5 月 17 日 A6 版。

46　潘秋榮：《小米、貝珠、雷女：賽夏族祈天祭》（新北：臺北縣文化局，2000 年），頁 109。

靈相關的傳述來自於各個部落的巫師、祭師與巫醫，所以巫醫是否仍在當代社會生活中發揮影響力，也可能成為影響山靈傳說流傳的指標。

（三）與矮人的關係

在前述章節不斷被提出魔神仔／山靈與矮黑人之間的關連討論中，目前已知各個族群中誘人迷失的山靈傳說皆未和矮黑人產生連結，在本質、來源和定義上兩者都有所區別；雖然有時在山靈的描述上也有矮小、外觀黝黑等與矮黑人相似的形象，或是在傳統宗教信仰的特定情境中有矮小的靈的顯現，但是都與傳說中的矮黑人沒有關係。茲此同樣以賽夏族與泰雅族的相關紀錄為討論文本，繼續探究山靈 habon、utux/lyutux 與矮人之間的關係。而達悟族內部並沒有矮人的神話、故事與傳說流傳，因此不列入討論。[47]

首先是因為矮靈祭與矮人傳說盛傳於世的賽夏族，而矮靈祭也與賽夏族的神話、傳說、文化有著密切的關係。賽夏族人看待矮人與山靈 habon 之間的關係為何，據報導人說明如下：

> （矮人與 habon）這兩個是不一樣的，矮人 Ta'ay 是我們

---

[47] 達悟族是臺灣法定原住民族 16 族中唯一沒有矮人傳說的族群，在劉育玲：《台灣原住民族矮人傳說研究》（花蓮：國立東華大學中國語文學系民間文學博士論文，2015 年 1 月）的頁 1-2 說明：「就現有的調查資料來看，當前台灣的十六個原住民族，除了離島的達悟族之外，其餘十五個族群都有矮人的傳說，只不過各族之傳說內容以及在族內盛行與否則或有不同。」

紀念的矮靈，以前祂們幫助我們族人去種稻米，然後
Ta'ay 教導我們的祖先耕種，但是 Ta'ay 會去部落調戲我
們的婦女，所以祖先趁著祂們一年來到部落歡慶一次、然
後要往東方返回的時候，都會爬過一棵樹跨越河流，祖先
便先將那棵樹動手腳像佈陷阱一樣，在祂們要爬樹過河時
把樹砍斷讓祂們掉到河裡去了。那時有一位 Ta'ay 倖存，
便跟祖先說我們要離開了，以後你們就得辛苦的耕作了，
而你們要記得每年祭拜我們一次，否則你們不會有收成。
（habon 跟 Ta'ay）不一樣啦！我們 habon 就是好的 habon
跟壞的 habon，分得很清楚，壞的 habon 會作弄人，但是
沒犯什麼大錯也不會來找你，我們分得很清楚。而人走了
（死亡）以後就叫 habon，這跟泰雅族說的走過彩虹橋的
lyutux（祖靈）是一樣的。（Omau Saluo Babai，2015 年 7
月 26 日）

　　報導人解釋矮黑人 Ta'ay 與 habon 兩者是不一樣的定義與性
質，矮黑人是賽夏族紀念的對象，至今祭拜其為矮靈；但是
habon 是人死亡以後變成的善靈或惡靈，和矮人、矮靈是不同的
稱呼與來源。[48]此外，從賽夏族傳統宗教信仰中的神靈觀來看，
矮靈在賽夏族中屬於神靈的位階，與誘人迷失的惡靈 habon 不
同。[49]因此，在賽夏族而言，矮人、矮靈與誘人迷失而近似於魔

[48]　口述人此處所講述的矮人傳說，與賽夏族內部流傳的版本略有不同，例
　　　如：矮人協助賽夏族人種植小米，此處則說是稻米；矮人摔落河中以
　　　後，倖存而爬上岸的矮人有兩位，此處則說是一位。
[49]　簡鴻模：《矮靈，龍神與基督：賽夏族當代宗教研究》，頁 80。

神仔的山靈 habon 是完全不同的存在。

其次，泰雅族的報導人從口述歷史傳承過程的角度，提出族群內部對於矮人和山靈之間的關係的見解：

> 我知道矮黑人，賽夏族最有名，但是從泰雅族（達觀部
> 落、麻必浩部落)的祖靈觀、宇宙觀來看，沒有矮黑人這
> 個東西，老人家也沒有講過有這樣的東西。如果說矮黑人
> 就是 lyutux 的話，那我們的老人家應該也會提到這樣的說
> 法（和觀察）。（Pilin Yapu，2016 年 7 月 20 日）

報導人依據自身對於族群內部文史傳說的瞭解，認為部落並沒有流傳矮黑人傳說，自然也不會有誘人迷失的 utux/lyutux 就是矮黑人的看法產生。[50]然而，若從 utux/lyutux 在泰雅族整體的觀念認知來看，屬於人死後變化而成的靈體，善靈即成為祖靈、惡靈即成為作祟與誘人迷失的山靈，在本質上也和曾經存在的矮人不同。

綜上所述，雖然會誘人迷失的 habon 和 utux/lyutux，不僅在情節上與魔神仔極為接近，在定義上也和魔神仔的孤魂野鬼相同，但是從口述紀錄和調查文獻的詮釋來看，賽夏族與泰雅族都

---

[50] 泛泰雅之中其實也有矮黑人傳說的流布，李壬癸依據鹿野忠雄的調查即整理出泰雅族的矮黑人傳說 3 則，參見李壬癸：《台灣南島民族的族群與遷徙》（臺北：前衛出版社，2011 年 1 月），頁 176-177；而在劉育玲的台灣矮人研究中，泰雅族與賽德克族、太魯閣族、布農族、邵族、鄒族一同歸列在同一個矮人傳說圈之中，參見劉育玲：《台灣原住民族矮人傳說研究》，頁 337。

不存在「魔神仔／山靈就是矮人」的看法，而且在本質定義上就
已明確有別。

六、小結

　　本章節以賽夏族、達悟族、泰雅族的訪談調查為主，並且參
照調查報告、傳說紀實等文獻紀錄，探析三個族群內部的誘人迷
失、與魔神仔相似的山靈傳述，以及山靈和矮黑人的關係。而三
個族群對於誘人迷失的山靈，都屬於不特定指稱的泛稱，賽夏族
的 habon、達悟族的 anito、泰雅族的 utux 或 lyutux 都是人死之後
的靈的泛稱，同時包含善（祖）靈與惡靈，在名稱上少有標注其
善惡性質的冠詞，尤其泰雅族中更有著自然界中只有人與部分動
物擁有 utux/lyutux 的說法，與一般認知的萬物有靈之泛靈論有所
出入，這也反映了族群在傳統宗教信仰上的自然觀、神靈觀的差
異。

　　賽夏族的 habon、達悟族的 anito，與泰雅族的 utux/lyutux，
在報導人的認知中皆是以人為主、人死後變化而來的靈，而達悟
族的 anito 在傳說中有時也指稱有著動植物、非人類外貌的精
怪；但是誘人迷失的山靈大多是不得善終、在外橫死的人類亡靈
或鬼魂作祟所致，與漢族傳述的廣義魔神仔範疇內的孤魂野鬼相
近。比起前述章節提及的其他族群間以自然界中無形的生靈來稱
述山靈的情況，在部分族群中的見解如賽夏族、泰雅族、達悟
族，則認為是人類的鬼魂成為山靈而作祟、誘人迷失。如此一
來，決定山靈定義的思維背景便不是萬物有靈的泛靈論，而是人
死為鬼的思想，也就是族群之間在自然觀、神靈觀上的差異反

映。

因此，本質上即是人死後變化而成的山靈的詮釋，自然就不等同於神話故事傳說中的異族矮黑人。臺灣最為廣為人知的矮黑人傳說即來自於賽夏族，但是在報導人的認知之中，矮黑人與矮靈 Ta'ay 和人類橫死後作祟的山靈 habon 並不相同，而且矮靈在賽夏族的神靈觀之中屬於神祇的位階，和作祟且誘人迷失的孤魂野鬼截然不同。泰雅族內部同樣也流傳著矮黑人傳說，但從報導人的口述、文獻紀錄中的引述來看，與誘人迷失的山靈相關的 utux/lyutux 也屬於人死之後變化而成的靈，善終者即為善靈、祖靈，橫死者就成為作祟與誘人迷失的惡靈，也就是本書所說的山靈；而從泰雅族整體對於 utux/lyutux 的詮釋來看，也與非我族類的矮黑人之間沒有關係。泰雅族的報導人則提出一個本質上的見解：雖然在泰雅族的某些部落中並沒有矮黑人的傳說與認知，但是如果矮黑人就是 utux/lyutux、或者兩者相當接近的話，那麼在講述 utux/lyutux 的過程中應該也會指出與矮黑人相關、相近的特徵，然而在報導人所知中並沒有這樣的情況，可知矮黑人與 utux/lyutux 原本就有所不同。

而在進行訪問調查的過程中，作者有許多的口述資料都來自於部落的巫師、祭師、巫醫等傳統宗教信仰的神職人員，提供也傳承了許多傳統文化的知識如神靈、信仰與自然的觀念等等。然而，作者進行訪問的地區中，如泰雅族北勢群至今尚有為人解決疑難雜症或治病的巫醫 phgup，而達悟族的野銀部落、東清部落，和南賽夏群中雖然曾經有過或是尚存巫師、巫醫這樣的人物，但是在外來宗教傳入的影響之下，在當代社會中日常生活的影響力已然式微，在這兩種不同的背景環境之中，山靈傳說的述

說、流傳等存續情況也有所差別。作者在達觀部落進行訪談時，大部分的報導人都提及山靈誘失的事件仍然不時有所聽聞，甚至在作者來到部落之前也才發生過，報導人們對此都耳熟能詳，也提到當事人家屬向巫醫求助的過程；但是在達悟族的野銀部落、以及南賽夏群的報導人們而言，對於山靈誘失的傳述過程、定義詮釋和情節內容，便不如泰雅族報導人來得詳實，而且也不像泰雅族報導人所說「只能由泰雅族的神來處理，不能找其他宗教代行」，並未帶有強烈的族群身分區別意識。

　　這兩種在田野現場所見的情況差異，應當來自於傳統宗教信仰的巫師、巫醫是否仍在當代部落的日常生活中存續而且存有影響力。與泰雅族報導人所描述的族群身分區別情況相近者，例如前一章節引述的卑南族報導人，也提及遭到山靈 balaz 誘失、精神持續恍惚不濟的當事人若要尋求協助或治療，「只有卑南族的巫師 temaramaw 才有辦法處理」；[51]或是如同前述章節的阿美族報導人所說，要尋找被 saraw/caraw 帶走的人的下落，就要請祭師 cikawasay 向神、靈卜問其下落；[52]上述這些情況都是祭師、巫師仍然在部落中持續為族人處理疑難雜症的地區，也就是說，隨著祭師、巫師等傳統宗教信仰的神職人員的存續，使得傳統祭儀、文化和知識仍然對於部落的日常生活產生持續影響，在面對山靈事件的反應、傳述和詮釋時，自然會以部落的傳統文化與宗教信仰的思維來理解和處置，而部落族人對於山靈的認知也就更貼近傳統文化的脈絡、更加詳實。如果是在外來宗教取代傳統宗

[51]　Anuw（林丁貴），2017 年 8 月 12 日。
[52]　Lalan Unak（蔡義昌），2013 年 4 月 2 日。

教、進而取代原來巫師與巫醫的地位與職能的情況下，就比較容易透過外來宗教的思維與文化傳述並詮釋山靈事件，例如達悟族報導人所說的：由於基督的庇佑使自己免於山靈 anito 的作祟傷害，或是前述章節中排灣族報導人以魔鬼來比擬解釋山靈等等。[53]因此，對於山靈傳說的理解、傳述和詮釋是否能夠正確詳實地保留下來，可能與當代部落裡的傳統宗教信仰與巫師、巫醫是否仍然存續並持續發揮影響力有關，也是一種反映傳統文化存續脈動的指標因素。

---

[53]　葉美花，女性，2014 年 3 月 26 日下午訪問於馬兒部落社區文健站。

第伍章
kacinis、kuit、nage-utux：
布農族、噶瑪蘭族、太魯閣族與
其他族群的山靈傳說

一、引言

　　前述章節以田野訪查資料為主、並輔以相關的文獻紀錄，陳述臺灣在漢族的魔神仔之外，其他各個原住民族群也存在著相似、甚至完全相同的誘人迷失的山靈傳說；在採集與彙整山靈傳說的情節內容、名稱名義之外，也對於學者專家嘗試提論「魔神仔是否即為原住民傳說中的矮黑人」的見解，進行比較與驗證。然而，隨著 2015 年起臺灣興起的本土妖怪之文學創作、影視劇作和文創出版品的風氣，在小說、媒體以及族語的辭彙資料之中也可見到誘人迷失的魔神仔／山靈的創作詮釋以及相關記載，這些形式各異、溢於調查報告與學術著作之外的紀錄，適可彌補更多元廣泛、貼近現實日常的傳說流佈與影響。

　　本章節除了引述作者的田野訪查資料之外，亦會呈現各種不同形式的資料，包含小說、新聞、族語與相關著作文獻等等，藉

此論及山靈傳說與其專名、冠名、泛稱的流傳現象，呈現山靈傳說另一種更貼近日常生活的形式的傳述。茲此說明本章節在田野訪查與相關文獻紀錄中討論與陳述的族群範疇：

（一）布農族（Bunun）訪查範圍

依據傳說內容，布農族原本分布於臺灣西部平原一帶，之後沿著濁水溪、郡大溪、丹大溪等流域進入南投縣山區作為主要居地。[1]從十八世紀開始，布農族漸漸往花蓮、臺東、高雄等地山區遷徙，原因包括遷出人口過多的原始居地，例如南投縣仁愛鄉、信義鄉等地；或是遭受殖民統治壓力迫遷入往新殖民地區，例如高雄市三民區、桃源區，與臺東縣海端鄉等地；或是移入後又再移出的地區，例如花蓮縣卓溪鄉、萬榮鄉，與臺東縣延平鄉等地。

現今布農族依其傳統領域，分為六個部落系統：

1. 卓社群（Take tado）：分布於南投縣仁愛鄉濁水溪上游沿岸，並與賽德克族相鄰為界，亦是布農族分布的最北界。
2. 卡社群（Take bakha）：分布於南投縣信義鄉卡社溪、仁愛鄉濁水溪流域。
3. 丹社群（Take vatang）：分布於濁水溪支流丹大溪沿岸山

1　〔日〕馬淵東一著，楊南郡譯：《臺灣原住民族移動與分布》（新北：原住民族委員會；臺北：南天書局，2014 年 8 月），頁 130-131 提及：布農族祖先集居於山地以前的居地，巒社群與郡社群相傳為 Loka-ang、Linkipao、Taulak、Lamtao 等地，馬淵東一認為是布農族將早期的故址地名附會於漢人的鹿港、林杞埔（今竹山）、斗六、南投等，亦即為臺灣西部平原甚至海岸一帶。

區。

4. 巒社群（Take banua）：分布於南投縣信義鄉濁水溪支流
巒大溪流域，以及花蓮縣瑞穗、玉里、卓溪境內的秀姑巒
溪上游之太平溪、拉克拉克溪、清水溪流域山區，橫跨中
央山脈東西兩側區域。

5. 郡社群（Isi Bukung）：分布於南投縣信義鄉郡大溪、陳
有蘭溪沿岸山區，以及高雄市二民區‧桃源區等地。

6. 蘭社群（Takepulan）：原居於玉山，之後遷往荖濃溪岸
與楠梓仙溪東岸居住，今已滅絕。[2]

本書訪查的布農族報導人來自巒社群屬花蓮縣卓溪鄉南安部
落，而其家族源自郡社群玉穗社（Tamuhu）舊社，後來再遷入
南安部落與巒社群混居；此外再輔以巒社群的望鄉部落、卓社群
的卡度部落的相關文獻紀錄共同呈現。

（二）魯凱族（Rukai）訪查範圍

魯凱族主要居住於臺灣中央山脈南部兩邊的高雄、屏東、臺
東山區，依其地域分布，在學理上分為三群：

1. 大南群：以大南社（Taromak）為中心，分布在臺東縣卑
南鄉大南溪上游流域。

2. 隘寮群：以霧臺社（Butai）為中心，分布在屏東縣霧臺
鄉隘寮溪上游山區，包括好茶（Kochapokan）、霧臺
（Butai）、阿禮（Adel）、吉露（Kinulan）、佳暮

---

[2]　徐雨村：《臺灣南島民族的社會與文化》（臺東：國立臺灣史前文化博
物館，2006年7月），頁133-134；黃應貴：《東埔社布農人的社會生
活》（臺北：中央研究院民族學研究所，1992年10月），頁2。

（Kanamltisan）、大武（Kaibwan）等聚落。

3. 濁口群：分布在高雄市茂林區荖濃溪支流濁口溪的茂林
　　（Teldreka）、萬山（Oponoho）、多納（Kungadavane）
　　三個聚落。[3]

而上述大南群、隘寮群與濁口群又依地域上的相對位置，分別稱為東魯凱、西魯凱與下三社。本書訪查的魯凱族報導人來自隘寮群的霧臺部落與阿禮部落，並旁及伊拉部落（今谷川部落）的文獻紀錄。

（三）其他族群

在作者訪查紀錄中尚有其他不同族群的零星口述資料，或是未能親自訪查而輔以文獻紀錄呈現的相關資料，歸列於其他族群條目中呈述，包括以下各個族群：

第一是賽德克族（Seediq），原來被歸列於泰雅族的賽德克亞群之中，但因起源傳說、習俗文化、語言等皆與泰雅族有所不同，於 2008 年 4 月正名為臺灣第 14 支原住民族賽德克族。賽德克族分為德克達雅群（Tgdaya）、道澤群（Toda）與德路固（Truku），原居於南投縣仁愛鄉眉溪、濁水溪上游流域山區，

---

[3] 徐雨村：《臺灣南島民族的社會與文化》，頁 109。其中下三社群因語言、文化、神話傳說等與魯凱族有所差異，當地族人倡議下三社的多納、萬山、茂林，應分別正名為三支不同的古納達旺族、歐布諾伙族、得樂日卡族。參見原住民族歷史正義與轉型正義委員會歷史小組：《2018～2019 原住民重大歷史事件調查成果報告與建碑政策建議書》（ https://indigenous-justice.president.gov.tw/File/cffadf84-f9de-4965-902f-6b9e228f2758，2020 年 2 月，瀏覽於 2022 年 10 月 1 日），頁 55。

而一部分的道澤群族人遷往花蓮縣萬榮鄉成立山里部落。[4]本書訪查的賽德克族報導人，出身於德路固群屬的南投縣合作村德魯灣部落（Alang Truwan），現今與家族居住於花蓮縣秀林鄉崇德（得吉利 Tkijig）部落。

　　第二是太魯閣族（Truku），太魯閣族於清代時期居住於南投縣仁愛鄉、花蓮縣秀林鄉之山區，目前主要分布於花蓮縣秀林鄉、萬榮鄉、卓溪鄉、吉安鄉。太魯閣族原來被學界歸列於泰雅族亞群、亦即賽德克族的德路固群之中，但是在語言、風俗方面皆不同於泰雅族，始於 2004 年 1 月正名為臺灣第 12 支原住民族太魯閣族。[5]本書引述之相關文獻為花蓮縣秀林鄉富世村之紀錄。

　　第三是噶瑪蘭族（Kavalan），噶瑪蘭族原居於宜蘭，後因漢人侵墾等因素，自 19 世紀起陸續遷往花蓮奇萊平原與花東海岸等地，目前主要分布於花蓮縣新城鄉、豐濱鄉、臺東縣長濱鄉等地，並於 2002 年 12 月正名為臺灣第 11 支原住民族。[6]作者訪查之報導人，來自花蓮縣豐濱鄉新社部落。

　　第四是西拉雅族（Siraya），西拉雅族傳統領域位於臺南沿海與平原、丘陵地區，其中平原地區以麻豆、新港、目加溜灣與

---

[4]　徐雨村：《臺灣南島民族的社會與文化》，頁 46。

[5]　徐雨村：《臺灣南島民族的社會與文化》，頁 46-47。

[6]　徐雨村：《臺灣南島民族的社會與文化》，頁 147。但臺灣現行正名之噶瑪蘭族，係指於 1956 年登記與 1963 年以前補登記而具有原住民身分之族人，而大部分在日治時期戶口名簿中被登記為「熟番」、亦即被視為平埔族後裔的宜蘭縣壯圍鄉奇立板部落族人，則未獲正名，參見 Uki Bauki：〈第一個復名的平埔族群噶瑪蘭族〉，《原視界》第 26 期（2019 年 11 月），頁 16。

蕭壠四大社為主，並且在荷蘭時期即已受到荷蘭人的注意。[7]由於臺南平原地區的西拉雅族和漢人接觸甚早，深受漢化影響，近年來西拉雅族各部落均著力於重振、保存並傳承傳統文化，並嘗試恢復族語，但迄今未獲中華民國政府正名為臺灣原住民族，僅有臺南市政府認定為市定原住民族。歷史上西拉雅族平原四大社之分布如下：

1. 新港社群：位於二仁溪以北、鹽水溪以南，現今的歸仁、仁德、關廟、永康、龍崎、新化、山上、左鎮均為勢力範圍。

2. 麻豆社群：主要位於現今麻豆區一帶，介於急水溪上游以南與曾文溪流域之間，勢力可達麻豆、下營、六甲、官田與新營東南邊一帶。

3. 目加溜灣社群：分布於曾文溪與鹽水溪流域之間，即現今善化、安定、大內一帶，另有一部分族人遷往玉井盆地。

4. 蕭壠社群：分布於八掌溪下游以南、曾文溪下游以北的區域，位於現今佳里、西港、七股、將軍、北門、學甲一帶，另有一部分族人遷往急水溪上游支流龜重溪旁成立吉貝耍部落。[8]

7　段洪坤：《阿立祖信仰研究》（臺南：臺南市文化局，2013 年 12 月），頁6。

8　段洪坤：《阿立祖信仰研究》，頁 20-21。而原居於臺南丘陵地區的大武壠社群，現今自我認同為獨立的大武壠族，早期居於玉井盆地一帶的玉井、南化、楠西、左鎮，荷治時期受荷蘭人命令遷至平原麻豆社與諸羅山社之間的哆囉嘓社範圍，後因漢人迫進，分別遷往臺南白河的六重溪，高雄山區的荖濃、六龜、甲仙、杉林、小林、阿里關等地，或是遷往臺東的舊庄、花蓮的富里鄉大庄。

　　作者訪查之報導人，來自臺南市東山區蕭壟社群屬的吉貝耍部落。

　　此外，由於撒奇萊雅族的文獻紀錄與族語中有值得關注的山靈傳說流傳跡象，作者雖未能親自訪問撒奇萊雅族人，鑑於臺灣各族群山靈傳說傳佈的討論需要，因此引述相關紀錄於本章節中討論。

二、布農族山靈傳說

（一）南安部落（Lamuan）

　　位於花蓮縣卓溪鄉的南安部落，起源於清光緒 11 年（1885）布農族人遷至玉山群、再向東遷往大分山區，至民國 82 年（1933）部分族人自大分山區遷出，分別往太平村、崙山村、奇美部落、馬遠村、卓溪村、卓清村、古風村與瓦拉米山區，其中自大分山區遷往山下形成南安部落，而成為巒社群、郡社群、丹社群混居的布農族部落。現今部落人口總數約 146 人，布農族佔人口比例 88%，非原住民人口僅有 1%。[9]

　　報導人為日治時期發生於 1915 年的大分事件中郡社群領導者拉荷・阿雷（Dahu Ali）所屬伊斯坦大（Istanda）家族的後代，在大分事件後家族自大分地區（Baungzavan）遷往玉穗社

---

[9]　林修澈：《部落事典》（新北：原住民族委員會，2018 年 5 月），頁557。

（Tamuhu），[10]至近代再遷居於南安部落，迄今部落人口結構沒有太大變動。作者向報導人詢問是否聽過漢族的魔神仔傳說、部落中又是否流傳著相近的傳說，報導人回答：

> （魔神仔）就是被 hanitu 帶走，就是在山上，在大自然裡的靈啊，鬼魅啊，不過不是人死後變成的。我們小時候常聽老人家說 hanitu 這種事，叫我們晚上不要到處亂跑，不過我們也沒有看過，這個跟你們魔神仔是類似的東西。老人家說 hanitu 也有分好的跟壞的，壞的會把你弄死，有的比較好的會說不要把你弄死、把你放走。[11]

　　報導人所說的 hanitu，是在布農族傳統信仰中的精靈、鬼魂之屬，存在於人和所有的動物身體裡，甚至像是風、山林等自然萬物也都有 hanitu 的存在；亦即只要是與人類有所關係者都可能具有 hanitu，並且從布農族的相關祭儀中反映自然中各種 hanitu 的存在，亦有善、惡之分。[12]在報導人的認知中，在山上的 hanitu 也就是與魔神仔類似、會將人帶走的靈或鬼魅，但是這樣的 hanitu 並不是人死後的鬼魂所變成，而是大自然中的靈或精魅。

　　報導人也說明如果發生 hanitu 把人帶走的事件，在傳統信仰

10　海樹兒‧犮剌拉菲：《布農族部落起源及部落遷移史》（南投：國史館台灣文獻館，2006 年 12 月），頁 175。

11　Aliman Ish-Danda（阿里曼‧伊斯坦大），男性，出身花蓮縣卓溪鄉南安部落，2016 年 8 月 19 日下午訪問於花蓮縣玉里南安遊客中心。

12　海樹兒‧犮剌拉菲：《布農族部落起源及部落遷移史》，頁 120-121。

中如何處理並尋找失蹤當事人下落的方法：

> 遇到這種事，我們布農族以前就有槍，開一槍以後，附近
> 的獵人聽到也會跟著附和、一起開槍，四處傳遞槍響去找
> 人，或者就燒竹子，用燒竹子的聲響，hanitu 就會（像是
> 被嚇到）放人。那些都是老人家講的。（Aliman Ish-
> Danda）

報導人所說的開槍傳遞聲響、或是焚燒竹子製造聲響來威嚇
hanitu、讓 hanitu 放走被誘失的當事人，與漢人民間信仰中以放
鞭炮、敲鑼製造聲響來嚇魔神仔、或是讓失蹤的當事人聽到聲響
的刺激而清醒過來的處理方式，可說是如出一轍，而且此種遭
hanitu 帶走、開槍威嚇並尋人的方法在布農族中流傳已久。

（二）望鄉部落（Kalibuan）

在南投縣信義鄉巒社群屬的望鄉部落，出身此地的作家乜
寇・索克魯曼（Neqou Sokluman）在其作品《東谷沙飛傳奇》中
描述一種稱為 vahang（法沆）的靈魂、鬼魂，會在山林間偽裝
成當事人熟識的親友，呼喚並引誘當事人迷失後，前往懸崖邊等
危險的地方，而遭 vahang 捉弄、作祟即稱為 sivavahang（犀法法
沆），其中相關情節如下：

> 那斯達州真的有問題，他出事了，他再也回不來了。原來
> 當那斯達州急忙奔至長有山芋的山溝邊時，他慶幸雨似乎
> 就要停了，於是趕緊用力挖了很多，心想等一下就可以跟

　　大夥們一起分享香噴噴的火烤山芋了，越想心情就越興
奮，當他就要將山芋裝進網袋準備回去時，突然覺得好像
有人在呼喚他，而且那聲音似乎就是他老婆的聲音，那斯
達州心想：奇怪！怎麼會這樣？可是這真是我老婆的聲音
啊！

　　「那斯達州……那斯達州……那斯達州……那斯達
州……」

　　那斯達州回頭望去，「老婆！」不回頭還好，一回頭他便
失去了意識（或說是被勾了魂），失去了自己，丟下山芋
雙眼痴呆地隨著那聲音走去，不知不覺走到了一處深不見
底的懸崖邊，那斯達州毫無意識地就這麼摔了下去，再也
回不來了，接著又一記閃電，風雨加大，就是在這個時候
人們開始擔心起來了。[13]

　　在小說中的 sivavahang 是會變化、偽裝成當事人熟知的親人
的聲音，以此迷惑並引誘當事人，令當事人失神般地隨著聲音前
去，走到險峻又四下無人的地點，而可能導致喪命。此處對於
sivavahang 的定義、事蹟情節等描述，也與漢族所說的魔神仔相
當接近。

---

[13] 乜寇・索克魯曼：《東谷沙飛傳奇》（新北：印刻出版公司，2007 年
12 月），頁 96。

（三）卡度部落（Qatu）、地利部落（Tamazuan）、崙天部落（Izukan）

　　對於發生在 2014 年 7 月 14 日花蓮林田山的知名魔神仔事件，原住民族電視台新聞報導為：在布農族卓社群屬的南投縣仁愛鄉卡度部落中，族人將此種誘人迷失的魔神仔稱其為 kacinis，傳說 kacinis 會變成當事人熟識的親友而誘拐至山林中，走在一般人難以行走的懸崖峭壁上、或是沒有人可以抵達的險峻山區，經過數日才被尋獲，而當事人因為 kacinis 的引誘失去知覺，絲毫不覺疲憊或危險。在卡度部落的族人來看，花蓮林田山誘失事件中的魔神仔，就與 kacinis 一模一樣。[14]

　　而《蕃族調查報告書》將其記錄為 kanigis，指的是外形如人、會把人抓走的妖怪；[15]而在南投縣信義鄉丹社群屬的地利部落則傳為 kanacinis，此種鬼魅長得很像人，頭上有角，嘴巴腥紅，牙齒很大，指甲也很長，經常擄走酒醉落單的人和小孩子，帶到懸崖無人能攀爬的地方吃掉，或是趁家長不注意時潛入家中並偷偷將小孩子抱走。[16]

---

[14] 綜合報導：〈8 旬嬤遊花蓮失蹤　疑 Kacinis 作怪〉，《原視新聞》，2014 年 7 月 14 日（https://www.youtube.com/watch?v=9ej5UlxiK9c），檢索於 2022 年 6 月 1 日。

[15] 〔日〕臺灣總督府臨時臺灣舊慣調查會原著，中央研究院民族學研究所編譯：《蕃族調查報告書・第六冊：布農族——前篇》（臺北：中央研究院民族學研究所，2008 年 5 月），頁 86。

[16] 田哲益（達西烏拉灣・畢馬）、全妙雲（達給斯海方岸・娃莉絲）：《布農族四社族神話與傳說》（臺中：晨星出版公司，2020 年 2 月），頁 84。

文獻紀錄中尚提及：在花蓮縣卓溪鄉原屬郡社群的崙天部落，曾有耆老 Aping 在 1940 年代的年幼時期在自家庭院獨自玩耍時，被一種自然界中的 hanitu、名為 kalasilis 的「人」帶走，一路跟隨前去；家人遍尋不著其下落，認為是被 kalasilis 帶走了，旋即由部落男人帶著槍前往附近山區對空放槍，以槍聲嚇跑 kalasilis；不久後即在山谷的溪流處發現光著身體、渾身傷痕的 Aping，族人問 Aping 為何自己跑到這種地方來，Aping 無法回答事由經過，只說是跟著「人家」走，對於後續情事一概不知。該段紀錄更提到「如是之情形幾乎可以在過去的任何一個部落聽到」。[17]

綜合前文引述的口述訪查、小說引錄與文獻紀錄，可知在布農族各群之間皆流傳自然界中存在著會變幻外形、誘人迷失的 hanitu，名為 kacinis、kanigis 或是 kalasilis 等相近稱呼的靈，或是長得像人、卻有著如同鬼怪一般外型的妖怪，或是名為 vahang 的鬼魂，與漢族所傳說的魔神仔行徑相近，而且在布農族的傳統習俗中也以開槍等製造聲響的方式將其驅趕威嚇，才能順利地找到迷失的當事人。

三、魯凱族的山靈傳說

（一）伊拉部落（Kudrengere，谷川部落）

在日治時期伊能嘉矩的《台灣踏查日記》中曾提及：在〈明治三十三年（1900）八月十五日〉的紀錄中撰述一行人停留於三

---

17 海樹兒・犮剌拉菲：《布農族部落起源及部落遷移史》，頁 121-122。

地門魯凱族伊拉社一帶時，伊能嘉矩在當地聽聞的 Garal
（Garaj）惡魔的傳聞：

> 這個部落在東方山丘上，距離（伊拉社 Kuruᵑguru）大頭
> 目家一町餘的東方，有一小溪，溪中奇石磊磊，荊棘茂
> 盛，極為陰濕，相傳是惡魔（Garal）聚居的地方。蕃人
> 說：「假使有人在這裡看到惡魔，會立刻死掉。惡魔趁夜
> 陰的時刻從這裡飛到部落，從窗子鑽進屋內。」[18]

此處所稱述的 Garal，與排灣族中所稱的誘人迷失的惡靈
galjl、galang 在稱呼上相近，可能是當時伊拉社與鄰近的排灣族
語言、文化彼此互相影響而有此相近稱呼的流傳，只是伊能嘉矩
留下的敘述僅止於此，未能從紀錄中得知 Garal 的定義、性質、
行跡等更詳細的傳述內容。

（二）霧台部落（Wutai）

位於屏東縣霧臺鄉西魯凱群屬的霧臺部落，乃是從同屬西魯
凱、原來位於井步山的舊好茶部落（Kucapungane）移民而來。
現今部落人口總數約 760 人，魯凱族人佔比例 92%，非原住民人

---

[18] 〔日〕伊能嘉矩著，楊南郡譯：《台灣踏查日記（下）》（臺北：遠流
出版事業公司，2021 年 9 月），頁 400。然而此處原文稱伊拉部落為排
灣族，實際上應指現今的魯凱族谷川部落，在日治時期臺灣原住民族的
分類中，魯凱族因其服飾、建築、社會組織等文化顯相上看似與排灣族
相近，因此當時將魯凱族列為排灣族亞群之一。

口為 1%。[19]

　　出身霧臺部落、於時旅居臺南的報導人聽作者描述魔神仔的誘人迷失事件後，作者詢問部落中是否也傳有類似的傳說或事件時，報導人表示不曾聽過魔神仔，但是在部落中聽過類似的事情：曾經有人或者小孩子在山上不見了，找了好幾天也找不到，結果在山上的懸崖被找到，這種事情在部落裡稱為 singi umauma，意思是遇到不好的、看不見的東西；但是報導人也表示，由於現今族人都已經信奉耶穌基督，這樣的事情也就很少再聽到了。[20]

（三）阿禮部落（Adiri）

　　位於屏東縣霧臺鄉的西魯凱群屬阿禮部落，據部落口述所言阿禮部落已落成超過 300 年歷史，日治時期昭和四年（1929）亦曾成立 Adiri 蕃童教育所，現今部落因 2009 年莫拉克風災侵損，全村已遷居於山下的屏東縣長治鄉長治百合部落永久屋；現今部落登記人口總數約 347 人，魯凱族佔人口總數比例 93%，非原住民人口為 2%，[21]目前仍有部分族人為維護部落原貌、經營觀光運作而居住於阿禮部落內。

　　作者訪問出身阿禮部落、現居於金峰壢坵部落的報導人，詢問是否曾聽聞過魯凱族中流傳著類似魔神仔的誘失事件，報導人回答如下：

19　林修澈：《部落事典》，頁 273。

20　Drepelrange Pacekele（羅秀珠），2014 年 4 月 16 日下午訪問於臺南市魯凱工作室。

21　林修澈：《部落事典》，頁 273。

這種（在山上被不知名的靈帶走的）事情，我以前聽過叫
做 aidridringane，意思是看不到、被藏起來。我們獵人上
山時有很多禁忌要遵守，比如進入獵場前要先祭拜，告訴
這個地方的神（靈），祈求保佑；如果沒有遵守（禁
忌），你可能就會出事，或者遇到不好的東西，就跟你剛
剛說的（魔神仔）事情很像。[22]

　　報導人以自身狩獵的經驗說明：獵人在上山進入獵場前必須
遵循禁忌、以祭儀向該地方的神靈表明自身的到來，祈求神靈的
諒解與庇護，以免遭遇意外，或是遇上有如被魔神仔牽走的事
情；而在報導人所知，這種類似於魔神仔傳說的事件在魯凱語中
稱為 aidridringane，也就是被靈藏起來的意思。

　　從文獻紀錄來看，《蕃族調查報告書》中記錄 rukai 蕃大南
社將人的靈魂稱為 abake，而人死亡後 abake 離開體內就成為
aidridring、發音與 aidridrigane 相近，也就是人死後所變成的亡
靈；而同屬 rukai 蕃的 taramakau 社（青葉部落原居地上大武部
落）則將 aidridringan 稱為妖怪，是因為看到無形的妖怪 garal 而
第一個死亡的亡靈。[23]另外，據《唯妖論》作者的調查，

22　Darasong（羅安聖），男性，出身阿禮部落，2019 年 6 月 26 日訪問於
　　臺東歷坵部落自宅。

23　〔日〕臺灣總督府臨時臺灣舊慣調查會原著，中央研究院民族學研究所
　　編譯：《蕃族調查報告書第八冊：排灣族・賽夏族》（臺北：中央研究
　　院民族學研究所，2015 年 12 月），頁 117-118。其中 taramakau 社在頁
　　119 中被記為 tarumakau，經過頁 366 中增錄的部落名稱對照表比對，應
　　是現今稱為青葉部落的魯凱族上大武部落 taramakau 社，頁 119 當為誤
　　記；而《蕃族調查報告書》的調查與出版在 1910 年間，青葉部落則在

aidridringane 在東魯凱大南部落中被稱為「隱藏者」，泛指各種看不見的靈體或捉摸不到的存在，也包含死者之靈；[24]而在西魯凱的達德勒部落（Dadele，大武部落舊社）中的瑪巴琉家族（Mavariu）則描述aidridringane為百步蛇的形象，也就是魯凱族流傳巴冷公主傳說中的大鬼湖之主，此種在中央山脈兩地流傳的同名異稱現象，可能是西魯凱達德勒部落的說法流傳入東魯凱大南部落後被編改所致，[25]也可能是大南部落受到鄰近排灣族文化的影響的結果。[26]

　　將與本則口述資料相關的引述文獻一同比對整合來看，aidridringane 可能是在傳統魯凱族中曾經流傳、用來稱呼誘人迷失的山靈一類的靈的稱呼，《唯妖論》作者認為大南社可能是受到排灣族文化的影響，將 aidridringane 稱為「隱藏者」、無形之靈，而紀錄中提及達德勒舊社的貴族瑪巴琉家族稱 aidridringane 為巴冷公主神話中的大鬼湖之主暨百步蛇王，才是 aidridringane 原來的面貌。此外，大武部落與青葉部落源出同系，據口述紀錄所言，大武部落拉古都米亞（Lakuduvia）家族即是傳說中巴冷公主的後裔，更曾提出為巴冷公主正名為黎慕阿莎的說法；[27]而在民國二十年自上大武舊社 taramakau 遷往三地門現址青葉部

1940 年代自原居地霧臺鄉的 Taramakau 遷往三地門鄉現址，因此《蕃族調查報告書》的記述內容當是來自於青葉部落遷出前的上大武部落。

[24]　臺北地方異聞工作室：《唯妖論：臺灣神怪本事》（臺北：奇異果文創事業公司，2016 年 10 月），頁 159-160。

[25]　臺北地方異聞工作室：《唯妖論：臺灣神怪本事》，頁 164-166。

[26]　臺北地方異聞工作室：《唯妖論：臺灣神怪本事》，頁 160。

[27]　高有智：〈鬼湖戀解密　巴冷 VS. 黎慕阿莎〉，《中國時報》A5 版，2007 年 9 月 25 日。

落、源出達德勒舊社的祿拉登（Aruladenge）家族，始祖即名為 Aidridringane（Aididiŋa），據傳為巴冷公主的後裔，保有巴冷公主當年作為聘禮的琉璃珠、服飾為證；[28]另外，源出於大南部落、部分族人遷往阿禮部落定居的阿巴流蘇家族（Abaliwsu），也傳有家族就是當年嫁給湖神的巴冷公主後代的傳說。

　　若從族群之間的遷徙脈絡來看，在上述流傳「湖神迎娶（頭目家族的）女了」的各個傳說版本中，其中稱迎娶巴冷公主為大鬼湖神名為 aidridringane 的說法見於大武部落與大南部落，青葉部落與源出大南部落的阿禮部落阿巴流蘇家族都沒有這樣的紀錄，而且就作者尋訪的出身於阿禮部落的報導人所說，也未將 aidridringane 指稱為迎娶巴冷公主的湖神，而是同樣都將「將人隱藏起來」的靈稱為 aidridringane、或是紀錄中所見音近的 aidridring——本文無義討論巴冷公主傳說的脈絡變化和正確性，但從這一系列與 aidridringane 相關的名稱紀錄來看，大武部落與大南部落特別將 aidridringane 指稱為巴冷公主傳說中的湖神，可能是 aidridringane 本身就包了湖神等與靈、魂、鬼、神的定義範疇，[29]而在達德勒舊社流傳的版本中才再變化為百步蛇神的形象。因此，把 aidridringane 稱為「將人隱藏起來」、類似漢族所說的魔神仔、有可能是人死亡以後變化成的山靈，當是魯凱族語中較為常見的定義。

28　喬宗忞：《臺灣原住民史．魯凱族史篇》（南投：臺灣省文獻會，2001
　　年5月），頁66；陳景寶：〈巴冷公主後代　76年首度宗親祭〉，《聯
　　合報》C2版，2007年1月2日。
29　參見瀟湘神：〈深山湖神〉，《人本教育札記》第 326 期（2016 年 8
　　月），頁 76-79。

四、其他族群的山靈傳說

（一）賽德克族達吉利（Tkijig，崇德）部落

　　位於花蓮縣秀林鄉的達吉利部落，原居於現地西邊的得卡倫山區，日治時期明治二十九年（1896）曾發生抗日衝突之新城事件，至民國四十五年（1956）遷往現址。現今部落登記人口總數約 684 人，太魯閣族人口比例為 50%，非原住民人口為 40%。[30]

　　現居於達吉利部落的賽德克族報導人，曾經聽聞過漢族所說的魔神仔，生活經歷中雖然不曾聽聞過真實發生的事件，但在自身學習與實踐巫醫儀俗的經驗認知中，指出賽德克族傳統信仰中具有相似類同的存在：類似魔神仔的靈在崇德部落的賽德克族中稱為 nage utux，nage 意指壞掉的、不乾淨的，utux 指的是靈魂或靈體，也就是不潔、污穢之靈。nage utux 的定義比較像是人死後變成的孤魂野鬼，曾經傳聞 nage utux 會附身在人身上，必須由巫師 msapuh 經手才能妥善處理。[31] nage utux 一般指遭遇意外橫死、不得善終而流落在外的亡者之魂，但在山靈、魔神仔傳述的誘人迷失情境下，也可能被指稱為 nage utux 所為，在報導人的經驗中，也曾有過當事人被 nage utux 附身、由報導人進行巫醫儀式為其送走 nage utux 的事蹟。

30　林修澈：《部落事典》，頁 448。

31　Lowbing Miyu（洛巫彼恩彌尤），男性，現任賽德克族巫醫，2022 年 3 月 26 日下午訪問於臺南臺灣歷史博物館。本則口述報導人出生於花蓮縣秀林鄉崇德部落，現今法定該部落居民為太魯閣族身分，而報導人直系源自南投縣仁愛鄉合作村、世襲賽德克第三代靈媒家族 Toda Truwan，其自我認同為賽德克族，故本則口述紀錄列為賽德克族。

（二）太魯閣族玻士岸部落（Bsngan，富世）

　　太魯閣族中亦有與泰雅族、賽德克族同樣稱呼的鬼 utux，原意泛指鬼、神、靈，[32]文獻紀錄指出：花蓮縣秀林鄉玻士岸部落流傳著與魔神仔相近的迷失事件為：utux 會將壞人抓到山中令其呆坐於某地，或是將小孩帶到山中藏起來。[33]有的口述資料中將其稱為魔鬼，其謂：一戶父母外出工作的人家，某天將五、六歲大的孩子留在家中，而孩子被魔鬼抓走、並放到橫倒於山上溪流兩側之間的樹幹上，父母傍晚返家後找不到孩子，也沒有人知道孩子的去向，第二天早上才在山上找到孩子；該則資料的譯者認為口述人所說的魔鬼應指祖靈，[34]包含在 utux 的鬼、神、靈的泛稱定義之中。[35]

---

[32] 旮日羿・吉宏（Kaji Cihung）：《太魯閣族部落史與祭儀樂舞傳記》（臺北：山海文化雜誌，2011 年 7 月），頁 188。該筆文獻紀錄下的富世村當時仍包括玻士岸部落與固祿部落（Kulu），2017 年固祿部落始改劃入秀林村。

[33] 田哲益（達西烏拉灣・畢馬）：《太魯閣族神話與傳說》（臺中：晨星出版公司，2020 年 7 月），頁 109-110。

[34] 許端容：《台灣花蓮賽德克族民間故事》（新北：口傳文學會，2007 年 3 月），頁 394。該則資料出處記載為「花蓮賽德克族」，為其採集口述資料的 2002 年外界對該族群的稱呼，2004 年 1 月 14 日經行政院核定正名為太魯閣族。

[35] 太魯閣族傳統信仰中的神靈 utux，包含善神、惡神、或是動植物等有生命者皆有的靈，人死後的亡靈 utux 前往 tuxan（祖靈界）即成為善神、祖靈，可庇佑部落與遺族；若是橫死、惡人的亡靈 utux 則成為惡神，會便成夢魘侵襲人、或是在往來途中加害路人。見臺灣總督府臨時舊慣調查會原著，中央研究院民族學研究所編譯：《蕃族調查報告書第四冊：太魯閣族與賽德克族》（臺北：中央研究院民族學研究所，2011

（三）噶瑪蘭族新社部落（Paterngan）

位於花蓮縣豐濱鄉的新社部落，最早的居民為清領時期光緒四年（1878）因加禮宛事件而一度遷居來此的撒奇萊雅族人，日治時期開始有噶瑪蘭族、太巴塱部落阿美族與布農族等其他人口遷入。現今部落人口總數約 227 人，噶瑪蘭族佔人口總數比例 55%，非原住民人口為 12%。[36]

在噶瑪蘭族的傳統信仰中，會誘人迷失的 Kuit 則屬於人類的靈魂，[37]而非自然中的靈或精魅，因其致生作祟、危害而屬於惡靈的一種。[38]曾擔任部落資深祭司（mitu）的報導人在作者述說魔神仔的事件梗概之後，說明噶瑪蘭族傳統文化中與其相近的傳述：

> （會誘人迷失、致人意識不清，數日後在危險的地方被發現）這樣的事情，我們會說是 Kuit 做的，Kuit 就是我們所說的鬼，人死後變成的，尤其是在一些鬼喜歡出沒的地方，像是以前新社國小後門（特別多）。[39]

年 7 月），頁 23-26。

[36]　林修澈：《部落事典》，頁 492。

[37]　張振岳：《噶瑪蘭族的特殊祭儀與生活》（臺北：常民文化事業公司，1998 年 1 月），頁 77。

[38]　林素珍：《噶瑪蘭新社和立德部落歷史研究》（南投：國史館臺灣文獻館，2017 年 11 月），頁 122。

[39]　Ipay（潘烏吉），前新社部落資深 Mtiu（巫師、祭司），訪問於 2017 年 6 月 21 日下午訪問於新社香蕉絲工坊，董湘蓮（Panay）協助訪問與翻譯。

　　在口述人的經驗和認知中，類似魔神仔而誘人迷失的山靈，族語稱之為 kuit，與漢族閩南語所說的「鬼」發音接近，定義上也是人死後變化而成的靈，雖然口述人沒有提供對於 kuit 更進一步的說明和源由，但是卻能明確指出部落中曾經發生過、或是kuit 時常出沒的具體地點。

（四）撒奇萊雅族（Sakizaya）馬立雲部落（Maibul）、吉拉卡樣部落（Cilakaiyan）

　　在撒奇萊雅族流傳的民間故事中，花蓮縣瑞穗鄉馬立雲部落有一種稱為 tadatadah 的魔鬼，也會誘人迷失、並將人藏在距離地面高達二十公尺的山洞、或是將小孩掛在檳榔樹的葉子上、或是將老人藏在刺竹叢裡，[40]亦與魔神仔事蹟極為相似。此外，在馬立雲部落的族語紀中另有稱為 sarasaraw 的存在，會將人帶至懸崖峭壁、刺竹林中。[41]而在花蓮縣鳳林鄉的撒奇萊雅族吉拉卡樣部落（Cilakaiyan）中則有被稱為 laluminan 的搗蛋鬼，專門誘拐愛哭的小孩，如果小孩子愛哭，就會變成親人安慰小孩子然後帶走，帶至山上最大的樹上或是有刺的麻竹叢中，必須要將竹叢一根根地砍斷才能救出孩童。[42]

　　然而撒奇萊雅族中流傳的 laluminan 與 sarasaraw，若從族群

---

[40]　劉秀美：《火神眷顧的光明未來──撒奇萊雅族口傳故事》（新北：口傳文學會，2012 年 3 月），165-166。

[41]　原住民族委員會：《原住民族語線上辭典》，https://e-dictionary.ilrdf.org.tw/ais/terms/292240.htm，檢索於 2022 年 2 月 19 日。

[42]　劉秀美：《火神眷顧的光明未來──撒奇萊雅族口傳故事》，頁 161-163。

在發展變遷過程中與阿美族密切關聯的脈絡、以及發音相近甚至是相同的現象來看，很可能是受到阿美族文化的涵化影響：作者曾於花蓮縣光復鄉馬太鞍部落（Fata'an）採集得 laluminan 的口述傳說，亦即俗稱的愛哭鬼，會作祟而令人致病；[43]而 sarasaraw 中的 saraw，即是本書前述章節中引述阿美族中普遍流傳的誘人迷失的山靈。撒奇萊雅族在歷史上，因為發生於清領時期清光緒三年（1877）加禮宛事件之故，使得多數族人長期居住於阿美族部落之中、文化認同也深受阿美族影響，[44]直至 2007 年才恢復正名為撒奇萊雅族、成為臺灣法定原住民族第 13 族，並且積極復振並傳承撒奇萊雅族的文化；因此就歷史的背景而論，撒奇萊雅族中與山靈相關的傳述不排除是受到阿美族的語言和文化影響的涵化結果。

（五）西拉雅族吉貝耍部落（Kabua Sua）

位於臺南市東山區的西拉雅族蕭壠群屬的吉貝耍部落，目前人口約有 1000 餘人，常住人口約 700 人，西拉雅族人佔人口比例約 6 成，其中以蕭壠社為主，而包含大武壠派社、麻豆社、灣裡社等族人。[45]東山區原屬洪雅族哆囉嘓社居地，清乾隆五十六

---

[43] Lalan Unak（蔡義昌），男性，馬太鞍部落文史工作者，2013 年 4 月 2 日晚上訪問於自宅。其曰：「據說 laluminan 的特徵就是臉上會有兩道特別明顯而深色的淚痕。馬太鞍當地傳說，晚上不能讓孕婦哭、或者一個人躲起來偷偷哭，否則 laluminan 會現身作伴，致人於死。」

[44] 參見楊仁煌：〈撒奇萊雅民族文化重構創塑之研究〉，《朝陽人文社會學刊》第 6 卷第 1 期（2008 年 6 月），頁 348-349。

[45] 《2020 吉貝耍部落資訊網・源起》（https://www.e-tribe.org.tw/kabuasua/?page_id=20），瀏覽於 2022 年 10 月 15 日。

年（1791）清領政府實施番屯政策，令原居現今佳里區的蕭壠社諸姓社民，以及大武壠社、麻豆社、原哆囉嘓社社民一同遷居至龜重溪畔屯守，形成現今吉貝耍部落的主要人口構成。[46]

　　出身吉貝耍部落而長年致力於研究傳統文化、並力求保存發展西拉雅文化傳承的報導人，知道漢族所說的魔神仔為何，並在作者詢問部落中是否流傳有類似魔神仔一般的山靈誘失事件時，報導人以長年鑽研部落歷史和文化的經驗說明：

> 魔神仔我們小時候就有，我有一個小我一屆的學弟曾經被魔神仔帶走過，我國小的時候那個學弟就走失了，全村的人去找，大概過了東河國小（今吉貝耍國小）、往山裡面去找，在竹林裡被發現，他被找回來的時候嘴巴就塞滿了蚱蜢啊、牛糞啊，我們小時候都知道這件事，老一輩的人就說那是被魔神仔抓去了。從以前的文獻、或老一輩在講的內容來看，現存西拉雅的文化裡並沒有發現與漢人魔神仔此種靈異對應的東西，也問不到，因為我們大概在 100 多年前很多生活習俗都已經跟漢人沒什麼兩樣，所以以前部落就稱魔神仔，沒有特別的說法。[47]

　　雖然當地周遭也曾發生過魔神仔的迷失事件，但就報導人長年記錄並關注部落文史的經驗來看，顯示部落族人也知道並且流傳著魔神仔的傳述，但是據今追溯的文獻、口傳與語言紀錄中，

---

[46]　段洪坤：《阿立祖信仰研究》，頁 50。

[47]　Alak Akatuang（段洪坤），男性，2017 年 4 月 19 日下午訪問於吉貝耍部落學堂。

並沒有與其對應的相關敘述，自近代起就和漢族一樣都稱為魔神仔，而許多現存的文化習俗也沿用了漢族民間信仰的名稱。

在吉貝耍部落的傳統宗教信仰與傳說中，女巫尪姨（ang-î，原西拉雅語稱 Inibs）與男祭師施加伴頭（Sikapan-tau）皆會運用稱為「向（Hisang）」的祭拜儀式，在西拉雅族的信仰結構中可以指稱在公廨祭拜阿立母的儀式，亦即所謂的三向，或是法術、巫術統稱的向術，或是器具如向缸，也可以指鬼魂如向魂，[48]或像是吉貝耍部落各個家庭所謂的祀壺，即是祭拜壺中透過祭儀挹注阿立母靈力的水，壺中的水也就稱為向水等等。而在西拉雅族的傳統信仰中，每逢農曆 7 月 1 日便須經由尪姨、施加伴頭進行「開向」，釋放被阿立祖、太祖、阿立母等神明囚禁在祀壺水中或是各個地方的向魂，至 7 月 29 日再進行「禁向」，將釋放出去的向魂再次收回；而每個西拉雅族的部落在開向、禁向的時節與儀式上也略有不同，吉貝耍部落由於脫離開、禁向的模式，時令上也與漢人習俗的鬼月相近，至今也俗稱開鬼門、關鬼門。[49]在吉貝耍部落流傳過去的施加伴頭段福枝開向的傳說中，曾經提及：

> 以前的施加伴頭開鬼門的時候，會到部落的陰陽交界處開鬼門，就在龜重溪跟嘉南大圳交會的龜重溪橋那兒，讓這

48　段洪坤：《阿立祖信仰研究》，頁 191。

49　段洪坤：《阿立祖信仰研究》，頁 201-203。而吉貝耍的開鬼門與漢人的鬼月在概念並不同，漢人的鬼月充滿許多避免招引好兄弟、也就是鬼魂的禁忌，但是吉貝耍開向之後，則是傳統西拉雅人進行狩獵、歡愉享樂的時節。

些向魂來到人間，協助族人讓農作收成或是狩獵、工作比較順利。那時就有他們家族中的小孩子好奇，硬是跟著他們的阿公（施加伴頭）一起去開鬼門，據那個小孩子她看見的樣子，那時阿公走到陰陽交界處以後，念完一串她聽不懂的咒語後，她就看到憑空出現了一道光圈，然後從光圈中跑出來好幾個矮矮小小、斷手斷腳、或是眼睛鮮紅的長得像人的小鬼，跑掉以後就消失不見了。她回來以後，問阿公那是什麼東西，阿公就說那個是水鬼，因為溺斃泡在水裡太久，所以眼睛才會浮腫變成紅色。[50]

此段述說民國七十年代吉貝耍部落的施加伴頭段福枝進行開向、即開鬼門儀式的紀錄，[51]其中述及的向魂意指被阿立母收伏並差遣的孤魂野鬼，例如溺斃的水鬼；施加伴頭在開向釋放這些向魂後，協助族人的日常工作，並在農曆 7 月 29 日實施禁向收回向魂。作者詢問部落裡的另一位報導人：既然向魂指的是被收伏的鬼魂，那與漢人說的魔神仔是否相同？報導人回答：

　　（向魂）這個（跟魔神仔）不一樣。我們傳統講的各種鬼，都已經是沿用漢人的說法，沒有留下這些名稱了。我們聽過以前跟著阿公（施加伴頭段福枝）去開鬼門的人講過一個故事：那時他們幾個人跟著阿公要去陰陽交界處

50　潘麗民，女性，吉貝耍部落資深導覽員，李仁記家族後人，2017 年 11 月 20 日下午訪問於吉貝耍部落學堂。

51　段洪坤：《吉貝耍西拉雅族人神話傳說故事》（臺南：臺南市西拉雅族部落發展促進會，2015 年 2 月），頁 23。

開鬼門，途中經過一叢竹林，結果那幾根竹子就這麼倒下來、橫倒在路中間，像是要擋住他們一樣。阿公一看就覺得這不是單純的自然現象，就拿著藤拐去打那幾根竹子，然後，就有一個非常高大、跟竹子一樣高的靈體現身了，那個靈就說，祂就是故意要擋住他們的去路；阿公就很生氣地對著那個靈體破口大罵，叫祂讓路，還拿著藤拐作勢要打下去，後來那個靈就消失不見了，擋路的幾根竹子也從橫倒又挺直起來、回復原狀。阿公說那個就是竹仔鬼。

向魂指的是開鬼門放出來的鬼魂，祂們會在關鬼門收向魂的時候，捉弄收向魂的人，比如拉扯你的衣角、或是絆倒你，但是你看不見（向魂）；這個時候你就可以拿澤蘭葉當作阿立母的法器，把這些調皮鬼（向魂）撐開。[52]

據報導人所稱：向魂是被阿立母收伏、可經由作向差遣的鬼

---

[52] 潘麗民，女性，吉貝耍部落資深導覽員，李仁記家族後人，2022 年 11 月 12 日下午訪問於吉貝耍部落學堂。禁向、關鬼門在吉貝耍部落以「摃孔鏘」別稱，在農曆 7 月 29 日晚上約 7 點時，由尪姨帶領眾人至祀奉部落尪公、尪祖的李姓族人家中，將其祀壺請奉至大公廨，並且取出杯型鐵器的「孔」與鐘型鐵器的「鏘」，前者代表男神、後者代表女神，以其敲打之聲響作區分。之後由尪姨作三向告知尪祖、阿立母後，眾人戴上花環（Halau），由尪姨向眾人組成的趕鬼隊伍噴酒施法後，趕鬼隊伍前後由兩人分持孔和鏘一路敲打，以其聲響提醒向魂返回、也具有收伏向魂回到公廨祀壺中的法力。而趕鬼隊伍繞村子外圍一圈，途中不能說話或發出聲響，也不能有任何的火光，以免嚇走向魂，只能在途經東公廨時稍作休息並換上新的花環。詳見段洪坤：《阿立祖信仰研究》，頁 202-203。

魂，與存在於自然中如漢人所說的竹仔鬼或魔神仔等鬼魅精怪不一樣，但是吉貝耍部落近代以來受到周遭漢人聚落的語言文化影響，族語中稱呼自然中其他鬼魅精怪的名稱已經失傳，而大多沿用漢人所說的竹仔鬼、魔神仔的名稱。

因此，從其他族群大多存有山靈傳說的現象來演繹推論：西拉雅族中對於山靈的名稱和傳說內容，可能已隨吉貝耍語言的流失而丟失，現今雖然仍可透過傳統宗教信仰的認知辨識其義涵，但現今在語言、內容上僅存受到漢族文化涵化的影響結果。

五、小結：山靈傳說的多元流傳現象

本章節不僅止於前述章節中引用的口述紀錄、調查報告等學術研究中常用的資料，同時也呈現了像是小說轉述、族語資料等不同的語境描述，嘗試從不同的角度與情境探索山靈傳說的流傳現象。透過本章節引述的各種資料內容的比較和探究，可得到下列推論：

第一，山靈傳說在同一個族群之中即可能出現泛稱、專稱與異稱並存的現象，此種現象推論是來自於該族群內部複雜的遷徙影響所致。例如就本章節在作者的訪問紀錄、族人的小說轉述、新聞的報導引述和文獻的調查報告中，布農族對於山靈即有廣泛的 hanitu、vahang，或是其他如 kacinis、kanacinis、kalasilis 等音近義同的稱呼，而分別來自於布農族內部的郡社、巒社、卓社、丹社等部落，其中更包含由巒社、郡社遷徙共同組成的南安部落；魯凱族稱山靈為 aidridringane、或稱其事件為 singi umauma，而 aidridringane 之名流傳於東魯凱大南部落與西魯凱

的大武、阿禮與青葉部落，其中阿禮部落遷自大南部落、大武部
落與青葉部落又分別遷自 Dadele 和 Taramakau 舊社，
aidridringane 的傳說亦因而隨之傳播；撒奇萊雅族在清代光緒年
間加禮宛事件之後即遷往花蓮各地、大多避居於阿美族部落之
中，其中吉拉卡樣部落將山靈稱為 laluminan，馬立雲部落則有
Tadatadah 和 sarasaraw 兩種稱呼，而皆與誘人迷失的山靈傳述相
近。上述族群的內部皆曾經歷以家族為單位、或是變化劇烈的遷
徙過程，布農族更是臺灣島內遷徙變動極鉅的族群之一，因此可
從中推斷：這些族群流傳的山靈傳說隨著部落的分播、合流與相
融的遷徙經歷而四處傳播，並且在傳播的過程中產生了名稱或情
節上的變異。

　　第二，承續第一點觀察與比較的結果，在族群內部的遷徙影
響之下，山靈傳說也可能出現黏合現象。例如在魯凱族中流傳的
aidridringane，在大武部落達德勒舊社記錄為「湖神迎娶（頭目
家族的）女子」故事中的湖神之名，而且形象也轉變為百步蛇王
的模樣，可能是與百步蛇崇拜黏合的結果。此種現象反映傳說流
播的變異性，也顯示魯凱族群經歷遷徙後的內部變化與多元性。

　　第三，山靈傳說是臺灣各個原住民族群間共同存有且彼此獨
立並存的傳述，但也有可能隨著語言、文化的涵化或流失而丟
失，或是已難以追溯原貌和定義。例如西拉雅族吉貝耍部落，當
地族人知悉漢族魔神仔的山靈誘失傳述情節，但在現今族語和文
獻中找不到相對應的紀錄，與其說西拉雅族本身沒有山靈傳說的
存在，更可能是受到早期以來漢化的影響，使得山靈傳說涵化為
漢族的魔神仔。噶瑪蘭族新社部落的資深巫師指稱傳統信仰中的
kuit 即是相對應的山靈，但除了 kuit 是人類死後的靈魂變化而成

之外，未能查知更詳細的說明或傳述。撒奇萊雅族中除了學者原來在馬立雲部落採集得的 Tadatadah 之外，在吉拉卡樣部落的 laluminan、以及族語紀錄中的 sarasaraw，都和鄰近的阿美族所流傳的山靈精怪名義幾近相同，而從撒奇萊雅族的歷史變遷背景來看，laluminan 與 sarasaraw 很可能是與阿美族混居時受到阿美族語言文化的涵化影響。上述三個例子的推論，正好反映三種不同程度的外來文化影響結果，或是涵化而失去整個山靈傳說的脈絡、或是僅存名義而沒有相關的內容傳述，或是同時保存自身原有的稱呼與他者傳入的異稱。

　　民間故事與傳說是反映族群文化相的重要載體，在臺灣跨族群山靈傳說的流播變化、交流與相融中，也是族群文化變遷與存續的反映指標之一，而來自於山靈的傳統信仰與文化背景更廣佈於日常生活之中，除了學術調查報告的採集之外，在小說創作、新聞報導、與民間大眾的口耳相傳中都仍可看見山靈傳說的蹤跡，也更容易在學術論述的框架外發現山靈傳說的多元面貌與流傳意義。

第陸章　結論：
跨族群山靈傳說的比較與探究

　　研究臺灣妖怪文化與歷史、或是民間故事與傳說的學者專家們，不乏提出對於臺灣民間流傳的魔神仔與原住民族文史傳說的推論，也嘗試尋繹兩者之間的連結。而本書以漢族的魔神仔傳述作為建構與比較的論述起點，進行跨族群、跨地區的口述資料採集，逐步揭見各個族群內部都存在著相近的傳述，並且輔以相關文獻紀錄與調查報告的既有成果，進而建立跨族群山靈傳說的勾勒與聯結。本章茲此歸納並列述跨族群山靈傳說之比較研究的要點、發現與總結，本書採集得臺灣跨族群山靈傳說在各族群間的名稱、定義與特徵，整理附表如下：

表三：臺灣各族群山靈傳說定義特徵比較表

族群	名稱	定義	外觀特徵	其他相關特徵
阿美 Amis/ Pancagh	saraw caraw	自然中的惡靈	高大/形體不明確/變化為熟悉的親人	棲息於樹上/刺竹/苦楝/致人於死
排灣 Paiwan	(wuyawuya/ gu-yaguya) cemas galang	自然中的惡靈	高大/形體不明確	不會致人於死

族群	名稱			
	galay galjl guluma			
鄒 Tsou	hicu no he hicu no mol-oungu	自然中的惡靈	看不見形體	只為搗蛋，不會致人於死
卑南 Pinuyumayan	viruwa	人死之鬼	沒有明確形體	
	balaz	自然中的生魂死靈、動物山魈、鬼魅等	矮小、看不見形體	刺蔥樹/冬天出沒
賽夏 Saysiyat	habon	鬼魂、精怪、超自然現象	沒有明確形體，變化形象，有時有如動物	撥弄竹子
達悟 Tao	anito	人死之鬼	各種奇異形體	
泰雅 Atayal	utux lyutux	人死之鬼	沒有明確形體	餵食穢物/伴隨寒風出現/攜帶山刀可驅逐
布農 Bunun	hanitu	自然中的精靈或鬼魂		致人於死
	kacinis kanigis kanacinis kalasilis	妖怪	長得像人的鬼怪	致人於死
	vahang	鬼魂		
魯凱 Rukai	garal singi umauma aidridrigane	自然中的無形之靈或妖怪；人死之鬼	沒有明確形體	
賽德克 Seediq	nage utux	孤魂野鬼	沒有明確形體	
太魯閣 Truku	utux	神、鬼、靈泛稱	未詳	
噶瑪蘭 Kavalan	kuit	人死之鬼	未詳	

| 撒奇萊雅
Sakizayz | sarasaraw
laluminan | 未詳 | 未詳 | |
| 西拉雅
Siraya | 無族語名稱 | 鬼怪 | 未詳 | |

一、山靈傳說的採集與比較

　　本書進行跨族群、跨地域的山靈傳說採集與調查，最重要的立意在於主位觀點（emic）的建立──依靠在地居民來解釋並說明研究對象的重要性並探究在地的思維，[1]也就是在前述魔神仔即為原住民傳說中的矮黑人之假說下，挖掘各個族群內部如何看待這樣的假設、又是否實際存在這樣的說法。其次，在整理傳說的採集與調查時，客位觀點（etic）的運用更是相當重要的立場──透過分類範疇、表現型態、解釋與詮釋的探討下，以客體的觀察提出在一個文化群體中的成員投入於其中、以致於無法正確精準討論的重要現象之研究與解釋，[2]也就是在實際流傳的傳述現象與各種影響變數的脈絡下，從中建立完整的跨族群傳說之流傳、論述並申論其現象和意義。本書引述的專家學者在嘗試推論魔神仔與矮人之間的關係時，雖然也曾訪問出身當地的原住民族人以擷取主位觀點和例證，但是忽略了指涉對象的語境還原、文化脈絡與現地背景，就不容易從田野現地的整體語言、人文、自

---

[1] 〔美〕Conrand Phillip Kottak（科塔克）著，徐雨村譯：《文化人類學：文化多樣化的探索（Cultural Anthropology, 11e）》（臺北：麥格羅希爾，2005 年 10 月），頁 61-62。

[2] 〔美〕Conrand Phillip Kottak（科塔克）著，徐雨村譯：《文化人類學：文化多樣化的探索》，頁 61-62。

然環境中進行在地本位的思考，而侷限於研究者本身的客位觀點視野；但客位觀點並非不重要——畢竟主位觀點本身有時也是一種框架——對於研究對象的外在客體化觀察與整理也很重要，始能將融入於生活、文化脈絡下的主位觀點提取並進行系統化的整合闡釋。因此，藉由回歸至各個族群的生活、語境、文化脈絡進行探查，並省思主位觀點的思維與認知，客位觀點才能發揮真正的作用和價值，而在訪查過程中的重要文化報導人（key cultural consultants）提供的資訊與見解，更是連結主、客位觀點兩者之間的論述與詮釋的重要存在。

　　經過前述章節對於口述採集與文獻紀錄歸納與比較分析後，流傳於各個族群間包括魔神仔在內的相近甚至是相同的山靈——本書所採集與引述的阿美族的 saraw、caraw，排灣族的 wuyawuya（guyaguya） cemas、galang、galjl、galay、guluma，鄒族的 hicu no he、hicu no molouṅgu，卑南族的 viruwa、balaz，賽夏族的 habon，達悟族的 anito，泰雅族的 utux、lyutux，布農族的 kacinis、kanagnis、kalasilis、vahang，魯凱族的 garal、singi umauma、aidridringane，賽德克族的 nage utux，太魯閣族的 utux，噶瑪蘭族的 kuit，撒奇萊雅族中的 tadatadah、sarasaraw、laluminan 等等，都涉及本書所稱「與魔神仔相近、導致誘人迷失」的山靈，是接近於靈的存在，部分族群以此泛稱大自然中的惡靈、生靈、精靈、或是人死後變化而成的鬼魂，有的族群則以專稱指涉特定的誘人迷失之靈，端視族群的傳統宗教信仰如何詮釋。然而，日治時期以來的調查報告中有時以研究者的文化視角理解為妖怪，或是統稱為鬼、精怪，在定義與指稱上略有偏差。而從各個族群的山靈傳說的詮釋中也反映：臺灣原住民族的傳統宗

教信仰觀念並非全部都是單純的泛靈論，這其中尚有以人為主、以人為自然中心視角的靈魂觀，認為自然界中所有具備生命的存在都與人相關連，如此就會將誘人迷失的山靈解釋為人死之鬼。

　　因此，流傳於各族群的山靈傳說基本上大同小異，除了情節、內容相近甚至相同之餘，雖然在定義、認知上略有出入，但均與臺灣原住民族傳說中曾經存在的矮黑人（Negrito）不相關。此外，從本書所採集的資料作演繹推論：臺灣各個族群的傳統宗教信仰與文化中應當都存在著此種誘人迷失的山靈傳述，但是在時代與環境的變遷發展之下，此類傳述可能已逐漸流失，例如西拉雅族吉貝耍部落從近代開始受到漢文化的影響而逐漸被替換其認知與涵義，原來的名稱與傳述已無相關紀錄。

二、跨族群傳說的成立原因

　　本書證明了過往學者專家對於魔神仔、矮黑人之間關連性的部分推論：各族群間都存在著與魔神仔相似的山靈傳說。臺灣原住民族群間時常可見相同情節類型的神話故事或傳說，例如洪水神話、小米起源、或是矮黑人傳說等等，有時甚至也存在著與漢族、中國少數民族間相似而並存互見的民間文學作品，浦忠成曾經對此提出民族文化同源、文化接觸實證、環境思維相似的三個論見來解釋其成因，[3]茲此借引浦忠成教授的見解，分析推論臺灣跨族群山靈傳說的流傳現象：

---

[3]　巴蘇亞‧博伊哲努（浦忠成）：《台灣原住民的口傳文學》（臺北：常民文化事業公司，1996年5月），頁145-148。

　　第一，以文化同源論來看，就臺灣南島語的分布與發展而言，不排除臺灣原住民族之間存在著文化同源的可能性。臺灣中央研究院學者李壬癸曾就臺灣南島語的擴散（dispersal）、分布與分支現象提出：臺灣本島有幾處南島語群的共同起源地，如果假定臺灣各族原來皆從一個古南島族分化出來，包括泰雅、布農、鄒、魯凱、排灣、阿美、雅美（達悟）、道卡斯、巴布拉（拍瀑拉）、貓霧捒、洪雅、巴則海（巴宰）、賽夏各族語言的遷移與擴散在內，最可能以臺灣中南部地區、亦即南投縣一帶為其原始擴散中心；[4]爾後又採據各家南島語言學者的見解，從臺灣古南島語早期的支系分化發展中推論：臺灣的嘉南平原是古南島民族的祖居地。[5]如果臺灣原住民族之間真的存在文化同源的關係，流傳著共同或相似的山靈傳說也是合理的演繹結果。然而就實際狀況來看，山靈傳說是否與文化同源論相關，牽涉的脈絡、範圍與細節過於龐大，本書難以藉此角度繼續深入析論。

　　第二，就臺灣各族群之間的歷史發展與變遷來看，各個族群彼此之間開始產生大量的互動、接觸與交流，至少從清領時期就已逐漸進行——例如加禮宛事件導致撒奇萊雅族、噶瑪蘭族進入阿美族部落中生活而產生的文化影響，或是臺灣西部平原如西拉

---

[4]　李壬癸：〈南島民族的遷移歷史〉，《臺灣原住民史：語言篇》（南投：臺灣省文獻委員會，1999 年 8 月），頁 64-65。

[5]　李壬癸：〈台灣東部早期族群的來源及遷移史〉，《台灣南島民族的族群與遷徙》（臺北：前衛出版社，2011 年 1 月），頁 97-100。其中李壬癸指出臺灣最早的古南島語分為 4 個支系，分別是 5000 年前開始分化的卑南語、魯凱語、鄒語，以及在 4500 年前陸續分化為布農、排灣以及東臺灣族群（巴賽、噶瑪蘭、阿美、西拉雅）的南島語系分支。

雅族、拍瀑拉族等原住民族受到漢化的影響等族群文化相融的現象，尤其自 1950 年代至 1970 年代政府推行山地平地化等相關政策以來，[6]促使大量原住民族群人口往平地移動、大幅提高與其他族群接觸和互相影響的機會，再加上環境開發、自然災害等因素造成的人口遷徙，現今臺灣各族群之間已經不再只能從行政地域的劃分作為實際情況的分隔。從本書引述的各族群口述傳說文本來看，不難看出山靈傳說受到跨族群文化接觸與傳播的影響軌跡——特別是漢族的魔神仔傳播的影響，在臺灣長時期以來以漢文化為主體的社會形塑下流播至其他族群，而產生了各個族群在情節結構相似、內容大同小異又略有出入的傳述，並且不乏以魔神仔來比擬族群文化自身相似的山靈。

　　但是從作者採集的各個族群的山靈傳說口述文本來看，雖然在部分族群的報導人認知中，確實是在接觸漢文化的環境之後才得知魔神仔與山靈的存在，並且也將自身族群傳說中誘人迷失的山靈逕稱為魔神仔，特別是在非原民人口越高的部落中也就越容

---

[6] 1953 年中華民國政府在「促進山地行政建設大綱」所提出的促使山地社會現代化、弭除山地平地資源與環境條件落差之施政目標，在文化水平、經濟、健康、自治財源、分期移住等施政規劃中，將山地鄉依條件分別訂定山地平地化的進程計畫，並且分區、分年「逐步解除山地特殊措施」，加速原住民融入平地社會；雖然在此政令推行下，原住民的經濟生活確實獲得改善、死亡率下降、國語程度與教育水準也有所提升，但從現今角度來看，也使得原住民族各族的語言文化迅速消逝，直到 1970 年代臺灣社會工業化發展創造的就業機會，更促使原住民青壯人口離開部落，前往都市形成新的群體「都市原住民」，造成原鄉日漸凋零的變遷。參見詹素娟：《典藏台灣史（二）台灣原住民史》（臺北：玉山社，2019 年 4 月），頁 227-229。

易出現山靈與魔神仔混稱或彼此比擬的現象，像是臺東阿美族的都蘭部落，花蓮阿美族的與烏卡蓋部落，卑南族的建和部落、大巴六九部落，排灣族太麻里地區的大麻里部落，以及苗栗賽夏族的蓬萊部落與向天湖部落等地，明確反映在原住民部落中流傳的魔神仔名稱屬於外來傳入的文化；同時也有更多的敘述跡象顯示：各個族群之間原本就存在誘人迷失的山靈的稱呼與傳說，在接觸漢文化的魔神仔的稱呼與傳述之後，也產生了魔神仔與山靈極為相似、「你們說的魔神仔就是我們說的 saraw、galang」等比較的認知，山靈誘人迷失並不是在漢族文化影響下才產生的傳說。而各個族群的山靈——不論是自然界中存在的精怪，或是沒有實體的惡靈，還是人死後變成的惡靈或鬼魂等等各種解釋，每個族群的誘人迷失的山靈傳說都有自己的文化脈絡、定義與稱謂，不盡然與漢族的魔神仔的定義和詮釋相似。

　　第三，相近的自然環境本就極易產生相近的文化模式，除了蘭嶼以外，臺灣本島的自然環境生態相雖然因為地形、海拔高度落差的關係而顯得極其複雜，但是臺灣的南島語族之間仍然有許多共通的文化特色，對於自然環境的利用與物質文化也相當接近，除了是因為部分族群同樣都以山區為居住地、自然環境相似之外，各個族群能夠獲得的自然資源——例如小米、檳榔、芒草、苧蔴等等，在各個族群間對於小米的耕種、民俗植物的運用、石板屋的建築等等也就存在許多共通性。因此，在相近的自然環境與資源利用之下產生相近的文化模式，在這樣的脈絡下也確實可能產生相近的傳說故事。

　　儘管如此，族群與族群之間、甚至是族群內部仍然可能產生不同的差異與文化模式，例如：臺灣原住民族的社會組織存在著

父系、母系社會的差異，而且各個族群之間也不是每個族群都有俗稱的「頭目」此種特定世襲領導人的存在，有的族群如賽夏族、泰雅族便是以各個家族的代表人物或是耆老共同議談公眾決策，但是這些差異並未反映在相近的自然環境與資源利用之上；又像是家庭之中以母系為長的阿美族與卑南族，和以父系為尊的泰雅族、布農族同樣都存在著誘人迷失的山靈傳說，但是此點無法說明為何居仕仕相近環境地區、同樣的族群內部為什麼會產生不同的文化現象或社會形式，如同作者訪問來自同樣居住在臺灣南部山區的排灣族、布農族、魯凱族，或是範圍限縮於同在臺東平原的馬蘭阿美與卑南族，乃至於阿美族內部的秀姑巒阿美各部落，卻有各種不同的山靈稱謂和敘述內容。也就是說，自然環境相近確實可能產生相似的文化模式乃至於神話傳說，但是難以藉此說明為何在自然環境相近、甚至是同一族群的內部卻會產生不同文化模式或神話傳說的結果。

綜合上述三種相同民間文學母題在跨族群、跨區域間流傳的論點來討論臺灣山靈傳說的流傳現象與成因，可概括簡論為：文化同源論過於籠統不清、環境相近論難以解釋其差異性，而在族群接觸論中可以明確發現山靈傳說以漢族魔神仔為中心而影響流播各族群的現象，但是跨族群的流傳成因並不全是來自於跨族群的接觸與傳播，而是各個族群內部本來就存有相近的傳述，在跨族群接觸後才發現這是族群之間共同存有的現象，而漢族將其稱為魔神仔，並且再在漢族主流社會的背景脈絡下擴散傳播出去，影響了各個族群在現今社會對於山靈的認知。

三、跨族群傳說的流傳意義

前述提及：相較於文化同源論和環境相近論，跨族群山靈傳說在臺灣各族群間的傳播，以漢族魔神仔為中心傳播往各族群的族群接觸論現象較為明確，但在實際接觸漢文化之前各族群就已存有同樣的 saraw、galang、kanacinis 等山靈傳說。在此前提下，山靈傳說在臺灣跨族群間流傳的意義可探討如下：

第一，跨族群的山靈傳說具備現代民俗學強調的反權威、反主流、反中心的意義，二十一世紀的美國民俗學將原來指稱民眾知識的民俗（folklore）的研究重心，更替為對俗語（vernacular）的意義進行理論與學科的建構，更加強調民俗研究在現代敘事文本與在地知識的連結，[7]而不只是針對過去慣習、歷史、文化或是族群中心主義的研究。臺灣魔神仔誘人迷失的事件自進入二十一世紀以來開始擁有大量的媒體曝光率，也成為民間極為知名的怪談傳說；但從傳播現象來看，雖然各族群都存有相近的山靈傳

---

[7] Diane Goldstein: "I will argue that over those 40 years (1973-2013), our intellectual context has pretty radically changed in light of a growing populism in the intellectual, bureaucratic, and popular world around us that (for better or worse) now pays greater attention to the voices and knowledges of vernacular culture……. This change in the scholarly and popular appreciation of the vernacular appears to focus on two main areas of culture: narrative and local knowledge." Vernacular Turns: Narrative, Local Knowledge, and the Changed Context of Folklore, The Journal American Folklore, vol.128, No.508 (Spring 2015), pp. 126.

說，但長期以來都是漢族魔神仔為社會傳播的主流，[8]進而影響其他族群的稱呼與認知，而在主流社會的強勢涵化、族群傳統文化的流失、媒體的傳播放送等因素之下，原本應是臺灣各族群皆存有的山靈傳說，在此消彼長之下，漸漸地僅留下漢族魔神仔的名稱與認知，而忽視了這原本是屬於臺灣多元文化的整體面貌之一。然而除了漢族魔神仔的傳播之外，其他族群之間也有流傳影響的可能，進而成為族群之間共通並存的稱謂與傳說，例如撒奇萊雅族與阿美族、或是阿美族與卑南族之間的 saraw，又例如排灣族與魯凱族之間的 galang 等等，但是都未發現各個族群的山靈傳說影響漢族魔神仔傳述的現象，正好反映近代以來臺灣以漢族文化為社會中心發展的現況。所以，挖掘並瞭解各族群的山靈傳說，可以讓我們再次意識到臺灣是一個多元族群的社會，並且藉此凸顯各個族群的文化特色。

　　第二，山靈傳說是族群文化的投射與反映，有涵化、也有多元的內部差異，更是族群文化存續興衰的意義之一。在臺灣各個族群對於山靈傳說的傳述、指稱與定義中，部分族群如卑南族、阿美族的報導人強調只有本族群巫師可治癒，反映了每一個族群文化的內在邏輯與獨特性；或是在傳承人神盟約祭、戰祭等重要祭儀的排灣族與鄒族，或是仍然保有相當程度的傳統巫覡文化的布農族之中，對於山靈傳說的指稱保留了具體明確的專稱，反映了每個族群內部在地域之間、群體之間乃至於部落之間都可能存

8　少數的媒體報導則會提及與魔神仔相近的山靈傳說的存在，例如綜合報導：〈8 旬嬤遊花蓮失蹤　疑 Kacinis 作怪〉，《原視新聞》，2014 年 7 月 14 日 https://www.youtube.com/watch?v=9ej5UlxiK9c，檢索於 2022 年 6 月 1 日。

在的差異性；其中阿美族的 saraw 名稱更有擴散影響於卑南族與撒奇萊雅族的可能，特別是撒奇萊雅族，呈現了臺灣在漢族文化以外的族群之間涵化的現象。族群內部對於與漢族魔神仔相似的山靈傳說的認知程度——泛稱或專稱、定義或內容等傳述的詳略差異，可以是每個族群文化傳續的一個指標，反映了每一個族群在傳統宗教信仰、宇宙自然秩序的輪廓與存續。

第三，山靈傳說可提供人類學的研究視野與意義，林美容曾經以人類學的角度指出魔神仔的跨文化比較視野，提出數則跨族群、跨地域與跨國族的傳說故事案例，諸如日本的神隱（かみかくし）、歐美的矮人精靈童話等等，將臺灣的鄉野奇聞擴大為比較民俗學的跨文化研究，並指出「只有透過世界不同地區相似的民俗資料的比較分析，才能進一步探討這些遍存於世界各地非常相似的精怪故事與矮人傳說」的故事傳說類型意義。

而在作者在採集山靈傳說相關紀錄的過程中，也發現世界各地其他的國族、地域，也同樣具有「誘人迷失」、與臺灣跨族群流傳現象相近的山靈傳說。其中一則是馬來西亞跨族群之間流傳的誘人迷失的神、精怪、靈等傳說，對於臺灣漢族流傳的「誘人迷失、失蹤數日後被尋獲於險竣或不可能獨自前往的地點，在失蹤期間失去知覺能力，隱約中似乎有『人』在前頭引領而去」的傳述，部分的馬來西亞華人會將其稱為是山神所為，報導人表示：

> 我曾經有一個親戚，在榴槤園採收工作，結果到了晚上還是沒回家，機車停在果園門口。結果去請示神明，根據神明說的方向去找，到了隔天中午才找到。他也迷迷糊糊不

知道自己在幹嘛，可是不至於衰弱虛脫那樣，就是恍惚。這是在柔佛州豐盛港，大概 2014、2015 年前遇見的，我們通常稱呼「被山神抓」，或者「鬼遮眼」，在森林迷路。[9]

部分的馬來西亞華人會將此種不知為何發生、當事人自己也無法說明過程、無法解釋的迷失事件起因指涉為山神，或是將其稱為鬼遮眼；此類說法與指稱和臺灣部分的口述紀錄相同，也會將誘人迷失的山靈逕稱為山神，或是也將其事件稱為鬼遮眼。此種與臺灣誘人迷失事件相關的精怪、鬼、靈等山靈傳說，在馬來西亞也有相同並且跨族群流傳現象。

在作者向另一位報導人說明臺灣魔神仔等山靈傳說的情節後，報導人立即聯想到這一則相近的傳述內容：

> 我們以前讀國中國小時，會聽馬來人的同學講很多鄉野奇譚，我們聽到以後也會回來自己流傳。像（臺灣的魔神仔）這樣子會抓人的精怪，很多人第一個就會想到 orang pishang；馬來西亞有很多的芭蕉園，orang pishang 會在晚上出沒，如果你被 orang pishang 抓走，就會被人發現你被抓進芭蕉樹裡頭，這個故事最可怕的地方就是你在芭蕉林裡會莫名其妙的被抓走、還被抓進去樹裡頭。這是我們那個地區（馬來西亞雪蘭莪州吉膽島）的華人在馬來鄉下聽

---

[9] 林漢聰，馬來亞大學中文文學系碩士暨馬來西亞殯葬禮協會理事長，2018 年 8 月 15 日上午訪問於馬來亞大學。

到馬來人他們在說的傳聞，在華人之間也流傳很廣。[10]

在這段口述紀錄中指出：在西馬一帶的馬來人流傳著一種稱為 orang pishang 的精怪、鬼怪，會在夜晚的芭蕉林中將當事人擄走而失蹤，等到當事人被發現時則是整個人被埋進芭蕉樹中。此段傳述與臺灣山靈傳說比較其異同，便可發現兩者在整體情節上大致雷同：當事人不知何故突然失蹤、事發地點在荒郊野外，而當事人被尋獲於險竣或是獨力無法前往的地點，卻無法清楚說明失蹤期間發生什麼事、如何失去感知與意識；而兩者的差異在於植物的意象——在臺灣的山靈傳說中多半敘述當事人在刺竹叢中、或是苦楝樹與刺蔥樹的頂端被發現等等，而在馬來西亞的 orang pishang 傳述中則因為人文背景與環境差異的關係，植物的意象成為芭蕉樹，而變成「當事人被抓進芭蕉樹裡頭」。另外，在作者向報導人說明臺灣魔神仔等山靈傳說的情節後，報導人不僅馬上聯想到 orang pishang，也用與漢族魔神仔性質相近的「精怪」來定義 orang pishang，更指出這也是跨越族群、從馬來人的傳述中流傳至馬來西亞華人之中的跨族群傳說。

此外，在馬來西亞原住民族中的特米亞人（Temiar），也傳說森林裡有著同樣會誘人迷失森林鬼魅 tenrog 存在，與馬來西亞華人所說的山神、馬來人所說的 orang pisahang 相似，也與包含漢族魔神仔在內的臺灣山靈傳說如出一轍；2015 年 10 月在《馬來西亞人民郵報》上刊載一則發生於吉蘭丹州（Kelantan）南部

10　謝康樂，成功大學中國文學研究所碩士生，2018 年 10 月 16 日晚上訪問於成功大學。

話望生縣（Jajahan Gua Musang）的特米亞孩童失蹤事件：

兩名原住民女童在森林迷路 48 天卻奇跡生還，掀起當地
居民議論紛紛，更有村民言之鑿鑿指指，森林裡的妖魅一
直游離在山區，更稱若人們觸犯禁忌，便會遭遇意想不到
的後果！據熟悉山區情況的導覽車司機說，沒有任何森林
生存經驗的人，一旦在森林迷了路，在缺乏基本飲食條件
的情況下，最多只能挨 20 天。然而米蘇迪亞（11 歲）和
諾麗（10 歲）卻能在森林迷路超過 48 天，仍然奇跡生
還，因此讓當地居民浮現許多問號，甚至聯想到神秘的力
量。據《馬來西亞前鋒報》星期刊報導，許多居住在多海
的居民相信，這兩名原住民女童之所以能奇跡生還，是因
為獲得了居住在山區的妖魅幫助。當地居民亞歷克斯隆指
出，這些山靈確實存在世上，而且他們喜歡棲息在督亞冷
樹（Pokok Tualang）、印茄樹（Pokok Merbau）和洞穴
裡。他說，在原住民話（Temiar）裡，棲息在森林裡的鬼
魂被稱為 "tenrog"，在馬來語則被稱為 "Bunian"（隱蔽
之人）。……
一名搜救經驗豐富的救援人員安卡查奇（40 歲）相信，
孩子們是被神秘力量 "tenrog"（棲息在森林妖魅）給藏起
來了，導致這些孩子就連走過森林的足跡或任何痕跡，一
點都沒有留下。「這是頭一遭，7 名孩子在森林迷路，但
是沒有任何人留下足跡。」安卡也分享其他類似的案件
說，他們曾經在森林找到失蹤了兩個月的原住民男子，
「當我們發現他時，他的嘴裡有泥土的殘留物，我們相信

當他在森林迷路期間，tenrog 用泥土和葉子餵食該名男
子。」較早前，其中一名生還的原住民女童諾麗告訴媒
體，他們在森林迷路期間，幸得一名神秘人士給他們食
物，他們才能存活下來。[11]

　　此篇報載紀錄中述說在馬來西亞的華人、馬來人之外的原住
民特米亞族中，流傳著名為 tenrog 的妖魅，當地居民相信有許多
發生在森林裡的失蹤事件，就是因為觸犯禁忌而遭致 tenrog 隱藏
起來，在被 tenrog 隱藏期間，搜救人員找不到任何留下來的足
跡，而被尋獲的當事人僅能表示：在迷路期間有「人」給他們食
物，才能在森林中存活數日至兩個月，但是往往發現他們所說的
食物卻是泥土和葉子。關於 tenrog 的相關描述，幾乎與臺灣漢族
的魔神仔、跨族群的山靈傳說一模一樣，也與前文引述華人所說
的山神、馬來人所說的 orang pishang 十分相似。因此同樣以誘人
迷失為敘事類型的山靈傳說不僅只是在臺灣有跨族群的流傳現
象，在馬來西亞當地的華人、馬來人、特米亞人三個族群之間也
存在著相同的山靈傳說。

　　其次是南美洲亞馬遜森林中的原住民希瓦羅人（Jivaroan）
流傳的一種名為伊威安捷（iwianch）的魔鬼，會將人擄走並安
置在山洞中，根據 Steven Lee Rubenstein 引述調查研究中對於希
瓦羅人裡舒爾族（Shuar）的描述，指出伊威安捷是人死後變成

---

[11] 話望生：〈冥界妖魅救濟原住民女童？〉，《馬來西亞人民郵報》，
2015 年 10 月 11 日，http://ch.therakyatpost.com/national-news/185401，瀏
覽於 2015 年 10 月 17 日。其中安卡查奇所稱「7 名孩子在森林迷路」，
應指其他經驗中的失蹤事件，而非本則報導的 2 名女童。

的魔鬼（demon），會抓走而捉弄孩童，但不會傷害孩童；伊威安捷也代表是與生命、生靈相對立的惡靈，因為飢餓與孤獨使得伊威安捷長得非常醜陋，而舒爾人認為伊威安捷讓人的靈魂自肉體分離，使得被伊威安捷擄走的人像是患病一般地神智恍惚，直到伊威安捷離開之後才能清醒過來。[12]厄瓜多影像創作者何西‧卡督所（José Cardoso）在 2020 年發表的紀錄片《魔鹿伊威安捷（Iwlanch, el Diablo Venado）》中，即以影像記錄他在亞馬遜雨林深處、同屬希瓦羅人的阿秋爾族（Achuar）部落裡採訪遭伊威安捷擄走的當事人的經歷，以及部落巫師為當事人治療的過程，概述如下：

阿秋爾族金加念部落（Chinkianentza）男子佩德洛（Pedro）在拍攝當年的 12 月 13 日於叢林中打獵時失蹤，17 天後在雨林中更為深處的龐普安薩被發現，神智意識不清、無法開口說話，而被送往市區醫院治療。佩德洛返家後，神智仍有恍惚的現象，自稱伊威安捷仍然在不斷的呼喚他前去；直到巫師為佩德洛治療、切斷了伊威安捷與佩德洛之間的無形連結影響，佩德洛才恢復正常，才能開始述說失蹤期間的經歷：伊威安捷將他帶到牠們居住的山洞，與牠們共同相處，而且還送給佩德洛一位女孩與他生育嬰孩。佩德洛述說遭遇伊威安捷的部分過程：

> 我想到了爸爸，魔鬼向我擊了一拳，驚嚇到我，牠打了我以後便說：跟著我走。後來牠將我拾起，許多鹿在後尾

---

[12]　Steven Lee Rubenstein: Circulation, Accumulation, and the Power of Shuar Shrunken Heads, *Cultural Anthropology*, Vol. 22, No. 3 (Aug., 2007), pp. 363, 368.

隨。牠們將我帶到了一間房屋，就是我已往生的奶奶家。她給了我食物，「你要吃飯啊……為什麼不吃飯？」她說。但我一點胃口也沒有。她將食物收妥後接著說：「走吧，到那去，好讓你的家人能知道你在哪裡。」我手中仍然持著我的霰彈槍，我還是能扞著我的槍，我們開始步行，我還是緊緊握著霰彈槍。有一個亡靈說，讓我看看你的霰彈槍，所以我就將我的槍繳了出去。而這伊威安捷說：「讓我來拿這把槍，因為我資歷較深。」之後我就再也沒有看見我的霰彈槍了。我們持續的步行，在那裡我見到了卡庫亞鹿，牠們開始騷擾我。……他們邀請我一起跳舞，我告訴他們我不擅長舞蹈，他們卻堅持不斷地說：「你知道怎麼跳舞的。」又說：「那就在那待著吧。」之後就遠離我而去。[13]

依據部落巫師的說明，抱持遺憾、痛苦過世、或是不得善終之人，死後的靈魂將會滯留人間而變成伊威安捷，並前往伊威安捷所在的世界；而伊威安捷擁有各種變化的面貌，有時是人類的外貌，有時則以鹿的形象現身，會以各種形象引誘人類前往伊威安捷、亦即亡靈所在的世界，令當事人處於不知虛實、無法判斷是否為幻覺的世界中。何西記錄下巫師以歌謠詠述伊威安捷的特徵為：

13　José Cardoso: Iwianch, *el Diablo Venado*, (2020), 觀看於《2022MATA 臺灣原住民族文化影視節》（https://mata.app.visionmedia.com.tw/video），2022 年 9 月 1 日。以下引述同出處者不再贅註。

當你成為了亡靈，你就得前往靈界，去伊威安捷的世界，
在伊威安捷的世界裡落腳；去無人去過的山洞，未曾爬過
的樹梢……（José Cardoso, 2020）

在相關傳述與影片紀錄中的伊威安捷，是人死後變化而成的
亡靈，並且遊蕩於世間引誘人類，帶往靈魂所在的世界、亦即伊
威安捷的所在地，但是當事人被發現時，往往被尋獲於山洞、峭
壁、或是樹梢頂端處。此後，當事人還必須藉助巫師行使祭儀治
療才能切斷與伊威安捷的連結，否則當事人仍會不時聽見伊威安
捷的呼喚，精神也無法恢復如常。而亡靈、鬼魂之屬的伊威安
捷，其事蹟傳述也和臺灣誘人迷失的山靈傳說有許多雷同之處，
特別是在餵食當事人泥土、葉子這一個相同的餵食穢物的特色。

透過馬來西亞華人與馬來人、南美洲希瓦羅人流傳的「誘人
迷失之靈」的傳說比較，便能發現包含魔神仔在內的臺灣跨族群
山靈傳說，以及前賢學者曾提出過的日本神隱、歐洲童話的妖精
等傳說內容，很可能是世界各地跨國族、跨區域的人類都曾流傳
過的相近的傳說。[14]然而，實際上在 Stith Thompson 所整理世界
各地的《民間文學主題索引（Motif-Index of Folk-Literaure）》的各
種民間故事傳說類型中，即有如 E272.5 條記載為「鬼怪誤導旅人
在路途中迷失（Ghost misleads traveler on road）」的敘事類型，
可知在世界各地確實存在著與山靈誘人迷失相當類似的故事傳說
而足以構成主題類型；其他像是 F473.2.2 條「靈體把物體隱藏在

---

[14] 林美容、李家愷：《魔神仔的人類學想像》（臺北：五南圖書出版公
司，2014 年 2 月），頁 289。

陌生奇異之地（Spirit hides articles in strange place）」，亦可視為
接近山靈誘人迷失的敘事類型，只是把隱藏的物體改為人類。[15]

　　但是目前對於臺灣民間故事的類型索引分類整理中，尚未有
此種誘人迷失的主題條目。[16]原因可能如同臺灣日治時期以來對
於原住民族口述故事採集的考量一樣，因為內容過於無稽、斷
裂、報導人或當事人主觀認定涉及靈異鬼神之說而且難以證實，
所以很容易被採集整理的學者遺漏或忽略不談。但透過民間故事
類型的宏觀角度，以及中研院學者對漢族魔神仔的研究，和本書
採集、整理並探究臺灣跨族群山靈誘失傳說的結果，便可知道這
將是深入剖析族群文化思維與建構多元文化社會面貌的一個重要
進路。

　　在此前提下進一步反思前文討論臺灣跨族群山靈傳說的流傳
成因與現象，即可發現：除了族群接觸論是臺灣山靈傳說以魔神
仔為中心散播傳佈的主要原因，以文化同源論與環境相近論來探
討各個族群原本就存在的山靈傳說之流傳現象，似乎也並非完全
無跡可循：或許在早期的人類先民面對同樣的荒野、山林等未知
的大自然環境時，基於對自然的敬畏和未知的恐懼，都不約而同
地想像自然中存在著誘人迷失的靈而保有這一共同的原始思維，

---

[15]　〔美〕Stith Thompson: *Motif-Index of Folk-Literature: A Classification of Narraive Element in Folktales, Ballads, Mythes, Fables, Mediaeval Romances, Exempla, Fablaux, Jest-Bools, and Local Legends* (Bloomington, Indiana, 2016 [1955-1958], https://ia800408.us.archive.org/30/items/Thompson2016MotifIndex/Thompson_2016_Motif-Index.pdf), pp. 889, 1098.

[16]　參見胡萬川：《台灣民間故事類型（含母題索引）》（臺北：里仁書局，2008 年 11 月）。

然後隨著文明、時代的發展成為人類共同的心靈圖象或是集體潛意識，成為每個族群文化共通的心理與想像。於是，跨族群的山靈傳說便從民間故事傳說的共同敘事類型，衍生為集體潛意識的人類共同思維，同時具備民間文學、民俗學與人類學的參考意義。

四、跨族群傳說的文化意義

在漢人主流社會文化為中心的臺灣，魔神仔是民間最常見的山靈稱謂與認知，但是在各個族群皆存有、流傳的不同名稱的山靈的查證後，正可反映臺灣多元族群文化的既有事實與現象。在相近的誘人迷失的傳說情節之下，每一種不同的山靈的名稱和認知、定義，都是每一種族群文化的反映，如同前述現代民俗學積極探究的反中心意義，也是每一個族群文化掌握主體性的投射。而山靈傳說往往與傳統文化中的宗教信仰緊密相繫，也是巫覡文化另一種觀照角度：發生山靈誘人迷失的事件時，在傳統慣習上就是尋求巫師、祭師等神職人士的協助，特別像是阿美族、泰雅族、排灣族、卑南族等口述人更強調只有巫師才能處理，正是族群文化主體性的思維展現；反過來說，當傳統信仰、巫祭文化不再存續於生活時，對於山靈的精確稱謂、認知與定義，也就失去了詮釋的依據，山靈的傳述便如同影子一般只留下了名稱，或是以廣為傳播的漢族魔神仔比擬其內容與涵義，進而被涵化、取代。跨族群的山靈傳說在文化意義而言，代表的是族群文化的主體性，也是傳統文化知識存續與否的一種指標。

在臺灣的跨族群山靈傳說也象徵著各個語言、文化、環境都

相異的族群之間，仍然存在著共同的思維和想像：對於山林自然之中具有誘人迷失的力量或存在，成為自古以來啟迪各個族群敬畏山林、建構自然秩序觀念的思想啟蒙。而從世界各地流傳誘人迷失之靈的敘事類型案例來看，例如在南美洲原住民希瓦羅族的部落之間流傳的伊威安捷，除了在情節、內容與定義上和臺灣魔神仔、saraw 等山靈傳說相近之外，在馬來西亞也存在著跨族群流傳的現象，以山神、orang pishang、tenrog 的名字與形象，存在於華人、馬來人與特米亞人的口傳記憶之中。在這些傳述中的山靈，祂們的形體、外貌、特徵多是模糊而難以具體描述，甚至是透明的外觀、或是無法明確述說其定義為何，一如早期人類的原始思維（primitive mentality）中對於靈的表象認知：「只要它們不是死人的靈（鬼），則這表象總是或多或少模糊而不可捉摸的，並且隨社會的不同而改變。」[17]正可言簡意賅的說明誘人迷失的山靈傳說在不同的地域、社會、族群、宗教等範疇中所共同存有的詮釋與思維關係。

誘人迷失的山靈傳說不僅只流傳於臺灣各個族群之間，更可能是世界各地、各個族群的人類，在早期的原始社會中都曾共同經歷、所共同擁有的集體意象，來自於面對未知的自然、尚未馴化而充斥著蠻荒氣息的山林時，共同想像而詮釋的恐懼或記憶。未來或許能夠藉由臺灣跨族群山靈傳說的比較與演繹而得出的線索，以人類學、民俗學、心理學等學科的角度，更進一步探索這散佈於世界各地的記憶圖象。

---

[17]　〔法〕路先・列維－布留爾（Lucién Lévy-Brühl）著，丁由譯：《原始思維（primitive mentality）》（臺北：臺灣商務印書館，2001 年 6 月），頁 395。

後　記

　　2012年的4月，當時就讀博士班的我正在構思陳益源教授開設的民間文學專題課程的報告題材，正好拜讀李家愷的碩士論文，令我想起了年少時期的閱讀經驗，於是選定了「臺東」與「魔神仔」的論題方向。透過網路，我聯繫上當時居住在東河鄉都蘭部落的作家王家祥——年少時期，我曾在書店裡站上一個下午翻閱王家祥老師的《小矮人之謎》、《魔神仔》等著作，在我心裡種下對小矮人、魔神仔等奇幻想像的根芽，因而決定先前去拜訪這位賦予我想像根源的啟蒙導師。王家祥老師很熱情地歡迎我冒昧的拜訪，講了一整晚的故事給我聽。十年前的這一天晚上，我第一次透過口耳相傳的過程親耳聆聽魔神仔的故事講述，就此開啟我在故事中追尋這一個神秘身影的旅程。以往課堂上，陳益源老師總是不吝於和我們分享他在田野調查時的特殊際遇與美好經歷，鼓勵我們勇於踏出書房、走向田野做踏實的學術研究，並且邂逅各種生命的經驗；所以，在本書的最後以此後記述說這十年來調查與訪問的過程中、曾經相遇相識那些無私分享故事的人們，也向各位讀者分享這追尋故事的軌跡。

　　王家祥老師和我分享了許多他對於小矮人與魔神仔的想法之後，指引我一個方向：他知道阿美族也流傳著一模一樣的傳說，推薦我去找熟悉部落文化歷史的 Siki 希巨・蘇飛先生，以及前頭

目 Panay 沈太木阿公。隔天，我坐在 Panay akong（阿美族稱祖父、爺爺）的家門前，與應邀前來的 Siki faki（阿美族稱伯叔）、以及當時在臺灣進行田野調查的美國學者阿德[1]，就著部落的特調三合一（米酒、國農鮮乳、保力達 B）還有樸實卻鮮美的魚湯，開始了我生平第一次的部落訪問。此後我都忘不了那天從 akong 與 faki 口中聽到的傳說故事所帶來的震撼，像是在我的心裡點燃了一道篝火，照亮了以前我不曾見過的世界，鼓勵我走出去探索更多未知的故事的影子。熱情的 faki 在我好幾次回到都蘭部落時，總為我引薦其他長輩接受我的訪問，或是帶我參觀部落的生命儀俗，引領我認識阿美族的世界。

　　「你們漢人說的魔神仔，就是我們說的 saraw。」這句話是我得到的第一把鑰匙，讓我擁有在其他阿美族部落繼續訪查時能夠迅速與對方溝通的語言，也是正確解讀文獻並且辨識內容的關鍵。不知不覺間，我的足跡已經走過屏東三地門鄉的馬兒、春日鄉的七佳、牡丹鄉的旭海和東源，再到臺東的都蘭、隆昌、東河、泰源、都歷、宜興，一路北上到花蓮的靜浦、港口，然後到大興、馬太鞍、太巴塱，以及離島蘭嶼的野銀為止。2013 年，在東源部落的哭泣湖（Kuci）畔聽董牧師與 Benna ina 講述哭泣湖的故事：當年祖先到此開墾含辛茹苦的淚水，終至喜極而泣、化成每天早晨和傍晚不時灑落山間湖畔的雨水；董牧師語聲剛

---

[1] 施永德（DJ Hatfield），美國芝加哥大學社會文化人類學博士，曾任美國波士頓伯克利音樂學院（Berklee College of Music）助理教授，現任國立臺灣藝術大學音樂學研究所副教授，2007 年起在東海岸進行長期的田野調查與聲音藝術創作，並為都蘭部落年齡階層「拉贛駿」的一員。

落，窗外竟然真的下起雨來，淅瀝叮咚地打在湖水上，與整片湖光山色籠罩的灰濛雨幕中。

「我們剛剛講的故事，祖先聽到了。」董牧師說，「這陣雨就是祖先喜極而泣的淚水。」我的眼睛也在此刻下起了雨，模糊了眼前矇矓的山影與水光，我們真的跟著故事一起走入了故事裡的時光氛圍，見證哭泣湖的眼淚。經歷過這猶如夢境一般的時刻，我已經無法捨下這尋找故事的興奮和喜悅，每每都期待和故事在哪處山腳下、海岸邊相遇，然後全情投入在述說故事的奇幻情境之中。

阿美族傳統信仰中的 saraw、caraw，在傳說中就與誘人迷失、餵人吃牛糞、用聲音勾引人，然後把人帶到刺竹叢裡或懸崖邊上的魔神仔種種作為一模一樣。在我領受異文化的震撼與找到答案的驚喜之餘，也大膽地猜想：是不是在臺灣其他原住民族的傳說故事之中，也都流傳著和魔神仔一樣的存在？如果在臺灣各個族群都有一模一樣的「魔神仔」，它又代表了什麼意義？

此後幾年之間，臺灣文壇掀起一股追尋本土妖怪歷史的風潮，行人地方工作室、何敬堯、臺北地方異聞工作室等個人或單位都陸續推出以臺灣妖怪為名的創作，其中魔神仔更是備受關注——從網路媒體、新聞報載上曝光的數據顯示：在那幾年之間，魔神仔每個月至少都會登上新聞報導一次，當是日常生活中距離我們最近、也最常聽到的所謂妖怪。中央研究院的林美容教授與李家愷更以魔神仔為題，出版《魔神仔的人類學想像》的研究專著，透過豐富的採訪資料與學術研究的方法、態度和熱忱對魔神仔進行詳細深入的剖析。而前述諸家在不斷探掘傳說的根源時，也不約而同的發現：在臺灣原住民的傳說故事之中，似乎隱藏著

與魔神仔相似的身影，林美容教授更是大膽地推想：漢人所說的魔神仔就是臺灣原住民傳說中的矮人。

　　這樣的見解最早出自於王家祥老師在 2002 年出版的臺灣歷史小說《魔神仔》，我有幸向林美容教授當面請益相關想法，與李家愷、何敬堯在研討會上交換並分享彼此的所知所見，也參與臺北地方異聞工作室《臺灣妖怪學就醬》[2]的撰寫，和有志一同的學者專家們討論種種原住民傳說中的妖怪異聞。因此發現：自己尚待學習的地方仍然很多，也讓我想要知道更多、然後找出隱藏在臺灣繽紛多元的各個族群傳說中的那道神秘身影。從此往後數年之間，我不斷地規劃前往各地的訪查行程，繼續踏出尋找故事的腳步。

　　2015 年，透過當時在阿里山光華國小就職的友人，認識來吉部落社區發展協會的鄭秀琴女士，在充滿森林香氣的山風中，聽述部落的山豬、小矮人 mefucu 與種種塔山的故事，然後走入 2020 年達邦部落 Mayasiv 的神聖祭場。

　　2016 年，我在一同退伍的義務役同袍帶領下，前往他的故鄉達觀部落，向比令・亞布校長等長輩請益泰雅族的文化和故事，並且在南投仁愛鄉的眉原部落聽劉金威阿公述說來自一百年前日治時代的故事。當年適逢賽夏族 Pasta'ay 矮靈祭的十年大祭，我又跟著在南島文化平台工作室 Mata Taiwan 認識的朋友們，一起前往苗栗南庄的向天湖部落，聽賽夏獵人述說山上的奇異經歷，又在 Omau Saluo Babai 風健福長老的帶領下，在徹夜的濃霧中渡過矮靈祭的神話氛圍。

2　臺北地方異聞工作室，臺北：奇異果文創事業公司，2019 年 12 月。

2017 年，我在刺桐花開的時節走入臺南東山區的吉貝耍部落，坐在路邊聽長輩講當地魔神仔的傳聞，並拜訪知名的西拉雅學者 Alak Akatuang 段洪坤老師，尋繹吉貝耍在歷史隙縫中的光輝與記憶。夏天，我再次回到東海岸，重新探訪那些教導過我的老人家們，因緣際會下，也開始接觸傳統信仰中的巫師／祭師的故事，他們正是對傳統信仰與文化知識最為熟悉的傳承者與守護者。在花蓮豐濱鄉的新社部落，仕無比有幸的機緣巧合下，遇見噶瑪蘭族資深的 mitu 巫師 Ipay 潘烏吉阿嬤，看阿嬤編織香蕉絲、也編織出一縷一縷的歷史歲月。在臺東泰安鄉的卑南族大巴六九部落，拜會最知名的 temaramaw 巫師 Anuw 林丁貴阿嬤，聽她述說部落的神異靈幻故事，和靜靜埋藏著的過往時光。同一年，在族人長輩的引介下，來到臺東建和部落與 Kingah 阿嬤相遇，阿嬤大方地展示伴隨大半輩子的巫師袋和祭器，以及她那助人無數又奇幻曲折的一生。9 月，我又前往屏東縣來義鄉的白鷺部落，探聞 Maljeveq 人神盟約祭（五年祭）與其神話傳說的內涵，在月光照耀的大武山腳下聆聽長輩說故事。

2018 年夏天，我回到靜浦部落與 Alak 阿嬤再會，這次 Alak 阿嬤娓娓道出更多神、靈、鬼、怪的傳說，以及阿嬤當年走遍臺灣各地、跟魔神仔討人又畫符仔抓住魔神仔的傳奇往事，比電影更加生動精彩。

2019 年夏天，我邂逅了建和部落另一位資深 temaramaw 巫師：Miyoko mumu（卑南語稱祖父祖母）與她的家人，聽 ina（卑南語稱女性、母系長輩）為我們講述 mumu 在一生之間如何成為諸神諸靈的代行者。訪問結束之後，mumu 摸著我的頭與背，為我祈福鼓勵，一股暖流就此匯聚在我的心裡。

2021 年春天，偶然得知臺東縣太麻里大王部落的儲備祭司長 Mulaneng 在西岸都市的行跡，旋即嘗試聯繫 ama（排灣語稱伯叔輩）；ama 不嫌棄我這位陌生人的冒昧造訪，更誠懇而熱情的引領我，用一個晚上的故事帶我走過他的一生。

2022 年，從我第一次出發尋找故事以來已屆滿十年，人云十年磨一劍，我以十年追尋島上各個族群不分你我、都曾聽說過而放在彼此心裡的同一個故事。這十年間我得到很多長輩、親友的協助，更感激那些與我素昧平生的老人家們，在山上點著炊煙的石板屋、在大海邊的涼台、在充滿歌聲的自家庭院前、在大家一同收割整理收穫的小米田間，不吝於向我分享那些埋藏著的過往歲月，那些他們自己也許都很少再告訴別人的故事。在東河部落時，Akyla 大哥聽完我的拜訪來意，對著現場的全家人們說：

「大家都過來吧！尤其是小朋友們，我跟 mama 現在要說的故事，你們都要好好聽著；因為如果不是這樣的機會，我們大概也不會再提起了。以後，要換你們跟你們的孩子說了啊！」

這些故事因此獲得繼續傳述下去的力量，成為往後更多人童年回憶中的想像，也是最生動而具備生命力的規誡，我更有幸參與這一段故事的傳承。這正是在田野調查的過程中最鼓舞生命熱忱、也最具價值意義之處。

然而比起有心促成的相遇和無意的不期而遇，更多的是來不及留下、只能在回憶裡追惜的身影。十年期間走下來，已經有好幾位老人家的生命昇華為天家的祖靈，或是還有幾位來不及見面的耆老早一步跟隨祖靈回去真正的生命故鄉，就像一陣風吹走了，而我們只來得及看見揚起的砂塵落下，悵然神傷。由衷感謝這些不介意我的冒昧到來，而仍真心待我的 matoasay 們（阿美

語稱老人家、祖靈），我對祂們而言只是在日常生活中冒然吹起
的一陣微風，但祂們卻在我的生命裡吹起永不停息的漣漪。

　　2015 年我即將入伍服役前，我回到尋找故事的起點都蘭部
落，Siki 帶我參加家族聚會，並且提議給我起一個阿美族的名
字；席間，為我取名的 faki 要我站起來，捏著我的耳朵，以傳統
命名儀式告訴我：以後要記著，你叫做 Angay。這是在阿美族間
很常見的名字，有好幾位長輩都曾跟我說，這在阿美族的傳統裡
是個很好很好的名字，不過已不太知道是否有什麼特殊涵義；直
到我的腳步來到了都歷部落，當地的長輩才告訴我：這個名字在
他們部落裡有「在祭典工作的人」的意思，所以看我這樣四處尋
找故事、拜訪祭師巫師，當時那位 faki 給你的這個名字並不是隨
便取的。

　　霎時間這一切在山海之間追尋的隻字片語都像山風與浪潮湧
入了我的耳裡與心裡，都被賦予並湧生了意義。

　　感謝王家祥老師、巴代老師與吳淑華・思耐央老師，以親身
筆耕與親沐文化的深厚歷練不吝於給我這條路上最重要的指引。
感謝馬兒部落的葉美花 ina，每每待我與內人像自己的孩子一
般。謝謝太巴塱的 Ciha ina，您對我如己出而我卻無緣如願，但
我始終視您為我阿美族的母親，您的話語是我生命中閃耀的星
光。感謝這十年來陪著我一同上山下海、一起聽老人家們說故事
的內人郁袖，與我一起分享、一起經歷這無數有如夢境一般的時
刻。

　　或許這個故事可以成為我們跨越族群隔閡、瞭解彼此想法的
一把鑰匙：一個在山野間神出鬼沒、愛捉弄人、有如孩童一般的
神秘身影，一起見證這座島嶼上不分你我、跨越族群都共同擁有

的記憶，將我們不分你我地聯繫在一起。

2022 年 11 月於臺南

參考書目

一、古籍、方志文獻、調查報告

（漢）韋昭注：《國語》（臺北：臺灣中華書局，1965 年 1 月）。

（晉）葛洪著，陳飛龍註譯：《抱朴子內篇今註今譯》（臺北：臺灣商務印書館，2001 年 1 月）。

（宋）李昉等撰：《太平御覽》，商務印書館四庫全書工作委員會編：《文津閣四庫全書》（北京：商務印書館，2005 年，國家圖書館藏影印本）。

（清）李丕煜主修：《鳳山縣志》，《臺灣史料集成・清代臺灣方志彙刊》（臺北：文建會、遠流出版事業公司，2005 年 6 月〔康熙五十九年，1720〕，東洋文庫、王瑛曾《重修鳳山縣志》等合校本）。

（清）郁永河：《裨海紀遊》，國立臺灣大學圖書館藏清道光癸巳世楷堂刊光緒廿年補刊俞樾續本。

〔英〕杜德橋（Glen Dudbridge）編，謝世忠、劉瑞超譯：《1880 年代南臺灣的原住民族：南岬燈塔駐守員喬治・泰勒撰述文集》（臺北：原民會、順益博物館、南天書局，2010 年 5 月）。

〔美〕李仙得（Charles W. LeGendre）著，Robert Eskildesn、黃怡、陳秋坤譯：《南台灣踏查手記：李仙得台灣紀行》（臺北：前衛出版社，2012 年 11 月）。

〔日〕鳥居龍藏原著，林琦翻譯，余光弘校訂：《紅頭嶼土俗調查報告》（臺北：唐山出版社，2016 年 5 月〔1902〕）。

〔日〕伊能嘉矩著，楊南郡譯：《台灣踏查日記（下）》（臺北：遠流出版事業公司，2021 年 9 月）。

〔日〕臺灣總督府臨時臺灣舊慣調查會原著，中央研究院民族學研究所編譯：
《蕃族調查報告書第一冊：阿美族南勢蕃、阿美族馬蘭社、卑南族卑
南社》（臺北：中央研究院民族學研究所，2007 年 6 月）。

〔日〕臺灣總督府臨時臺灣舊慣調查會原著，中央研究院民族學研究所編譯：
《蕃族調查報告書第二冊：阿美族奇密社、太巴塱社、馬太鞍社、海
岸蕃》（臺北：中央研究院民族學研究所，2009 年 6 月）。

〔日〕臺灣總督府臨時臺灣舊慣調查會原著，中央研究院民族學研究所編譯：
《蕃族調查報告書第三冊：鄒族、阿里山蕃、四社蕃、簡仔霧蕃》（臺
北：中央研究院民族學研究所，2015 年 1 月）。

〔日〕臺灣總督府臨時舊慣調查會原著，中央研究院民族學研究所編譯：《蕃
族調查報告書第四冊：太魯閣族與賽德克族》（臺北：中央研究院民
族學研究所，2011 年 7 月）。

〔日〕臺灣總督府臨時臺灣舊慣調查會原著，中央研究院民族學研究所編譯：
《蕃族調查報告書第五冊：泰雅族·前篇》（臺北：中央研究院民族
學研究所，2012 年 10 月）。

〔日〕臺灣總督府臨時臺灣舊慣調查會原著，中央研究院民族學研究所編譯：
《蕃族調查報告書·第六冊：布農族——前篇》（臺北：中央研究院
民族學研究所，2008 年 5 月）。

〔日〕臺灣總督府臨時臺灣舊慣調查會原著，中央研究院民族學研究所編譯：
《蕃族調查報告書第七冊：泰雅族——後篇》（臺北：中央研究院民
族學研究所，2010 年 12 月）。

〔日〕臺灣總督府臨時臺灣舊慣調查會原著，中央研究院民族學研究所編譯：
《蕃族調查報告書第八冊：排灣族·賽夏族》（臺北：中央研究院民
族學研究所，2015 年 12 月）。

〔日〕臺灣總督府臨時臺灣舊慣調查會原著，中央研究院民族學研究所編譯：
《番族慣習調查報告書第二卷：阿美族·卑南族》（臺北：中央研究
院民族學研究所，2000 年 11 月）。

宋龍生：《臺灣原住民史。卑南族史篇》（南投：臺灣省文獻會，1998 年 12
月）。

阮昌銳：《大港口的阿美族》（臺北：中央研究院民族學研究所，1969 年）。

林修澈：《部落事典》（新北：原住民族委員會，2018 年 5 月）。

原住民族歷史正義與轉型正義委員會歷史小組：《2018～2019 原住民重大歷史事件調查成果報告與建碑政策建議書》（https://indigenous-justice.president.gov.tw/File/cffadf84-f9de-4965-902f-6b9e228f2758，2020 年 2 月，瀏覽於 2022 年 10 月 1 日）。

海樹兒・犮剌拉菲：《布農族部落起源及部落遷移史》（南投：國史館台灣文獻館，2006 年 12 月）。

康培德編纂：《續修花蓮縣志：族群篇》（花蓮：花蓮縣文化局，2005 年 1 月）。

喬宗忞：《臺灣原住民史。魯凱族史篇》（南投：臺灣省文獻會，2001 年 5 月）。

二、近人專著

〔美〕Stith Thompson: *Motif-Index of Folk-Literature: A Classification of Narraive Element in Folktales, Ballads, Mythes, Fables, Mediaeval Romances, Exempla, Fablaux, Jest-Bools, and Local Legends* (Bloomington, Indiana, 2016 [1955-1958], https://ia800408.us.archive.org/30/items/Thompson2016MotifIndex/Thompson_2016_Motif-Index.pdf).

〔荷〕包樂史・Natalic Everts, Evelien Frech 編，林偉盛譯：《邂逅福爾摩沙：台灣原住民社會紀實：荷蘭檔案摘要第 1 冊，1623-1635》（臺北：原民會，順益博物館，南天書局，2010 年 5 月）。

〔荷〕包樂史・Natalic Everts, Evelien Frech 編，林偉盛譯：《邂逅福爾摩沙：台灣原住民社會紀實：荷蘭檔案摘要第 2 冊，1636-1645》（臺北：原民會，順益博物館，南天書局，2010 年 6 月）。

（清）黃叔璥原著，宋澤萊白話翻譯，詹素娟導讀註解：《蕃俗六考：十八世紀清帝國的臺灣原住民調查紀錄》（臺北：前衛出版社，2021 年 7 月）。

〔日〕馬淵東一著，楊南郡譯：《臺灣原住民族移動與分布》（新北：原住民族委員會；臺北：南天書局，2014 年 8 月）。

〔日〕金關丈夫著：《民俗臺灣》（臺北：南天書局，2017 年〔昭和 19 年

3 月〕）。

〔日〕西川滿等撰：《臺灣風土記》（臺北：孝山房，昭和 15〔1940〕年 5 月）。

〔日〕片岡巖：《臺灣風俗誌》（臺北：南天書局，1921〔大正 10 年〕）。

〔日〕小松和彥編：《怪異・妖怪文化の伝統と創造：ウチとソトの視点から》（京都：国際日本文化研究センター，2015 年 1 月）。

〔日〕柳田國男著、賈勝行譯：《妖怪談義》（重慶：重慶大學出版社，2014年 3 月）。

〔日〕佐山融吉、大西吉壽：《生蕃傳說集》（臺北：南天書局，1996 年 6月〔1923〕）。

〔日〕臺北帝國大學言語學研究室：《原語による臺灣高砂族傳說集》（臺北：南天書局，1996 年 1 月〔1935〕）。

〔日〕清水純著、王順隆譯：《原語によるクヴァラン族神話・伝説集》（臺北：南天書局，1998 年 3 月）。

〔日〕鳥居龍藏著，楊南郡譯註：《探險臺灣：鳥居龍藏的台灣人類學之旅》（臺北：遠流出版事業公司，2021 年 9 月）。

〔日〕伊能嘉矩著，楊郡譯註：《平埔族調查旅行：伊能嘉矩〈台灣通信〉選集》（臺北：遠流出版事業公司，2021 年 9 月）。

〔日〕森丑之助著，楊南郡譯註：《生蕃行腳：森丑之助的台灣探險》（臺北：遠流出版事業公司，2021 年 9 月）。

〔日〕東方孝義：《臺灣習俗》（臺北：南天書局，1997 年 10 月〔1942〕）。

〔日〕小泉鐵原著，黃稔惠中譯：《蕃鄉風物志》（臺北：原民會，2014 年3 月）。

〔日〕小泉鐵原著，黃廷嫥、何姵儀中譯：《臺灣土俗誌》（臺北：原民會，2014 年 3 月）。

〔法〕路先・列維－布留爾（Lucién Lévy-Brühl）著，丁由譯：《原始思維（primitive mentality）》（臺北：臺灣商務印書館，2001 年 6 月）。

〔美〕Conrand Phillip Kottak（科塔克）著，徐雨村譯：《文化人類學：文化多樣化的探索（Cultural Anthropology, 11e）》（臺北：麥格羅希爾，2014 年 3 月）。

〔美〕揚・哈羅德・布魯範德（Jan Harold Brunvand）著，李揚、王珏純譯：

《消失的搭車客：美國都市傳說及其意義（The Vanishing Hitchhiker: American Urban Legends and Their Meanings）》（北京：生活書店，2018 年 8 月〔1981〕）。

〔美〕揚・哈羅德・布魯範德（Jan Harold Brunvand）著，李揚、張建軍譯：《都市傳說百科全書（Encyclopedia of Urban Legends）》（北京：生活書店，2020 年 6 月〔2001〕）。

〔日〕鈴木作太郎著，陳萬春譯：《臺灣蕃人的口述傳說》（新北：口傳文學會，2003 年 9 月）。

〔挪威〕Steinar Kvale 著，陳育含譯：《訪談研究法（Doing Interviews）》（新北：韋伯文化國際出版公司，2016 年 3 月）。

乜寇・索克魯曼：《東谷沙飛傳奇》（新北：印刻出版公司，2007 年 12 月）。

小野：《魔神摸頭》（臺北：東村出版，2012 年 8 月）。

巴代（Badai）：《Daramaw：卑南族大巴六九部落的巫覡文化》（新北：耶魯國際文化事業公司，2009 年）。

巴蘇亞・博伊哲努（浦忠成）：《台灣原住民的口傳文學》（臺北：常民文化事業公司，1996 年 5 月）。

巴蘇亞・博伊哲努（浦忠成）：《台灣鄒族的風土神話》（臺北：臺原出版社，1993 年 6 月）。

王家祥：《魔神仔》（臺北：玉山社，2002 年 5 月）。

王湘琦：《骨董狂想曲》（臺北：聯合文學，2015 年 5 月）。

王嵩山：《阿里山鄒族的社會與宗教》（台北縣：稻鄉出版社，1995 年 2 月）。

田哲益（達西烏拉灣・畢馬）、全妙雲（達給斯海方岸・娃莉絲）：《布農族四社族神話與傳說》（臺中：晨星出版公司，2020 年 2 月）。

田哲益（達西烏拉灣・畢馬）：《太魯閣族神話與傳說》（臺中：晨星出版公司，2020 年 7 月）。

旮日羿・吉宏（Kaji Cihung）：《太魯閣族部落史與祭儀樂舞傳記》（臺北：山海文化雜誌，2011 年 7 月）。

朱仁貴：《賽夏族異聞錄》（苗栗：苗栗縣政府，2011 年 11 月）。

行人文化工作室：《臺灣妖怪研究室報告》（臺北：行人文化實驗室，2015 年 10 月）。

何元亨：《魔神仔》（臺北：洪葉文化事業公司，2016 年 4 月）。

何敬堯：《幻之港：塗角窟異夢錄》（臺北：九歌出版社，2014 年 12 月）。

何敬堯：《妖怪臺灣：三百年島嶼奇幻誌・妖鬼神遊卷》（臺北：聯經出版
　　事業公司，2017 年 1 月）。

何敬堯：《妖怪臺灣：三百年島嶼奇幻誌・怪談奇夢卷》（臺北：聯經出版
　　事業公司，2020 年 1 月）。

何敬堯：《妖怪臺灣地圖：環島搜妖探奇錄》（臺北：聯經出版事業公司，
　　2019 年 5 月）。

何敬堯：《妖怪鳴歌錄 Formosa：安魂曲》（臺北：九歌出版社，2021 年 5
　　月）。

何敬堯：《妖怪鳴歌錄 Formosa：唱遊曲》（臺北：九歌出版社，2018 年 2
　　月）。

何敬堯：《都市傳說事典：臺灣百怪談》（臺北：奇幻基地出版，2022 年 1
　　月）。

李壬癸：《台灣南島民族的族群與遷徙（增訂新版）》（臺北：前衛出版社，
　　2011 年 1 月）。

李壬癸：《台灣南島民族的族群與遷徙》（臺北：前衛出版社，2011 年 1 月）。

李壬癸：《臺灣原住民史：語言篇》（南投：臺灣省文獻委員會，1999 年 8
　　月）。

李進益、簡東源編：《花蓮縣民間文學集（二）》（花蓮：花蓮縣文化局，
　　2001 年 4 月）。

李潼：《少年噶瑪蘭》（臺北：天衛文化圖書公司，1992 年 5 月）。

亞榮隆・撒可努：《山豬・飛鼠・撒可努 2：走風的人》（新北：耶魯國際
　　文化事業公司，2011 年 2 月）。

林建成：《後山原住民之歌》（臺北：玉山社，1996 年 10 月）。

林美容、李家愷：《魔神仔的人類學想像》（臺北：五南圖書出版公司，2014
　　年 2 月）。

林修澈、黃季平、郭基鼎著：《拉阿魯哇族部落歷史》（南投：國史館臺灣
　　文獻館，2018 年 12 月）。

林修澈：《原住民重大歷史事件系列叢書（四）——南庄事件》（新北：原

住民族委員會，2020 年 12 月）。

林素珍、陳耀芳、林春治：《阿美族當代宗教研究》（南投：臺灣文獻館；
　　臺北：原民會，2008 年 10 月）。

林素珍：《噶瑪蘭新社和立德部落歷史研究》（南投：國史館臺灣文獻館，
　　2017 年 11 月）。

林道生編著：《原住民神話・故事全集》（臺北：漢藝色研文化事業公司，
　　2001 年 5 月～2004 年 10 月）。

邱常婷：《怪談系列 1：魔神仔樂園》（臺中：晨旭出版公司，2018 年 12 月）。

金榮華：《台北縣烏來鄉泰雅族民間故事》（臺北：中國口傳文學學會，1998
　　年 12 月）。

金榮華：《台灣花蓮阿美族民間故事》（臺北：中國口傳文學學會，2001 年
　　10 月）。

金榮華：《台灣賽夏族民間故事》（新北：口傳文學會，2004 年 3 月）。

金榮華：《禪宗公案與民間故事：民間文學論集》（臺北：中國口傳文學學
　　會，2007 年 5 月）。

金榮華編著：《台灣魯凱族民間故事》（新北：口傳文學會，2014 年 9 月）。

金榮華整理：《台灣卑南族民間故事》（新北：口傳文學會，2012 年 8 月）。

金榮華整理：《台灣排灣族民間故事》（新北：口傳文學會，2017 年 12 月）。

段洪坤：《吉貝耍西拉雅族神話傳說故事》（臺南：臺南市西拉雅族部落發
　　展促進會，2015 年 2 月）。

段洪坤：《阿立祖信仰研究》（臺南：臺南市文化局，2013 年 12 月）。

洪伯邑主編：《田野敲敲門：現地研究基本功》（臺北：國立臺灣大學出版
　　中心，2021 年 9 月）。

胡萬川、黃晴文總編：《新社鄉閩南語故事集（二）》（臺中：臺中縣立文
　　化中心，1997 年）。

胡萬川：《台灣民間故事類型（含母題索引）》（臺北：里仁書局，2008 年
　　11 月）。

胡萬川：《民間文學的理論與實際》（臺北：里仁書局，2010 年 10 月）。

夏本・奇伯愛雅：《三條飛魚》（臺北：遠流出版事業公司，2004 年 4 月）。

夏本・奇伯愛雅：《蘭嶼素人書》（臺北：遠流出版事業公司，2004 年 4 月）。

夏曼‧藍波安：《八代灣的神話》（臺北：聯經出版事業公司，2011 年 9 月）。

孫大川、林志興等：《臺灣原住民族神話與傳說》（臺北：新自然主義，2006
　　年 8 月）。

席藍‧嘉斐弄：《達悟族宗教變遷與民族發展》（臺北：南天書局，2009 年
　　10 月）。

徐雨村：《臺灣南島民族的社會與文化》（臺東：國立臺灣史前文化博物館，
　　2006 年 7 月）。

張振岳：《噶瑪蘭族的特殊祭儀與生活》（臺北：常民文化事業公司，1998
　　年 1 月）。

笭菁：《百鬼夜行卷 3：魔神仔》（臺北：奇幻基地出版，2021 年 1 月）。

許端容：《台灣花蓮賽德克族民間故事》（新北：口傳文學會，2007 年 3 月）。

陳冠學：《老台灣》（臺北：東大圖書公司，2012 年 5 月）。

陳勁榛：《1998 臺北縣烏來鄉信賢村泰雅族民間故事採訪錄》（新北：口傳
　　文學會，2011 年 4 月）。

陳英杰、周如萍著：《卡那卡那富部落史》（南投：國史館臺灣文獻館，2016
　　年 10 月）。

陳逸君、劉還月：《挺立在風雨中內優社群：莫拉克颱風前後的沙阿魯娃族，
　　卡那卡那富族與下三社群》（南投：國史館臺灣文獻館，2011 年 9 月）。

陳逸君、劉還月：《滾滾塵下的族群離合：莫拉克颱風前後的楠梓仙溪與
　　荖濃溪部落變遷史》（南投：國史館臺灣文獻館，2010 年 4 月）。

鹿憶鹿：《粟種與火種：臺灣原住民族的神話與傳說》（臺北：秀威經典，
　　2017 年 6 月）。

黃貴潮：《阿美族口傳文學集》（新北：原住民族委員會，2015 年 1 月）。

黃應貴：《東埔社布農人的社會生活》（臺北：中央研究院民族學研究所，
　　1992 年 10 月）。

楊利慧：《女媧的神話與信仰》（北京：中國社會科學院出版社，1997 年 12
　　月）。

董芳苑：《認識臺灣民間信仰》（臺北：長青文化事業公司，1983 年 4 月）。

董森永編著：《董牧師說故事：部落傳說與記實敘事》（新竹：交通大學出
　　版社，2014 年 1 月）。

詹素娟：《典藏台灣史（二）台灣原住民史》（臺北：玉山社，2019 年 4 月）。

達西烏拉彎‧畢馬（田哲益）：《鄒族神話與傳說》（臺中：晨星出版公司，2003 年 7 月）。

臺北地方異聞工作室：《唯妖論：臺灣神怪本事》（臺北：奇異果文創事業公司，2016 年 10 月）。

臺北地方異聞工作室：《尋妖誌：島嶼妖怪文化之旅》（臺中：晨星出版公司，2018 年 9 月）。

臺北地方異聞工作室：《給孩子的臺灣妖怪故事》（臺北：小麥田出版，2021 年 8 月）。

臺北地方異聞工作室：《臺灣妖怪學就醬》（臺北：奇異果文創事業公司，2019 年 2 月）。

臺北地方異聞工作室：《臺灣都市傳說百科》（臺北：蓋亞文化公司，2021 年 8 月）。

臺北地方異聞工作室：《說妖卷一：無明長夜》（臺北：蓋亞文化公司，2019 年 7 月）。

臺北地方異聞工作室：《說妖卷二：修羅執妄》（臺北：蓋亞文化公司，2019 年 7 月）。

劉川裕：《山魅》（臺北：地球書房，2004 年 7 月）。

劉秀美：《火神眷顧的光明未來──撒奇萊雅族口傳故事》（新北：口傳文學會，2012 年 3 月）。

劉還月：《台灣客家族群史‧民俗篇》（南投：臺灣省文獻委員會，2001 年 5 月）。

劉還月：《寫在古道上的族名：恆春半島東岸古道與舊社踏查旅行》（屏東：墾丁國家公園，2016 年 12 月）。

潘秋榮：《小米、貝珠、雷女：賽夏族祈天祭》（新北：臺北縣文化局，2000 年）。

衛惠林等著：《臺灣土著各族分佈》（臺北：東方文化書局，1976 年）。

簡鴻模：《矮靈，龍神與基督：賽夏族當代宗教研究》（南投：國史館臺灣文獻館，2007 年）。

瀟湘神：《魔神仔：被牽走的巨人》（臺北：聯經出版事業公司，2021 年 1 月）。

三、學位論文

方亞蘋：《《花蓮縣民間文學集》研究——以傳說及民間故事為範圍》（花蓮：國立花蓮教育大學民間文學研究所碩士論文，2009 年 7 月）。

余明旆：《台東縣太麻里鄉 Tjavualji（大麻里）部落一位竹占兼祭司之研究：Vuvu i Gaitjang（卓良光先生）的生命歷程》（國立政治大學民族學系碩士論文，2016 年）。

吳杰澔：《台灣都市傳說的生成與再生產——以紅衣小女孩為例》（臺中：國立中興大學台灣文學與跨國文化研究所碩士論文，2019 年 8 月）。

吳慧怡：《當代臺灣妖怪文化考察——起源、國族與消費》（臺南：國立成功大學台灣文學研究所碩士論文，2022 年 1 月）。

李秀鳳：《臺灣中北部客家鬼故事研究》（桃園：國立中央大學客家語文暨社會科學系客語碩士班碩士論文，2021 年）。

李家愷：《台灣魔神仔傳說的考察》（臺北：國立臺灣政治大學宗教研究所碩士論文，2010 年 10 月）。

汪憲治：《卑南族知本部落傳統信仰與祭儀之探究》（臺南：國立臺南大學台灣文化研究所碩士論文，2000 年 7 月）。

林美蘭：《試論王家祥在《小矮人之謎》、《魔神仔》中展現的環境意識》（臺中：國立中興大學台灣文學與跨國文化研究所碩士論文，2012 年 11 月）。

郭修文：《從魔神仔談「曠野」的象徵意涵》（花蓮：慈濟大學宗教與人文研究所碩士論文，2015 年 5 月）。

陳依琳：《精怪之變——罔象文化研究》（臺中：國立中興大學中國文學研究所碩士論文，2017 年 1 月）。

黃嘉眉：《花蓮地區撒奇萊雅族傳說故事研究》（花蓮：國立東華大學民間文學研究所碩士論文，2009 年 7 月）。

劉育玲：《台灣原住民族矮人傳說研究》（花蓮：國立東華大學中國語文學系民間文學博士論文，2015 年 1 月）。

鍾愛玲：《徘徊在「鬼」「怪」之間：苗栗地區「魍神」傳說之研究》（新竹：國立清華大學台灣文學研究所碩士論文，2007 年 6 月）。

四、期刊、研討會論文

Diane Goldstein: Vernacular Turns: Narrative, Local Knowledge, and the Changed Context of Folklore, *The Journal American Folklore,* vol.128, No.508 (Spring 2015), pp. 125-145.

Steven Lee Rubenstein: Circulation, Accumulation, and the Power of Shuar Shrunken Heads, *Cultural Anthropology*, Vol. 22, No. 3 (Aug., 2007), pp. 357-399.

Hsiao-chun Hung, Hirofumi Matsumura, Lan Cuong Nguyen, Tsunehiko Hanihara, Shih-Chiang Huang & Mike T. Carson: Negritos in Taiwan and the wider prehistory of Southeast Asia: new discovery from the Xiaoma Caves, *World Archaeology,* Vol. 54(published on line: 04 Oct 2022), pp. 1-22.

Uki Bauki：〈第一個復名的平埔族群噶瑪蘭族〉,《原視界》第 26 期（2019 年 11 月）,頁 16-23。

王家祥：〈大興瀑布事件〉,《聯合文學》233 期（2004 年 3 月）,頁 128-130。

伊藤龍平：〈台湾妖怪「モシナ」概説〉,『昔話伝説研究』第 33 期（2014 年 4 月）,頁 121-135。

林和君：〈卑南族民間精怪傳說與魔神仔比較研究：以大巴六九部落為中心〉, 巴代主編：《卑南學資料彙編第三輯：言說與記述　卑南學研究的多聲音軌》（新北：耶魯國際文化事業公司,2018 年 11 月）,頁 79-115。

林和君：〈卑南族巫師的當代跨族群經驗──以建和（Kasavakan）部落為中心〉,《卑南學資料彙編第四輯：換個姿勢再來一次　解構你的卑南族,建構我的卑南族》（新北：耶魯國際文化事業公司,2020 年 11 月）,頁 177-198。

林和君：〈臺灣跨族群山林傳說之關係──魔神仔與屏東縣旭海、東源部落傳說考察〉,《台灣原住民族研究季刊》第 7 卷第 1 期（2014 年 9 月）,頁 85-126。

林和君：〈臺灣跨族群山林傳說流播關係析論——以苗栗南庄地區魔神仔、矮黑人暨其他相關傳說為例〉，原住民族委員會：《2016 年原住民族研究優選論文集》（臺北：原住民族委員會，2016 年 12 月），頁 215-243。

林和君：〈魔神仔與臺灣原住民關係之傳說——臺東東河鄉阿美族傳說考察〉，《台灣文化研究所學報》第 4 期（2013 年 5 月），頁 1-26。

胡植喜：〈2000 年代前後至今臺灣「魔神仔」影視形象轉變之探析——以電影《魔法阿媽》和《紅衣小女孩》為中心〉，《新北大史學》第 26 期（2020 年 1 月），頁 15-54。

梁廷毓：〈論「精怪」與「魔神仔」傳聞中的生態思維與身體界限〉，《臺灣文學研究學報》第 31 期（2020 年 10 月），頁 53-72。

陳文蘭：〈魍神仔〉，《臺灣文藝》第 143 期（1994 年 6 月），頁 50-51。

楊仁煌：〈撒奇萊雅民族文化重構創塑之研究〉，《朝陽人文社會學刊》第 6 卷第 1 期（2008 年 6 月），頁 339-388。

楊南郡：〈踏查半世紀——台灣矮黑人的傳說與調查〉，《第八屆通俗文學與雅正文學國際學術研討會論文集》（臺中：國立中興大學中國文學系，2010 年 12 月），頁 1-15。

楊婷婷、鄭心怡：〈進行式的神話——初探魔神仔在當代社會的分類系統與敘事結構〉，《中正臺灣文學與文化研究集刊》第 8 期（2011 年 7 月），頁 89-107。

鄭仲樺：〈方言地理和語言學視角下的排灣族群分類〉，《台灣原住民族研究季刊》第 9 卷第 2 期（2016 年夏季號），頁 55-89。

鄭宇辰：〈尋覓、遭遇、認識、離去——王家祥為矮黑人織寫的現代神話〉，《臺灣學研究》第 9 期（2010 年 6 月），頁 123-144。

謝秀卉：〈QT 國文課的預備課程：引導學生解讀臺灣「魔神仔」新聞的教學實踐與省思〉，《通識教育學刊》第 26 期（2020 年 12 月），頁 81-112。

瀟湘神：〈深山湖神〉，《人本教育札記》第 326 期（2016 年 8 月），頁 76-79。

五、口述採訪

Alak Akatuang（段洪坤），西拉雅族，男性，1966 年生，2017 年 4 月 19 日下午訪問於吉貝耍部落學堂。

Alak（林阿玉），阿美族，女性，1934 年生，靜浦部落三和宮乩身，2017 年 6 月 21 日下午、2018 年 4 月 6 日下午訪問於靜浦部落自宅。

Aliman Ish-Danda（阿里曼‧伊斯坦大），布農族，男性，年約 50 歲，出身花蓮縣卓溪鄉南安部落，2016 年 8 月 19 日下午訪問於花蓮縣玉里南安遊客中心。

Anuw（林丁貴），卑南族，女性，1930 年～2021 年，2017 年 8 月 12 日上午訪問於泰安村自宅。訪談人採訪時以卑南語述說，經其外甥女馬玉珠在旁翻譯轉述。

Arkyla（林榮章），阿美族，男性，1960 年生，出身於臺東縣東河鄉東河部落，2013 年 12 月 8 日下午、2017 年 6 月 22 日訪問於東河部落自營民宿。

Badai（巴代、林二郎），卑南族，男性，1962 年生，大巴六九部落文史學者暨作家，2014 年 6 月 11 日晚上訪問於臺北魚木人文咖啡廚房。

Basa（陳文生），阿美族，男性，？～2016 年，訪問時年約 70 歲，烏卡蓋部落前頭目，2013 年 4 月 2 日下午訪問於自宅。

Ciha Pacidal（吳金花），阿美族，女性，1960 年生，2014 年 10 月 7 日晚上訪問於臺南市自營餐廳。

Drepelrange Pacekele（羅秀珠），魯凱族，女性，年約 60 歲，2014 年 4 月 16 日下午訪問於臺南市魯凱工作室。

Gingziang（潘金來），阿美族，男性，1954 年生，2012 年 4 月 3 日下午訪問於都蘭部落希巨‧蘇飛工作室。

Ipay（潘烏吉），噶瑪蘭族，女性，1925 年～2019 年，前新社部落資深 Mtiu（巫師、祭司），訪問於 2017 年 6 月 21 日下午訪問於新社香蕉絲工坊，由阿美族女性董湘蓮（Panay）協助訪問與翻譯。

Kingah（謝運妹），卑南族，女性，1939 年生，2017 年 9 月 1 日下午訪問於建和部落自宅。

Lalan Unak（蔡義昌），阿美族，男性，1956 年生，馬太鞍部落文史工作者，
　　　2013 年 4 月 2 日晚上訪問於自宅。

Laway（林春義），阿美族，男性，1924 年生，2013 年 12 月 8 日下午訪問
　　　於東河部落自營民宿。

Lifok Oteng（黃貴潮），阿美族，男性，1932 年～2019 年，宜灣部落族人暨
　　　重要文史傳承人，2015 年 2 月 13 日下午訪問於臺北國際書展。

Lowbing Miyu（洛巫彼恩彌尤），賽德克族，男性，2000 年生，現任賽德克
　　　族巫醫，2022 年 3 月 26 日下午訪問於臺南臺灣歷史博物館。

Miyoko（洪金蓮），卑南族，女性，1939 年生，建和部落資深巫師，2019 年
　　　8 月 26 日下午訪問於建和部落自宅。

Mo'etapangx（方敏全），鄒族，男性，1979 年生，山美社區發展協會專案
　　　經理，2022 年 6 月 11 日下午訪問於嘉義市勇氣書房。

Mosi（身密），阿美族，男性，1952 年生，2012 年 4 月 3 日下午訪問於都
　　　蘭部落希巨・蘇飛工作室。

Mulangen Luljaljeng（卓新明），排灣族，男性，1969 年生，時任大王部落
　　　儲備祭司長（Rahan），2021 年 4 月 13 日訪問於高雄大寮自宅。

Omau Saluo Babai（風健福），賽夏族，男性，1948 年～2018 年，2015 年 7
　　　月 26 日上午訪問於鵝公髻部落煤工步道入口。

Panay（沈太木），阿美族，男性，1933 年生，都蘭部落耆老暨前頭目，2012
　　　年 4 月 3 日下午訪問於都蘭部落自宅。訪問過程以阿美族語述說，由
　　　Siki Sufin 在旁翻譯轉述。

Panay（林玉智），阿美族，女性，年約 50 歲，2016 年 8 月 19 日下午訪問
　　　於港口部落自宅。

Pilin Yapu（比令・亞布），泰雅族，男性，1966 年生，麻必浩部落出身，
　　　時任達觀部落達觀國小（現稱博屋瑪國小）校長，2016 年 7 月 20 日
　　　上午訪問於達觀國小。

Rangarang（讓阿讓），排灣族，男性，年約 60 歲，執行 Maljeveq 人神盟約
　　　祭（五年祭）刺球儀式的祭司，2017 年 9 月 9 日晚上訪問於來義鄉
　　　原住民文物館。

Shaman Inuna（李良炎），達悟族，男性，年約 60 歲，2014 年 4 月 1 日下

午訪問於野銀部落自宅。

Siki Sufin（希巨・蘇飛），阿美族，男性，1966 年生，2012 年 4 月 3 日下午訪問於都蘭部落工作室。

Siku（吳筱帆），阿美族，女性，年約 50 歲，都歷部落族人，2017 年 6 月 20 日下午訪問於都歷商號。

Tafong Kati（達鳳・旮赫地），阿美族，男性，1967 年生，出身於花蓮縣光復鄉太巴塱部落，2014 年 8 月 3 日晚上訪問於都蘭部落。

Tjukar（許松），排灣族，男性，1955 年生，時任馬兒長老教會牧師，2014 年 5 月 24 日上午訪問於馬兒部落小米田。

Unak（蔡慶隆），阿美族，男性，1921 年生，馬太鞍部落耆老，2013 年 4 月 2 日晚上訪問於自宅。訪問過程 Unak 以阿美族語述說，由 Lalan Unak 在旁翻譯轉述。

Wumaya Dapun Tatayshi，賽夏族，男性，年約 50 歲，2015 年 7 月 25 日下午訪問於石壁部落。

冉秋勇，排灣族，男性，年約 50 歲，出身於臺東縣金峰鄉東排灣嘉蘭村，2021 年 3 月 13 日下午訪問於臺東縣太麻里鄉大麻里部落自宅。

吉優喜，阿美族，男性，年約 50 歲，出身於臺東縣東河鄉東河部落，2014 年 2 月 12 日下午訪問於金樽漁港。

佐諾克・嘉百，排灣族，男性，年約 60 歲，出身於屏東縣牡丹鄉東源部落，2013 年 7 月 30 日下午訪問於東源部落石頭屋民宿。

林梅雄，泰雅族，男性，1950 年生，2016 年 7 月 19 日晚上訪問於達觀部落自宅。

林漢聰，馬來西亞華人，男性，年約 25 歲，馬來亞大學中文文學系碩士暨馬來西亞殯葬禮協會理事長，2018 年 8 月 15 日上午訪問於馬來亞大學。

林賢美，卑南族，女性，1959 年生，Miyoko 之女，具備乩童的體質，2019 年 8 月 26 日訪問於建和部落自宅。

林聰財，漢族，男性，1950 年生，2018 年 8 月 7 日下午訪問於臺中市自宅。

施奔娜，排灣族，女性，年約 60 歲，出身屏東縣三地門鄉德文部落，現居東源部落，2013 年 7 月 30 日下午訪問於東源部落石頭屋民宿。

夏曼・尼飛浪，達悟族，男性，年約 60 歲，2014 年 9 月 11 日上午訪問於野
　　銀部落元景民宿。

孫良寅，漢族，男性，1962 年生，2017 年 8 月 11 日上午訪問於臺東市小星
　　星民宿。

葉美花，排灣族，女性，1962 年生，2014 年 3 月 26 日下午訪問於馬兒部落
　　社區文健站。

劉金威，泰雅族，男性，1941 年生，2016 年 2 月 4 日早上訪問於眉原部落
　　自宅。

劉建榮，漢族，男性，年約 50 歲，時任大興村村長，2013 年 4 月 2 日下午
　　訪問於自有工寮。

潘金里，斯卡羅族，女性，1933 年生，2013 年 7 月 31 日早上訪問於金隆商
　　店前。

潘國輝，斯卡羅族，男性，年約 40 歲，2013 年 7 月 31 日早上訪問於金隆
　　商店前。

潘新通，阿美族，男性，旭海部落耆老，1937 年生，2013 年 7 月 31 日早上
　　訪問於金隆商店前。

潘儀芳，斯卡羅族，女性，1969 年生，潘阿別第六代後裔，2013 年 7 月 30
　　日晚上訪問於旭海小學堂。

潘麗民，西拉雅族，女性，年約 60 歲，吉貝耍部落資深導覽員，李仁記家
　　族後人，2017 年 11 月 20 日下午、2022 年 11 月 12 日下午訪問於吉
　　貝耍部落學堂。

鄭秀琴，鄒族，女性，年約 50 歲，2015 年 8 月 3 日、4 日上午訪問於來吉
　　社區發展協會。

鄭超，排灣族，男性，1955 年生，2015 年 3 月 1 日早上訪問於屏東縣春日
　　鄉老七佳部落查理法特家屋。

謝康樂，馬來西亞華人，1996 年生，成功大學中國文學研究所碩士生，2018
　　年 10 月 16 日晚上訪問於成功大學。

羅清文，泰雅族，男性，1956 年生，2016 年 7 月 19 日晚上訪問於達觀部落
　　自宅。

六、報載文章

王煌忠：〈「國民女神」好威！警上演與神同行　化解老翁恐懼助返家〉，《蘋果日報》，2022 年 3 月 16 日（https://www.appledaily.com.tw/local/20220316/ODJ4Q26GR5F5VNPDGTMCM3TEIE/）。

李潼：〈好聽的故事——少年阿魯迷路的魔神仔〉，《中國時報》，1992 年 6 月 7 日第 31 版。

社會新聞：〈阿嬤山區離奇失蹤 3 天　女鬼瀑布旁尋獲僅擦傷〉，《中央通訊社》，2020 年 5 月 12 日（https://www.cna.com.tw/news/asoc/202005120089.aspx）。

埔里訊：〈不看洞房花燭淚　甘捐嬌軀逐波臣　少女婚前突告溺斃〉，《聯合報》，1955 年 9 月 10 日 3 版。

高有智、陳惠芳：〈原民巫醫跨界　身心靈統統醫〉，《中國時報》，2010 年 5 月 17 日 A6 版。

高有智：〈鬼湖戀解密　巴冷 VS.黎慕阿莎〉，《中國時報》A5 版，2007 年 9 月 25 日。

專欄：〈在地觀點：公共藝術〉，《中國時報》，1999 年 5 月 22 日第 20 版。

張議晨：〈幻覺當成「魔神仔」　小心巴金森氏症悄悄上身〉，《自由健康網》，2017 年 2 月 12 日（https://health.ltn.com.tw/article/breakingnews/1972660）。

莊旻靜：〈家人以為老父走失是被魔神仔抓走　結果是……〉，《中國時報》，2016 年 4 月 20 日（https://www.chinatimes.com/realtimenews/20160420003435-260405?chdtv）。

莊祖銘：〈魔神仔作祟？廟前草皮如茵　竟憑空出現數百枯黃腳印〉，《聯合報》，2022 年 6 月 8 日（https://udn.com/news/story/7326/6372604）。

許倬勛：〈「我在哪…」失智女瑟縮墓園牆角悲鳴　民眾以為遇魔神仔〉，《自由時報》，2022 年 5 月 3 日（https://news.ltn.com.tw/news/society/breakingnews/3914115）。

陳景寶：〈巴冷公主後代　76 年首度宗親祭〉，《聯合報》C2 版，2007 年 1 月 2 日。

陳權欣：〈婦人溺斃淺塘中　檢察官直喊「玄」　三天前上山撿柴曾失蹤　尋
　　獲時滿嘴泥沙　寶山居民指「尪神奪命」〉，《中國時報》，1995 年
　　3 月 9 日 16 版。

陸運陞：〈嗑毒趴陷幻覺誤認「魔神仔」附身　3 男 2 女赴宮廟驅邪全遭逮〉，
　　《蘋果日報》，2022 年 4 月 20 日（https://www.appledaily.com.tw/loc
　　al/20220420/NG5JXNPA55H2HDYEHCCPGGQ56A/）。

黃美珠：〈被魔神仔牽上山？　醫：可能只是「暫時性全腦失憶症」〉，《自
　　由健康網》，2022 年 8 月 2 日（https://health.ltn.com.tw/article/breaki
　　ngnews/4011626）。

黃羿馨：〈路跑被「魔神仔」帶走　醫師：譫妄症發作〉，《蘋果日報》，
　　2016 年 11 月 28 日（https://www.appledaily.com.tw/local/20161128/D
　　W5MZY2XSGDGPV76JSSUMY3MMA/）。

黃羿馨：〈離奇！桃園女爬虎頭山失蹤 4 天　恍惚連走 20 公里竟到這〉，
　　《蘋果日報》，2022 年 4 月 28 日（https://www.appledaily.com.tw/loc
　　al/20220428/OY5KPGSU3JC33LFNYVBZEGJGQQ）。

黃啟漳：〈東門圓環銅雕　晚上嚇到人：　市議員如是說　要求市府重視民
　　意　將其遷走〉，《中國時報》，1999 年 5 月 21 日第 20 版。

楊大川：〈關警細心引導迷路登山客平安獲救〉，《台東電子報》，2017 年
　　1 月 7 日（https://taitung.news/2017/01/07/%E9%97%9C%E8%AD%A6
　　%E7%B4%B0%E5%BF%83%E5%BC%95%E5%B0%8E%E8%BF%B7
　　%E8%B7%AF%E7%99%BB%E5%B1%B1%E5%AE%A2%E5%B9%B
　　3%E5%AE%89%E7%8D%B2%E6%95%91/）。

楊梅訊：〈老實一青年　突離奇出走　百人搜尋十天無蹤　迷信被「盲神」
　　牽去〉，《中國時報》，1962 年 7 月 3 日。

話望生：〈冥界妖魅救濟原住民女童？〉，《馬來西亞人民郵報》，2015 年
　　10 月 11 日，http://ch.therakyatpost.com/national-news/185401，瀏覽於
　　2015 年 10 月 17 日。

鄒清朗：〈塑像宛如魔神　居民合力趕走　嘉市東門圓環內公共藝術不討喜
　　市府決遷移〉，《中國時報》，1999 年 10 月 11 日第 20 版。

嘉義訊：〈夢裡乾坤是幻境　餐風宿露不銷魂　少女芳踪無定處　傳是魔鬼

附卿身〉，《更生報》，1955 年 5 月 10 日。

綜合報導：〈8 旬嬤遊花蓮失蹤　疑 Kacinis 作怪〉，《原視新聞》，2014 年 7 月 14 日（https://www.youtube.com/watch?v=9ej5UlxiK9c），檢索於 2022 年 6 月 1 日。

黎吟：〈亡神牽引　番鴨指路〉，《聯合報》，1993 年 8 月 14 日 34 版。

謝龍田：〈石門潛水失蹤　搜救 4 天找不著　阿美族乩童指點　隔天發現潛水失蹤屍體〉，《聯合報》，2016 年 1 月 10 日 B01 版。

七、網路連結

《2020 吉貝耍部落資訊網‧源起》（https://www.e-tribe.org.tw/kabuasua/?page_id=20），瀏覽於 2022 年 10 月 15 日。

《台灣新聞智慧網》（http://tnsw.infolinker.com.tw/）。

《台灣新聞智慧網》資料庫（http://tnsw.infolinker.com.tw/cgi-bin2/Libo.cgi?）。

《新聞知識庫》（https://research.lib.ncku.edu.tw/er/geter/DB000000530/）。

《達悟族傳說故事　五孔洞借火　13-雅美語版》（https://www.youtube.com/watch?v=5BZXTM1XTMQ），2019 年 10 月 8 日，瀏覽於 2022 年 7 月 30 日。

《臺灣日日新報》－漢文版及日文版資料庫（https://cdnetdtts.lib.ncku.edu.tw/ddnc/ttsddn?@1:1280086282:0:::-1#JUMPOINT）。

《蘋果新聞網》（https://tw.appledaily.com/search/%E9%AD%94%E7%A5%9E%E4%BB%94%E3%80%80）。

內政部：〈民國 110 年 12 月戶口統計資料分析〉（https://www.moi.gov.tw/News_Content.aspx?n=9&s=257231），瀏覽於 2022 年 8 月 12 日。

王狗：〈【都市傳說】女鬼瀑布（中）！獨自進入深山尋魔神仔！冥紙放一晚驗證！（王狗）〉，2020 年 11 月 24 日（https://www.youtube.com/watch?v=gtOxfZgHoUY），瀏覽於 2021 年 1 月 26 日。

行政院：〈族群（國情簡介－人民）〉（https://www.ey.gov.tw/state/99B2E89521FC31E1/2820610c-e97f-4d33-aa1e-e7b15222e45a），瀏覽於 2022 年 8 月 12 日。

林和君：〈【原民說故事】高山上的海（下）〉，《人間福報》（https://ww

w.merit-times.com/NewsPage.aspx?unid=803191），2022 年 7 月 27 日。瀏覽於 2022 年 8 月 31 日。

原住民族委員會：《原住民族語線上辭典》（https://e-dictionary.ilrdf.org.tw/ais/terms/292240.htm），檢索於 2022 年 2 月 19 日。

楊緒東：〈讀書會－魔神仔篇〉，2008 年 7 月 29 日（https://www.taiwantt.org.tw/tw/index.php?option=com_content&task=view&id=266&Itemid=57），瀏覽於 2022 年 7 月 18 日。

八、其他出版品暨會議紀錄

〔日〕中西良太，東京：東京藝術大學，2012 年。參見 https://www.youtube.com/watch?v=ciTr3ICsEyA，瀏覽於 2022 年 11 月 1 日。

José Cardoso: *Iwianch, el Diablo Venado*, (2020)，觀看於《2022MATA 臺灣原住民族文化影視節》（https://mata.app.visionmedia.com.tw/video），2022 年 9 月 1 日。

老哥（劉淞洲）：《魔神仔的世界》（臺北：水晶唱片，1994 年）。

妖怪鳴歌錄手遊工作室、何敬堯：《妖怪鳴歌錄》（臺北：妖怪鳴歌錄手遊工作室，2018 年 11 月，https://play.google.com/store/apps/details?id=tw.com.me2.mytwm.android.gamebar&hl=zh_TW&gl=US）。

李舒中：〈魔神仔的故事〉，2017 年 8 月 19 日下午演講於南投縣文學資料館。

邱子軒、何柔嫻、蔡怡婷：《魔神仔（Spirit）》（新北：景文科技大學視傳系，2012 年 5 月）。

奕辰：《芒神》（臺北：臺灣角川，2013 年 5 月）。

國立臺灣交響樂團、故事工廠、何敬堯：《妖怪臺灣》音樂劇，2020 年 12 月 5 日首演於臺中山堂。

張志綺、李東炳、陳囿伊、徐子涵、洪詩惟、梁芸瑄、陳明頤、林思妤、顏欣媛：《魔神仔 môo-sîn-á》（臺北：國立政治大學數位內容系，2020 年 5 月）。

程偉豪：《紅衣小女孩》（臺北：瀚草影視，2015 年 11 月）。

臺北地方異聞工作室：《說妖》桌上遊戲（臺北：臺北地方異聞工作室，2017 年 12 月）。

國家圖書館出版品預行編目資料

魔神仔、矮黑人、saraw與其他：
臺灣跨族群山靈傳說比較與探析

林和君著. – 初版. – 臺北市：臺灣學生，2023.09
面；公分

ISBN 978-957-15-1923-4 (平裝)

1. 傳說 2. 族群 3. 比較研究 4. 臺灣

539.533   112014582

魔神仔、矮黑人、saraw與其他：
臺灣跨族群山靈傳說比較與探析

著　作　者　林和君
出　版　者　臺灣學生書局有限公司
發　行　人　楊雲龍
發　行　所　臺灣學生書局有限公司
地　　　址　臺北市和平東路一段 75 巷 11 號
劃 撥 帳 號　00024668
電　　　話　(02)23928185
傳　　　眞　(02)23928105
E - m a i l　student.book@msa.hinet.net
網　　　址　www.studentbook.com.tw
登記證字號　行政院新聞局局版北市業字第玖捌壹號
定　　　價　新臺幣四〇〇元
出 版 日 期　二〇二三年九月初版
I　S　B　N　978-957-15-1923-4